华南农业大学高水平大学建设外语学科项目

语言服务书系·翻译研究

《孙子兵法》英译的文化研究

黄海翔 著

暨南大學出版社
JINAN UNIVERSITY PRESS

中国·广州

图书在版编目（CIP）数据

《孙子兵法》英译的文化研究/黄海翔著．—广州：暨南大学出版社，2018.6

（语言服务书系．翻译研究）

ISBN 978－7－5668－2343－4

Ⅰ.①孙…　Ⅱ.①黄…　Ⅲ.①《孙子兵法》—英语—翻译—文化研究　Ⅳ.①E892.25②H315.9

中国版本图书馆 CIP 数据核字（2018）第 053261 号

《孙子兵法》英译的文化研究

SUNZIBINGFA YINGYI DE WENHUA YANJIU

著　者：黄海翔

出 版 人： 徐义雄
策划编辑： 杜小陆
责任编辑： 颜　彦
责任校对： 林　琼
责任印制： 汤慧君　周一丹

出版发行： 暨南大学出版社（510630）
电　　话： 总编室（8620）85221601
营销部（8620）85225284　85228291　85228292（邮购）
传　　真：（8620）85221583（办公室）　85223774（营销部）
网　　址： http://www.jnupress.com
排　　版： 广州良弓广告有限公司
印　　刷： 佛山市浩文彩色印刷有限公司
开　　本： 787mm×960mm　1/16
印　　张： 19.25
字　　数： 289 千
版　　次： 2018 年 6 月第 1 版
印　　次： 2018 年 6 月第 1 次
定　　价： 69.80 元

自　序

我初次接触“《孙子兵法》的英译”这一文化现象是在广外读研期间，此后我一直对该文化现象保持了高度的关注。这次在学院建设高水平大学专项出版基金资助下，我得以把近几年来思考的结果作一个阶段性总结。

本书以《孙子兵法》英译的文化现象为研究内容，基于文化研究的核心问题对《孙子兵法》的英译作了较为系统的分析，主要涉及文化的文本特征、文化的改变、理性及其限度、文化与人、文化分析的真值与价值观等，重点在于文化的文本特征在《孙子兵法》英译本中的描述性研究。本书涵盖内容多针对《孙子兵法》英译的文化现象这一本体展开，研究颇多创新之处，如：基于交互文化的语境真理观对译者语用真理的合理性进行评估；分析文化翻译整体观在文化翻译批评中的运用；从规范伦理学的视角对西方译者英译中的杂合伦理进行分析；基于历史文化语义学对西方译者英译中华文化关键词“诡道”中的误读形式进行分析；从逆证推理的思维角度来分析译文是否忠实于原作者交际行为；基于译者和译语读者理解的差异对语境重构之内容、语境重构之方式与语境重构之标准三者之间的辩证关系进行探讨；从文化涵化的角度对《孙子兵法》英译中求同翻译观与存异翻译观之实质进行探讨；说明深度翻译作为一种对源文本所造成的文化空缺进行补偿的有效手段须基于源语文化阐释者的阐释，其所添加的新的语境信息须不悖于源文本读者现时的语境假设，才能不破坏源语文化的真实性；分析译者自我建构与译者文化心理转换之间的关系等。其最具特色之处在于对文化心理与文化逻辑的探讨，体现如下观点：①“文化翻译”这一术语使用混乱之现状所引发的困惑可以通过厘清文化翻译实践背后的文化逻辑加以解决。欲厘清文化翻译实践背后之文化逻辑，就须首先厘清不同人类群体对于文化翻译这一概念共享的假设。这些假设可通过把“文化”这一概念之逻辑意义与“翻译”这一概念之逻辑意义组合成对形成的概念矩阵而获得，具体表现为文化翻译之三种模式：文化翻译是对异域诠释视域之诠释；文化翻译是对另一社会成员诠释某一对象或事件的方式之诠释；文化翻译是对把社会凝聚在一起的文化惯约之诠释。课题组基于文化翻译的这三种模式，以《孙子兵法》文化专有项英译的经验分析为例，对“文化翻译”这一术语使用混乱之现状所引发的困惑逐一释疑，阐明了文化翻译的三重属性：文化翻译乃保留源语文化逻辑基础上之语言形式转换；文化翻译乃对源语文化专有项诠释方式之诠释；文化翻译是以源语文化诠释视域为标准之诠释。②文化简化主义与语义的欺骗性对等是西方译者英译中华典籍时常犯的错误之一，其特征是译文与原文表面上语言意义一致，但实质上文化意义却大相径庭。就《孙子兵法》的英译而言，译者的选择体现了译者的文化心理，文化心理又通过译者英译的文化表现体现出来。译者如缺乏文化逻辑意识，以自己的心理框架取代现实的语境，就会以自己认为合理的解释来取代源语文化之文化惯约。如欲避免文化简化主义的发生，译者须加强自我自反性，厘清蕴含在文化表现系统中的文化逻辑，通过自反的方法达到差异比较与沟通理解之目的。这些观点颇有新意，值得进一步研究。

本书研究的学风、文风符合学术规范，不存在知识产权方面的争议。

本书研究的学术价值还在于文化心理与文化逻辑的探讨，比如，本书指出：如何运用杂合策略还停留在感性认识的经验总结层面，缺乏一个有效的文化批评标准。译者的英译之所以会陷入文化简化主义的误区就在于忽视了文化心理的作用。文化心理体现在文化价值、文化行为与文化表现三个方面。译者忽视文化心理的直接后果就是以自己的心理框架取代实际的语境，体现在文化表现上就是以自己认为合理的解释取代源语文化之文化惯约。这就违背了特定文化语境下文化成员对所处世界作出诠释时所依据的文化逻辑。文化逻辑作为一种基于自然逻辑法则的思维方式和认知方式，为不同文化间的差异比较与沟通理解提供了可资借鉴的文化批评标准。文化逻辑之核心是特定文化语境所提供的且为该文化语境所特有的逻辑前提，对逻辑前提的探讨就不可避免地涉及“元”信息和心理框架与语境之间的关系。同时，本书研究在方法论层面亦颇多启发，比如：首先，文化逻辑之应用确定对某一特定文化概念共享的假设为推演的前提。这一共享的假设是由某一特定文化语境所提供且为该文化语境所特有，故欲确定这一假设就须深入该文化语境之文化惯约体系中。其次，推演是依据自然逻辑法则来进行，而自然逻辑法则之运用在人们思维中普遍存在，使得文化逻辑之应用具备了方法论的性质，演化为一种便于操作的思维方式和认知方式。这就使得对文化心理与文化逻辑的探讨具备了方法论的性质。

本书的研究也存在一些不足，表现在以下方面：在研究方法上，定量研究尚显不足，缺乏对“《孙子兵法》的英译”这一社会文化现象的数量特征、数量关系及英译过程中文本特征的数量变化的量的分析。此外，还未能总结出一个“典籍英译文化研究”的整体标准，各部分的研究未能形成一个圆融贯通的整体。课题组也已经充分认识到了这一点，希望能在后续研究进一步充实与拓展。

是为序。

黄海翔

2017 年 9 月

前 言

《孙子兵法》英译的文化研究，就笔者目力所及，尚未有学界同仁涉足。但已有学者对典籍英译研究标准与翻译的文化研究做出了独到的探讨。前者以黄中习教授所著的《典籍英译标准的整体论研究——以〈庄子〉英译为例》为代表；后者以刘宓庆先生所著的《文化翻译论纲》为代表。

黄中习教授构建了典籍英译标准的整体论研究模式。它是一个三向动态的和辩证关联的理论，认为典籍英译标准是一个动态关联的圆融整体。以这一新视角综合考察典籍英译译者的翻译标准及其对三元要素，即忠实性（信）、可读性（顺）、创造性（创）的取舍趋势。根据这一模式，典籍英译标准之道是多元标准一体化的整体，是一个抽象的标准。译者个体的翻译标准都以它为理想和目标。典籍英译译者的个体翻译标准也是三元要素一体化的整体，其中的三元要素有着恒久的动态关联。典籍英译译者翻译标准的多元化、个性化表述之总和就能接近或达到典籍英译标准之道（黄中习，2010：3）。黄中习教授认为：运用理论描述与个案分析相结合的方法，把典籍英译译者的自律准则作为一个整体来探讨，本质上属于哲理思辨的定性翻译理论研究。其研究路径是从源语出发，以原文为本，以译者为中心，以整体论来探讨译者的整体翻译标准。本书的个案运用表明，“典籍英译标准的整体论研究”模式具有一定的解释力，有助于更全面合理地描述、分析和解释典籍英译标准、典籍英译现象，乃至其他翻译现象（黄中习，2010：3）。从文化研究的角度来看，黄中习教授研究成果给笔者的启示是：语言是文化的表征。文化杂合亦以语言杂合为其主要表征。文化不但决定着语言指称的内容和方式，还规定着人们的语言观念。语言建立在“感觉同一性”的心理基础上，能够超越主体之间的界限，使一个人的内部世界转换成另一些人的内部世界，帮助人们建构认识的异中之同，形成文化共识。而且，语言是文化的符号，与文化结成能指与所指的关系（顾嘉祖，2009：123）。就西方译者的《孙子兵法》英译而言，文化杂合客观上导致了译文的杂合，而译文的杂合反过来也促成了文化杂合的产生。典籍翻译的性质决定了典籍翻译须经过语内翻译和语际翻译两个阶段。在语内翻译阶段，译者的诠释受制于汉语诠释传统——训诂学，其主体性是有限的；在语际翻译阶段，译者的诠释体现出强烈的为我性，其主体性表现为目的性、历史忠实性和选择性（黄海翔，2008b：144）。译者的主体能动性在很多时候都是译文杂合性最直接的决定因素。原文中的异质性成分能否得到保留，决定权通常还是在译者手里。正如列维（Levy）指出的那样，翻译活动其实也是一个译者“作决定的过程”（1989：38）。

在这一过程中，译者本身的审美情趣、翻译观念和倾向，以及翻译目标都会对译文产生很大的影响，有时甚至是决定性的影响。对于那些来自原文的异质性成分，译者既可以在译文中保留，也可以用具有译入语语言、文化、文学特点的成分加以替代，或是全部删除。译者的每一种选择都对译文的杂合性具有决定性的影响（韩子满，2005：103）。故译者作决定的过程亦是译者主体自我建构之过程。自我建构与文化价值观、规范和交际相关联。最新研究所提供的来自经验的证据表明，不管他的文化认同如何，在每个个体中有两种维度的自我（Ting-Toomey，2007：76），一为独立的自我建构，一为相互依赖的自我建构。独立的自我建构和相互依赖的自我建构分别指人们设想他们自己独立的或与他人联系的程度。独立的自我建构包含这样的观点：个人是具有个性化情感、认知和行动方式的独一无二的实体。相互依赖的自我建构则强调相互关联的重要性（Markus & Kitayama，1991：224－253）。这正是笔者下一步要探讨的方向。

刘宓庆先生的著作在以下方面给笔者很大启发：①“本位观照、外位参照”的方法论。笔者正是以国内资深翻译家林戊荪先生的译本为“本位观照”，以西方译者的主要英译本为“外位参照”，在文化研究的核心问题框架内通过定性分析与定量分析相结合的方法进行描述性研究，从而为中国典籍英译的文化研究提供方法论的参照。②寻找“理想的客体”，也就是典型的文化形态来作典型的双语文化转换分析。《孙子兵法》在西方的英译，无论就其翻译频率抑或翻译影响来讲，已然成为英语文化尤其是美国多元文化中典型的文化形态之一。

本课题正是从《孙子兵法》英译文化的文本特征入手，将其他六个文化研究的关键问题——语言与物质的关系、文化的地域性、文化的改变、理性及其限度、文化与人、文化分析的真值与价值观——统一在文化研究的系统之下，对这一典型的文化形态进行研究。刘宓庆先生在其论著第一章“翻译学视角中的文化”中指出：翻译学视角中的文化视语言为文化的主体性基本表现手段，以意义为价值观核心和基本取向，以文化心理为“求索”的鹄的，以审美判断为跨文化表现的杠杆（2005：1－10）。虽然刘宓庆先生是以文化翻译为研究对象，而笔者是以《孙子兵法》的英译这一文化现象为研究内容，但在研究方法上我们都主张须从文化的文本特征入手，重视文化的地域性、文化的改变、文化与人的关系。

综上所述，笔者认为，若说笔者的研究成果取得什么成绩的话，是笔者以文化的文本特征为基础，基于其他六个文化研究的关键问题，对“《孙子兵法》的英译”这一文化现象在“本位观照”的前提下进行梳理与分析，希望能为中国典籍英译的文化研究提供方法论的参照。若论存在的问题，则是还未能像黄中习教授那样总结出一个“典籍英译文化研究”的整体标准。笔者认为，欲总结出“典籍英译文化研究”的整体标准，还需要做许多扎实细致的研究工作：①细读《孙子兵法》西方译者的所有英译本，而非有重点地选读；②通过各译本销量的比对，选择出在英语读者中有影响的译本进行重点阅读与定性分析；③如有可能，就译本所涉及的文化问题与译者进行直接沟通，可以采用书面访谈或问卷调查的方式。当然，最大的问题来自文化心理的研究，笔者虽然取得了一定的研究成果，但感觉因缺乏哲学世界观的指导，尚未能把本体论的研究与认识论、方法论的研究有机整合起来。

在成书之际，首先感谢华南农业大学外国语学院建设高水平大学项目出版基金的资助。没有项目出版基金的支持，就没有本书的出版。此外，笔者还要对为本书出版付出大量心血的暨南大学出版社杜小陆先生表示诚挚谢意。

由于笔者水平、精力有限，书中问题、讹误在所难免，敬请广大读者指正。

黄海翔

2018 年 1 月

目　录

第1章　导　论

1.1　研究背景

文化价值是一种关系，它包含两个方面的规定性，一方面存在着能够满足一种文化需要的客体，另一方面存在着某种具有文化需要的主体，当一定的主体发现了能够满足自己文化需要的对象，并通过某种方式占有这种对象时，就出现了文化价值关系。《孙子兵法》英译的文化价值主要包括《孙子兵法》英译的理论与实际应用价值和《孙子兵法》英译的文化标准。

《孙子兵法》是中国现存最早的最有价值的军事典籍，被世界各国公认为是富哲理性和产生深远影响的兵书。以《孙子兵法》英译而论，自1905年卡尔思罗普（E. F. Calthrop）译本始，至2008年托马斯·黄（Thomas Huynh）译本止，西方共出版了22个英语译者翻译的英译本。《孙子兵法》作为英语译者有选择地翻译的中国典籍之代表，其英译在"中学西传"中发挥了无可替代的作用。由于中西方文化存在差异，对《孙子兵法》英译中出现的种种文化现象作系统的分析与梳理显得尤为必要。更由于《孙子兵法》在当今世界有巨大影响力，对《孙子兵法》的英译作深入的双语文化转换分析，可以发挥理想客体（ideal object）的作用，为其他中国典籍英译的研究提供方法论的参照和典型文化形态的参考。

迄今为止，国内外学者对《孙子兵法》英译的文化研究主要集中于文化的文本特征，即把文化的研究等同于对通过"像语言一样"发生作用的指谓系统（signifying system）产生的意义的探索。而对于《孙子兵法》英译的其他诸多文化现象，比如文化的地域性、文化的改变、理性及其限度、文化与人、文化分析的真值与价值观等之研究均未出现。笔者现将国内外研究现状概述如下：

王铭（2005）从历史文献学的角度对20世纪《孙子兵法》的英译本作了梳理，他把《孙子兵法》的英译划分为两个不同的视角，即军事的视角和文献的、文化的视角，并重点对英国著名汉学家翟林奈（Lionel Giles）译本的文献学特点和前美国海军陆战队准将格里菲斯（Samuel B. Griffith）译本的军事学特点进行了对比分析。他认为：两译者翻译视角的差异，最终应该归结为《孙子兵法》的两重属性，即实践性与文本性。王铭采用历史分析的方法，对20世纪《孙子兵法》英译本作了分析与评价，这一点无疑值得肯定。他从译者身份入手，对翟林奈译本的文献学特点和格里菲斯译本的军事学特点进行对比分析，从一个侧面证明了意义不但是语言符号的产物，也是社会实践的产物，两者是不能截然分开的。但这种两分法分析的弊端也相当明显，它会人为地造成译者单一文化取向的论断。

曾四凯（2006）运用关联理论对《孙子兵法》三个最具代表性的英译本——翟林奈译本、格里菲斯译本和林戊荪译本进行文化与语言上的对比研究，从而得出林戊荪译本是最佳译本的结论。他认为：翟林奈译本与格里菲斯译本由于各种原因，存在着很多的错漏译现象，这种现象不容忽视。他以林戊荪译本为参照，指出翟译和格译的诸多不足和错漏译之处，有助于英语读者减少对《孙子兵法》原文的曲解。但是，翟、格两译本的错漏译现象很大程度上是由非语言差异的历史性造成的。即译者不仅要受到他所属的那个时代的语言的限制，更是为一系列的非语言理念、政治观点、审美趣味等因素所制约，使他倾向于采用这样或那样的翻译方法（许钧，2003：121）。以格译《孙子兵法》为例，它并没有严格按照底本《孙子十家注》的顺序将注家所注一一译出，而只是译出了译文引为理据的注解，这招致了中国本土文化语境“不忠实于源文本”的批评，但从另一角度来看，译文却凸显了译者对源文本注释的思考、判断、选择与认同。关于这一点，曾四凯未作任何探究。

杨敏（2007）从译者主体性的角度对翟林奈、格里菲斯、托马斯·克利里（Thomas Cleary）、索耶尔（Ralph D. Sawyer）、林戊荪、闵福德（John Minford）六位译者的译本在底本选择、译本标题、文本形式、基本概念与文化词翻译等方面对译文的多样性及译者主体性的体现进行了分析。谈到译者主体性，就不可避免地涉及译者的自我实现问题，而译者的自我实现与文化价值观有密切的联系。杨敏认为：译者主体意识通常受译者个人的语言与文化能力、生活经历、文化与审美态度、历史背景、意识形态、伦理道德价值、翻译动机以及目标读者等因素影响。这无疑是正确的。但她又说："然而，众多当代翻译理论如功能学派、描写学派、阐释学、解构主义、接受美学等都开始质疑原文的唯一权威性，并将译者推向更主导、更权威的地位。"这里，"将译者推向更主导、更权威的地位"有没有一个"度"的限制呢？杨敏没有回答。她陷入了"以原文价值为取向"或"以译文价值为取向"的两分法的弊端中了。其实，无论译者主体性有多大发挥，都存在着译者与原文作者之间的主体间性问题，而隐藏在这一问题后的是"平等"的文化价值观。

徐娟（2007）以目的论理论为基础，提出了典籍翻译中的"动态平衡"的概念。她认为：翻译的最终目的是达到平衡，包括作者、译者和读者之间的平衡，源文本和目标文本的平衡，以及文本内和文本外的平衡。她指出：这种平衡的基础以译者和读者的目的为导向，同时也受当时的翻译环境影响，不同时代的平衡标准由于各种影响因素的不同而不同。她选用了翟林奈、格里菲斯和林戊荪翻译的三个译本进行比较研究，试图从实践上研究三个译本中的"动态平衡"。她认为：三个译本从当时的角度来讲，都达到了"动态平衡"的标准，是成功之作，但是正是由于平衡具有"动态性"，所以没有完美的最终译本，复译是必要的。徐娟的"动态平衡"观涉及文化研究中的核心问题之一：真与价值观的特征。持现实主义认识论的现代主义者认为：真是独立客观世界的精确呈现，因为语言被认为能够反映世界。解构主义者认为：真是社会的赞扬而不是独立客观世界的精确反映。判断和理解位于时间、空间和社会权力之中。在此意义上，徐娟的"动态平衡"观有其合理性。但问题是在这一"动态平衡"模式中，原文作者的目的和意图如何体现呢？这一点，徐娟没有能够回答。

江忆恩（Alastair Iain Johnston）（1999）回顾了美国20世纪60年代到90年代出版的《孙子兵法》主要英译本及其在美国学术界、商界和军界的研究情况。他把《孙子兵法》的地位、应用与克劳塞维茨（Clausewitz）的《战争论》作了对比，指出：尽管从20世纪80年代到90年代，美国军事教育系统对《孙子兵法》的关注大大增强，然而对孙子的研究是作为对克劳塞维茨的外位参照而进行的，克劳塞维茨依然是美国军官的主要理论来源。江忆恩的研究涉及了文化研究的两大核心问题：文化的地域性与文化的理性。《孙子兵法》具有民族性的兵学思想在美国文化中得到了兼容，而支持这种兼容的是文化的理性。理性是建立在文化过程基础上的社会赞扬的一种形式，理性的行为在具体的文化语境中得到了维护。但这种文化理性背后的文化价值观是什么呢？他没有涉及。

1.2 研究目标

本书以《孙子兵法》的英译这一文化现象为研究内容，采用社会学的研究方法，从文化研究的核心问题——语言与物质的关系、文化的文本特征、文化的地域性、文化的改变、理性及其限度、文化与人、文化分析的真值与价值观入手，对《孙子兵法》的英译作系统的分析。本书通过对《孙子兵法》英译本进行描述性研究，对中西方文化价值观的冲突作一深入的探讨，从而为当今全球化趋势下的文化交流提出建设性的意见，并进而为中国典籍英译的文化研究提供方法论的参照。

以此研究目标为框架，本书以《孙子兵法》的英译这一文化现象为案例，从文化研究的核心问题入手进行分析，研究内容涵盖如下观点：

（1）译者的翻译不但是符号转换的产物，也是社会实践的产物。

（2）《孙子兵法》英译的研究不但要着重于文本的研究，也须着重于人的研究，即副文本的研究。

（3）《孙子兵法》的英译与权力、政治密不可分，译本的产生是一种政治实践。

（4）译本的真与理性只是建立在规范制约的社会文化传统之下，而不是建立在形而上学之中；译者的情感在翻译过程中与理性同等重要。

（5）文化心理的分析可以帮助我们理解译者以何种方式在自己设立的文化语境中对原作者和读者施加影响。

（6）对译本的承认并不表示译本是客观世界的真实反映，其背后隐藏的是译者、读者的文化价值观。

本书研究的重点在于文化的文本特征在《孙子兵法》英译本中的描述性研究，包括以下方面：

（1）本书将以“文化”为研究单位，以“文本”为研究载体，对《孙子兵法》英译所涉及的文化研究的核心问题进行系统分析。比如，典籍中意识形态的翻译与典籍翻译的文化功能对等。

（2）本书将对《孙子兵法》英译的文化心理进行探讨。文化心理的根本前提是没有任何一种社会文化环境能独立地存在于人类从中获取意义和资源的方式之外。每个人的精神生活都是由从这一环境中领会意义和获得资源的过程构成的。文化心理意图发展一种意向性行为，该行为是精神生活的外在表现。该行为导致了文化构建的现实（意向性世界）与真实世界的冲突、意向性的人与现实中的人的冲突。比如，《孙子兵法》闵福德译本中对孙子思想违背“人本主义价值观”的批评与《孙子兵法》原文本所洋溢的人本主义思想的冲突这一矛盾就凸显了文化心理分析的复杂性。

本书拟突破的难点也在于文化心理的分析。核心是文化认知的心理框架与认知的逻辑层级之分析。翻译研究文化学派的代表人物之一巴斯奈特（Susan Bassnett）（1990）认为：翻译不只是一个简单的解码—重组过程，更重要的还是一个交流的行为，可分为文化内翻译与文化之间的翻译。德国翻译理论家汉斯·威密尔（Hans J. Vermeer）也指出：翻译从本质上说是一种行为，是一种“跨文化的行为”。这种行为不但适用于文化相近的语言（如德语和英语），也适用于文化并不相近的语言（如芬兰语和汉语）。不同语言之间的文化翻译不是类的差别，而是度的区别（Snell-Hornby，2001）。不同文化之间的认知首先从元信息开始，涵盖如下基本概念：

（1）文化认知的元信息。

元信息（metamessage）之“元（meta）”意为“关于”之意。英国人类学家格列高里·贝特森（Gregory Bateson）指出：所有动物之交流都是关于它们已知信息的交流。这种关于已知信息的交流称为“元交流”（Bateson，1988：124）。在文化认知的心理范畴中，“元”具体地指一位于较高等级的逻辑层次，它为解释位于其下一等级逻辑层次的意义提供了线索（Katan，2004：34）。

（2）文化认知的心理框架。

心理框架（frame）与元信息紧密相关，被神经语言程序学（Neuro-Linguistic Programming，认知心理学的一分支，基于贝特森观点创立）广泛应用，用来帮助阐明人类交流中的问题。贝特森把心理框架与语境（context）作了对比，提出：心理框架是一种内在的心理状态，是我们内心世界图式的组成部分，而语境则是某种现实的外在体现；心理框架是非“真实”的，正如我们内心的世界图式并非它所代表的实际疆域一样，它更揭示了理解过程中的某种思维（Bateson，1972：187）。加拿大社会学家欧文·戈夫曼（Erving Goffman）定义“心理框架”为“管理现实中发生事件的组织原则”（1974：10）。“心理框架”这一概念在国际翻译界也被广泛应用。德国翻译理论家诺伊贝特（Neubert）根据经验的积累和知识的总体结构定义道：“经验的积累过程可称为心理框架的构建，知识结构本身就可称之为心理框架。”（1992：60）斯内尔—霍恩比（Snell-Hornby）将其定义为“读者/译者的个人经验”，这一定义与其他翻译理论家的观点完全吻合，即被文本激活的心理框架与正被讨论中的语言使用者的社会文化背景紧密相连（Katan，2004：25）。

（3）作为诠释方法的心理框架之应用。

美国语言学家德博拉·坦嫩（Deborah Tannen）认识到：心理框架由文化所确定，可将其理解为一种诠释方法（Katan，2004：25）。他定义心理框架为“对正在被做的事情的感知”（Tannen，1993：73）。观察者至少有两种诠释存在，一种来自于框架之内，一种来自于框架之外。正如我们讨论文化与翻译之关系时，把现实的精神表象比作地图、把现实比作疆域一样。地图有确定的边界，我们对现实事件的理解也有确定的心理框架。

（4）心理框架与原型。

原型是与心理框架相关联且被语言学家广泛使用的术语。原型是指一个词语或一个类型意义的所有典型模型或原形象，是一个类型的一组典型特征（Bussmann，2000：389）。马克思把原型称为“社会交际形态”（李和庆，2003：10）。文本语言学认为，原型是特定历史时期为特定交际群体所接受的说话和写作的具体方法。原型文本在特定社会情景中构成一个事件，同时又反映基本的社会规范（李和庆，2003：15）。诺伊贝特指出：“原型和社会情景不存在完美的平衡；具体文本只不过是文本的稳定性与交际情景的特殊需要在磨合过程中的一种折中”（1992：129）。就认知心理而言，原型是蕴含在心理框架中的理想化的范例。就文化交流而言，在现实中发生的事件与体现了蕴含在心理框架中的原型的内在表象之间不得不有某种形式的吻合。

（5）心理框架的逻辑层级。

意义逻辑层级理论的创始人是英国著名哲学家伯特兰·罗素（Bertrand Russel），他引入了逻辑式理论，其根本原则是“所有集合之集合不可能包含它自己”。这一原则形成了解决因误解而产生问题的很多方法的基础。贝特森分析了罗素逻辑式的错误，即“把名与实混为一体，如同吃了菜单而不是菜单上的菜”，指出语境必须附属于逻辑式，他说：“要么我们抛弃‘语境’这一概念，要么保持这一概念，如保持这一概念，就必须接受层级系列——问题的提出，问题提出之语境，问题提出之语境之语境，依次类推。”（Katan，2004：36）

（6）本土文化心理框架与英语文化心理框架之冲突。

站在本土文化语境的立场上评价英语译者的翻译面临着两种文化心理的冲突。我们自身的心理诠释框架与英语译者的心理诠释框架是迥然不同的。其对应的语境对我们而言是英语文化—语言霸权，对英语译者而言是英语本土文化语境。这两种诠释框架之所以相左，是因为持这两种诠释框架的本土学者心中都有一个关于典籍英译的理想化的原型。而要分析是什么原因使英语译者英译典籍的现实与本土文化语境所期待的原型落差如此之大这个问题，则必须从心理框架的意义层级入手。

1.3 本书结构

本书共由13章组成。本章是导论，交代本书的研究背景和研究目标。第2章从价值标准的定义入手，着重探讨文化分析的真值与价值观问题，通过定义价值标准，界定真值与价值观之间的辩证关系，进而提出历史忠实与阐释辩证的概念，探析历史忠实与阐释辩证的特性，并从内容与系统两个方面讨论历史忠实与阐释辩证的表征和《孙子兵法》英译文化之间的关系。第3章从价值观的定义入手，从多个维度对历史忠实与阐释辩证进行分类描述，深化对历史忠实与阐释辩证标准的认识。第4章探讨《孙子兵法》英译的文化主体，涵盖文化研究的核心问题之一：文化与人的关系问题。文化主体是导致文化价值观形成和文化误读的基本要素。笔者从语内翻译和语际翻译两个层面对《孙子兵法》英译的译者主体性进行了多层次探讨。第5章从译者身份与文化误读的关系、语境重构与文化误读的关系分析了文化误读的内容、形式与形成机制，并通过个案分析就如何克服文化误读提出了自己的建议。第6章聚焦于文化研究的核心问题之一：理性及其限度。笔者从《孙子兵法》英译的文化逻辑入手进行对这一问题的分析，基于文化逻辑的定义及其与文化翻译之间的关系分析了文化翻译三种模式下文化逻辑的具体表现。第7章在文化逻辑的背景下探讨文化心理的问题，通过文化心理的定义及其与文化逻辑的辩证关系，分析文化心理如何通过不同的英译策略表现出来。第8章探讨文化空缺与补偿。这就涉及文化地域性的核心问题。笔者着重论述了作为补偿手段的深度翻译与文化负迁移及其认知语境重构之间的关系。第9章探讨《孙子兵法》英译的文化杂合。笔者首先厘清文化杂合的定义及文化杂合与价值观之间的辩证关系，而价值观与文化主体的自我建构紧密相关。第10章探讨《孙子兵法》英译的文化资本。笔者首先阐述了文化资本、惯习和差异三者的定义及其内在关联，再以加葛里亚蒂英译《孙子兵法》为个案，阐述了文化资本运作的策略、技巧和创造性。第11章探讨《孙子兵法》英译的文化改变。笔者从文化功能对等与意识形态的翻译、《孙子兵法》英译的意识形态误读、《孙子兵法》英译的认知心理框架、《孙子兵法》英译本的杂合伦理观、《孙子兵法》英译的语境真理观、《孙子兵法》英译的文学变译等七个方面分析了文化改变的主要表征。第12章探讨《孙子兵法》英译的文本特征。笔者从《孙子兵法》英译中的文体翻译、《孙子兵法》军语的英译策略、《孙子兵法》英译的整体观三个维度探讨《孙子兵法》英译的文本特征的诸多特点。第13章是余论，在扼要总结本书研究成果的基础上，就《孙子兵法》英译的文化研究中出现的一些问题提出看法，并对未来研究提出建设性的意见。

第2章　《孙子兵法》英译的价值标准

2.1　历史忠实观标准

价值标准反映主体的客观需要和利益在价值关系和价值活动中，具有尺度的性质和功能。价值标准是包括各项价值指标的一个价值系统，包括经济效益、社会效益和学术价值。对《孙子兵法》英译的评价标准反映了评价者的价值标准。本节以典籍翻译的忠实标准为切入点，从作者创作的历史性、译者阐释的历史性、文本语言的历史性和非语言差异的历史性出发，结合《孙子兵法·计篇》两个译本的比较描述，指出：典籍翻译的历史性，导致了译者理解与阐释的局限性。笔者以法国学者阿尔比提出的“历史的忠实观”及意大利哲学家艾柯（Umberto Eco）提出的“阐释辩证观”为依据，认为译者的译文须忠实于译者所处时代的目的语与译文读者，在此基础上无限接近原作者的“欲言”，同时，为避免阐释过度，译者须以历史性观照下的文本为依归，遵循文本内部一致性的原则，结合上下文为文本的阐释作出限定。

“忠实”是翻译研究中最突出的具有伦理关涉的概念（汤君，2007：57）。国际译联《译者章程》第一部分“译者通责”的第四条明确规定：“译文必须忠实，必须准确传达原作的思想和形式——这种忠实既是译者的道德责任也是其法律义务。”第五条又从方法论层面对“忠实”作了进一步的解释：“不应将忠实的译本与逐字对译混同，译本的忠实并不排斥为了使另一国家、另一语言接受原作的形式、风格和深层含义所作的改动。”（汤君，2007：58）就典籍翻译而言，“忠实”的标准一直是译界颇受争议的问题。译者作为理解者与阐释者，是否忠实地传达出原文的意义？读者面对同一部典籍的多种译文，如何判断哪一种译文更接近作者的“欲言”？本节拟以《孙子兵法·计篇》两个英译本的比较为基础，对这两个问题作一描述性分析。

谈及典籍翻译的忠实标准，就无可避免地涉及时下争议颇多的翻译主体问题，即典籍是由源语译者来译，还是由目的语译者来译。以系统准确地将中华民族的文化典籍译成外文为目的的《大中华文库》的总序中有这样一段话：“我们一方面对外国学者将中国的名著介绍到世界上去表示由衷的感谢，一方面为祖国的名著还不被完全认识，甚而受到曲解而感到深深的遗憾。……还有许多资深、友善的汉学家译介中国古代的哲学著作，在把中华民族文化介绍给全世界的工作方面作出了重大贡献，但或囿于理解有误，或缘于对中国文字认识的局限，质量上乘的并不多，常常是隔靴搔痒，说不到点子上。”（杨牧之，2007：1）这段话表明：翻译主体之争的核心是译者的理解问题。而论及理解的差异性，就不能回避翻译的历史性，《孙子兵法》的英译，尤其如此。基于翻译主体之不同，笔者选取了《孙子兵法·计篇》两个代表性译作作比较描述之用：一是格里菲斯将军的英译本，它被联合国教科文组织列入《中国代表作丛书》；一是国内资深翻译家林戊荪先生的英译本，它被列入《大中华文库》。笔者意欲通过比较中外两位译者的译文，首先来探讨一下译者在不同的历史语境下理解的差异性及其原因。

就译者的理解与翻译的历史性而言，两者紧密相连。译者首先是读者，他的阅读行为时刻受到变化中的历史的影响，他的阅读、他的理解不可能超越时间，也不可能超越他所处的历史语境（许钧，2003：116）。就《孙子兵法》的英译而言，翻译的历史性主要体现在作者创作的历史性、译者阐释的历史性、文本语言的历史性和非语言差异的历史性上。就作者创作的历史性而言，《孙子兵法》成书于 2 500 多年前，时空的迁移，语言的畸变，理解的误差，原意的消隐，都造成了译者翻译的障碍，而这一切已不能求教孙子于地下了。以《孙子兵法·计篇》两译文为例：

例 1：将听吾计，用之必胜，留之；将不听吾计，用之必败，去之。

格译：If a general who heeds my strategy is employed, he is certain to win. Retain him! When one who refuses to listen to my strategy is employed, he is certain to be defeated. Dismiss him!

林译：The general who employs my assessment methods is bound to win; I shall therefore stay with him. The general who does not heed my words will certainly lose; I shall leave him.

分析：句中格译、林译之“留之”“去之”迥然不同，颇耐人寻味。格译就现时读者的思维习惯而言，自然且生动，乃情理中事；林译乍一读，颇觉意外。查《孙子十家注》，曹操、孟氏之注与格译理解同，而其余注家与林译理解同，其中陈皞之注颇具代表性：“孙武以书干阖闾曰：‘听用吾计策，必能胜敌，我当留之不去；不听吾计策，必当负败，我去之不留。’以此感动，庶必见用。故阖闾曰：‘子之十三篇，寡人尽观之矣。’其时阖闾行军用师，多用为将，故不言主而言将也。”可见，林译充分考虑了这一历史背景。但这毕竟是后人之注，孙子本意如何，已无从考证，两译文皆无损《孙子兵法·计篇》主旨，但不难看出作者创作时的历史语境有时发挥着关键作用。

就译者阐释的历史性而言，不同的译者因为认知能力、语言能力的不同而不同程度地主宰了翻译过程。这些不同除却某种纯个人的因素（我们指的所谓纯个人的因素，在某种程度上也是历史造成的）外，显然是不同的历史时代规定的（许钧，2003：120－121）。《孙子兵法》自成书至今，跨越了漫长的时空，历代注家的注释很多，而且往往各不相同，其中以清孙星衍校之《孙子十家注》最为权威。从翻译学的角度来看，注家注释的过程即是语内翻译的过程。雅各布森把语内翻译过程界定为“用同一语言的符号对其他符号进行的翻译”（谭载喜，2005：118）。在此意义上，历代注释者也即语内翻译的译者。林戊荪先生翻译所依据的吴如嵩、吴显林校释的现代汉语本《孙子兵法》也属于语内翻译的译本。语内翻译历史性的差异，造成了语际翻译译者理解的差异。以《孙子兵法·计篇》两译文为例：

例2：利而诱之，乱而取之。

格译：Offer the enemy a bait to lure him；feign disorder and strike him.

林译：When the enemy is greedy for gains，hand out a bait to lure him；when he is in disorder，attack and overcome him.

分析："乱"字格译为"我诈乱而取之"，林译为"彼乱则乘而取之"，孰为孙子之真义？笔者查《孙子十家注》，发现格译引为理据的杜牧之注列在"利而诱之"之下，曰："赵将李牧，大纵畜牧，人众满野，匈奴小入，佯北不胜，以数千人委之。单于闻之大喜，率众大至。牧多为奇阵，左右夹击，大破杀匈奴十余万骑也。"而在"乱而取之"之下，杜牧注曰："敌有昏乱，可以乘而取之。传曰：兼弱攻昧，取乱侮亡，武之善经也。"此注与林译理解同。看来，格译是取杜牧"利而诱之"之注作"乱而取之"之解，与张预"乱而取之"之注理解同。由此可知，格里菲斯在阅读和理解各家注释的基础上，作出了自己认同的推断。格里菲斯只取杜牧"利而诱之"之注译出，即为明证。而林译则认同了"乱而取之"下李筌、杜牧、贾林、梅尧臣、王皙之注。《孙子兵法·计篇》主谋、诡道十二变，运用之妙，存乎一心。格译与林译皆为历史经验之结晶，若强论孰更忠实，反倒违背孙子"兵者诡道"之本意了。类似的例子如：

例3：怒而挠之，卑而骄之。

格译：Anger his general and confuse him. Pretend inferiority and encourage his arrogance.

林译：If he is given to anger，provoke him. If he is timid and careful，encourage his arrogance.

就文本语言的历史性而言，《孙子兵法》写作时所用的语言距今已有2 500多年，属先秦散文体，与现时语言相比，在书写、词汇以及文体等各个方面存在着巨大的差异。这种历史性并不单单是译者要面对的，它不从属于翻译的特性，用文字固定下来的文本或多或少地都要经过时间的距离才能得到阅读与理解（许钧，2003：121）。以《孙子兵法·计篇》为例，语言的历史性体现在文化专有词及军语的翻译上。

例4：天者，阴阳、寒暑、时制也。

格译：By weather I mean the interaction of natural forces；the effects of winter's cold and summer's heat and the conduct of military operations in accordance with the seasons.

林译：By "heaven", I mean the effects of night and day, of good and bad weather, of winter's cold and summer's heat; in short, the conduct of military operations in accordance with the changes of natural forces.

分析："阴阳"是典型的中国文化专有词，指自然界中两大相互对立法则，不仅表示亮与暗，而且表示男性与女性、刚与柔、上与下。阳象征着力量和创造力，与天联系在一起；阴则表示弱、女性，与地联系在一起。阳象征着动，阴象征着静。阴阳思想渗透在中国文化的各个方面并决定了中国人传统生活方式的特点。在中国古代，阴阳被认为是宇宙基本规律（金乃逯，1999：137）。格译与林译都传达出了"阴阳"的指示意义，格译宽泛，林译具体。但无论宽泛还是具体，又怎能穷尽"阴阳"之所指，这不能不说是语言的历史性所造成的遗憾。

例5：庙算

格译：the estimates made in temple

林译：makes full assessment of the situation at the prewar council meeting in the temple (translator's note: an ancient Chinese practice)

分析：关键是"算"的翻译。据傅朝的研究，"算"是古代一种计算工具，由竹片做成，被引入战略运筹学领域，通过对敌我双方五事七计的计算，预测战争胜负。"算"也叫"筹"，计算结束后，得筹码多的一方赢。用算筹作工具，可以直观地演示敌我各项因素的优劣。为进一步解释其内涵，格里菲斯加了条详细的脚注："A confusing verse difficult to render into English. In the preliminary calculations some sort of counting devices were used. The operative character represents such a device, possibly a primitive abacus. We do not know how the various 'factors' and 'elements' named were weighted, but obviously the process of comparison of relative strengths was a rational one. It appears also that two separate calculations were made, the first on a national level, the second on a strategic level. In the former the five basic elements named in v. 3 were compared; we may suppose that if the results of this were favorable the military experts compared strengths, training, equity in administering rewards and punishments, and so on (the seven factors). ”林译附了条文内注释，虽简洁，却给人以言犹未尽之感。

例 6：一曰道，二曰天，三曰地，四曰将，五曰法。

格译：The first of these factors is moral influence; the second, weather; the third, terrain; the fourth, command; and the fifth, doctrine.

林译：The first is the way (*dao* 道); the second, heaven (*tian* 天); the third, earth (*di* 地); the fourth, command (*jiang* 将); and the fifth, rules and regulations (*fa* 法).

分析："道""天""地""将""法"乃孙子所创军语，孙子在下文对五个军语给出了清晰的定义。据西班牙翻译工作者艾克西拉的文化专有项翻译策略分类法，格译采用了语言翻译（意译）加文内解释（注家评论）与文外解释（脚注）的方法，共计提供了六位注家的评论和自己的三条脚注来解释他为何如此翻译（限于篇幅，笔者不一一列出）。他的翻译是从目的语读者的角度出发，目的是让读者更好地理解。林译采用了重复（照抄汉字）、转换拼写法（汉语拼音）与语言翻译（直译、意译相结合）的方法，体现出对源语文化的尊重。与格译不同，林译未加任何注解，体现出译文本身在源语文化语境中的权威地位。

就非语言差异的历史性而言，法国学者阿尔比（Amparo Hurtado Albir）指出："译者不仅要受到他所属的那个时代的语言的限制，更是为一系列的非语言理念、政治观点、审美趣味等因素所制约，使他趋向于采用这样或那样的翻译方法。"（许钧，2003：121）格里菲斯的译本是建立在西方反思克劳塞维茨军事思想的基础上，应当时国际形势的发展而产生的，融入了西方战略家对当时形势和国际战略格局的深刻思考。林戊荪先生的译本是建立在中国学术界志在向全世界传播中国学人自己翻译的传统文化典籍的基础上的，融入了本土文化语境对《孙子兵法》的正统理解。在此，非语言差异的历史性决定了译者的翻译策略。笔者以《孙子兵法·计篇》为例，作一比较。

格译在结构上将《孙子兵法·计篇》分成 28 节，以相当大的篇幅介绍《孙子兵法》的背景，包括“Sun Tzu and the Concubines”“The Author”“The Text”“The Warring States”“War in Sun Tzu's Age”“Sun Tzu on War”“Sun Tzu and Mao Tse-tung” “Biography of Sun Tzu”；另附录“A Note on Wu Ch'i” “Sun Tzu's Influence on Japanese Military Thought” “Sun Tzu in Western Languages”“Brief Biographies of the Commentators”；另附“Bibliography” “Index” “Maps （Ch'un-Ch'iu Period and The Contending States—boundaries of 350 B. C. ）”。由此可见，格译充分体现了西方战略家对当时形势的思考，表达了译者的政治观点，兼顾了不同层次读者的审美情趣，既有学术性，又有通俗性。此外，格里菲斯加了 17 条脚注以助阐释之用，这些注释或涉及源文本的历史文化背景，或涉及译者对于源文本的理解与阐释，或涉及译文本身，诸如说明此一词、一句何以要如此翻译。笔者以为，格译这样做的目的是让读者最大限度地理解、读懂译作，知其然，知其所以然，与译者、作者达成共鸣。笔者作为一名中国读者，亦感到收获匪浅，更遑论目的语读者？值得注意的是，格译《孙子兵法·计篇》并没有严格按照《孙子十家注》的顺序将注家所注一一译出，而是只译出了译文引为理据的注解，这招致了中国本土文化语境“不忠实源文本”的批评，但从另一角度来看，却凸显了译者对源文本注释的思考、判断、选择与认同。

林译是以吴如嵩、吴显林校释的《孙子兵法·计篇》现代汉语今译为底本进行翻译的，故与格译本相比省去了语内翻译的过程，直接进行语际翻译；除在译文内加了一按语外，没有任何注释，基本是静止的、单向的输出过程。其背景介绍仅限于前言部分，重点对《孙子兵法》的两个优良传统——慎战与知道作了阐述。但由于篇幅有限，内容上逊色不少。这反映出林译与格译在翻译策略上的巨大差异。究其原因，恐怕正如《大中华文库》总序中所言，林译之目的在于推出一个中国译者翻译且得到本土文化语境认同的译本，以期纠正西方译者由于“理解有误或缘于对中国文字认识的局限”而造成的失误。但诚如笔者分析，由于翻译的历史性，不同历史语境下译者的理解是不同的，更何况兵者诡道，并无定法，又岂有定译哉？

综上所述，典籍翻译的历史性决定了译者阐释活动的局限性，从而自然地影响到译者理解与表达的客观性。如此说来，典籍翻译的“忠实”难道就不可为了吗？译者的阐释就没有度的约束了吗？不然。笔者以为，“历史忠实观”与“阐释辩证观”可以很好地解决这一问题。

“历史的忠实”由法国学者阿尔比提出，即译作须忠实于译者所处时代的目的语与译文读者，在此基础上无限接近原作者的“欲言”（许钧，2003：122）。阿尔比认为：与理解相同，译者在表达时同样面临着语言与非语言的制约。因此，任何译本都必然有一个语言与观念上的“现时化”问题，与大多数创作一样，为了迎合时代的需要以及读者的口味，必然要产生这样与那样的变形（许钧，2003：122）。此“变形”，笔者理解为两个方面：内容与形式。内容即译者之阐释与源语文化语境理解之差异；形式即译文结构与原文结构之不同。依阿尔比之见，此类变形并不意味着不忠实，因为译者在重新表达原作的意义时，也必须忠实于他所处时代的语言与读者。如此，格译《孙子兵法·计篇》没有严格按照《孙子十家注》的顺序来译也就可以理解了。但阿尔比又指出：这种变形须在一定范围之内，因为在忠实的三维结构中，忠实于原作者的“欲言”对其他两点忠实因素起着牵制的作用。那么，如何将此变形限定在一定范围之内呢？译者如何才能防止过度阐释的发生呢？

2.2 阐释辩证观标准

艾柯认为：要防止译者过度阐释的发生，关键是处理好文本的权利与诠释者的权利之间的辩证关系，也就是要处理好作者所创造的文本提供的阐释空间和参与文本创造的诠释者的阐释自由之间的辩证关系。艾柯指出：在“作者意图”与“读者（诠释者）意图”之间，还存在着第三种可能性，即“文本的意图”。艾柯认为：作者意图是难以获得的，而读者意图又具有诸多可变的主观因素，“在不可获得的作者意图和可变的读者意图之间有一种明晰的文本意图，这种意图被用来反驳站不住的诠释”

（Eco，1979：10；译文转引自张广奎，2007：88）。文本意图表现为文本内部上下文互相印证的一致性，艾柯阐述道：“对于一个文本的任何阐释，如果它被同一文本内部的任一部分所印证，它都是可以被接受的。如果被同一文本内部的任一部分所挑战或质疑，对这个文本的任何诠释都应当拒绝接受。”（Eco，1992：66；译文转引自张广奎，2007：89）而要达到译文文本内部的一致性，艾柯认为，译者应充分了解源文本产生的历史背景，通过历史的考证与哲学的思辨建立证据和文献，在此基础上产生合理的诠释。诚如许钧教授所分析的：“在阐释过程中，作者意图与读者意图之间存在着辩证的关系，同时，‘文本意图’也在为读者提供阐释空间和自由，以上下文为读者的阐释作出限定。”（许钧，2002：25）

下面，笔者继续以《孙子兵法·计篇》两译文为例，探讨译者是否以历史背景关照下的上下文为依归作出阐释：

例7：计

格译：estimates

林译：making assessment

分析：“计”为本篇主旨，贯穿始终，与篇末“算”互文，如上文2.1节例5所分析，“计”之过程客观且理性。据 *American Heritage Dictionary*，“estimate”意为一主观且不精确的判断，“assess”意为权威地计算财产之价值以作为课税之根据。依上下文，林译比格译忠实。格里菲斯在脚注1又提供了四种译文并解释了他如此翻译的理由，其中“preliminary calculations”也体现了文本意图，但格里菲斯依然译为“estimates”。可见，在此译上译者确有“囿于理解”之嫌。

例8：兵者，国之大事，死生之地，存亡之道，不可不察也。

格译：War is a matter of vital importance to the state；the province of life or death；the road to survival or ruin. It is mandatory that it be thoroughly studied.

林译：Sunzi said：War is a question of vital importance to the state，a matter of life and death，the road to survival or ruin. Hence，it is a subject which calls for careful study.

分析：关键是如何翻译“地”和“道”。本句强调了战略决策之意义和决策应包括哪些方面。影响战争结局的条件有主客观两个方面，“地”指客观因素，“道”指主观因素，皆是实词，其定义孙子在下文业已阐明，故翻译也应落到实处。“地”格译为“province”，林译为“matter”，皆未指实。“道”二人皆译为“road”，落到了实处。而在下文，格将“地”和“道”译为“terrain”和“moral influence”，林译为“earth”和“way”，上下文未能互相印证。但格里菲斯在脚注 2 提供了另一译法：“Or ‘for (the field of battle) is the place of life and death (and war) the road to survival or ruin’”，该译法倒是与下文呼应，体现了文本意图。

2.3 小 结

本节以典籍翻译的忠实标准为切入点，从作者创作的历史性、译者阐释的历史性、文本语言的历史性和非语言差异的历史性出发，结合《孙子兵法·计篇》两个译本的比较描述，分析了典籍翻译的历史性对译者理解与阐释的影响及限制，指出：典籍翻译的历史性与译者理解及阐释的局限性紧密相关。典籍翻译的忠实须以“历史忠实观”与“阐释辩证观”为前提。译者所处时代之目的语、译文读者，及原作者的“欲言”构成了一个立体的历史维度。在这一历史维度关照下，文本诠释须以文本内部一致性为原则，以上下文为文本的注释作出限定。格译与林译作为不同历史文化语境中的代表译作，得到了各自文化语境的认可与推崇，笔者无意评价孰优孰劣，只是通过两译文的比较描述说明“历史的忠实”与“阐释的辩证”是典籍翻译达到“忠实”的有效手段。

第 3 章　《孙子兵法》英译的文化价值观

3.1　规范、个性与译者价值观

价值观就是人们对于价值的根本观点和看法。它是世界观的一个重要组成部分，包括对于价值的本质、功能、创造、认识、实现等有关价值的一系列问题的基本观点和看法。价值观来自于人们对具体的价值问题的具体看法，但是又不能归结为这种看法。它是从个别当中抽象出的一般，从特殊当中概括出的普遍，因此具有根本性和普遍性。从社会学的视角来看，翻译是规范制约下的行为，但译者作为自主的个体，有选择翻译策略的自由。翻译规范形成于一定的社会文化历史语境中，可由文本资料与超文本资料推导而成。本节以《孙子兵法》两个英译本的比较为例，首先从超文本资料中推导出译者所遵循的翻译规范，然后再根据文本资料验证译者的翻译策略是否反映了这种翻译规范，最后总结两译者之所以采取不同的翻译策略，是由其所认同的社会价值观不同使然。

翻译批评是翻译理论与翻译实践之间的根本纽带（Newmark，2001：184）。法国翻译理论家贝尔曼（Antoine Berman）认为，翻译批评主要包括两个方面：一是“诗学批评”，二是“伦理批评”。前者是内部批评，又叫文本批评；后者是外部批评，又叫社会文化批评（许钧，2003：414）。翻译批评不仅仅限于对译文本身的评价，译者对原著的选择和译者的价值取向、翻译道德与态度等，都属于批评的范畴（许钧，2003：414）。本节拟从社会学的视角出发，从规范与个性的关系入手，对《孙子兵法》两个西方译者英译本的译者价值观作一探讨。

就“规范”与“个性”概念之厘定及两者关系来看，规范是一个社会学概念。图里（Gideon Toury）认为：规范反映的是一个群体（比如在特定时期、特定文化中的译者群体）的共同价值观或思想，这些共同价值观或思想在特定条件下转化为社会行为的（非明文规定的）准则。规范是个人在其社会化过程中获得的。它意味着限制，并充当评估（对行为的评估，在翻译中则是对译文的评估）的标准（Toury，2001：54－55）。必须强调的是：规范及其背后的价值观由研究者根据所掌握语料推导而来（Hermans，2004：86，90）。

规范固有的两大特征是社会文化特定性和不稳定性（Toury，2001：62）。社会文化特定性体现在规范随着历史的发展因时、因地而异。各文化、各时期对翻译之所以有不同的看法和期待，是因为不同的翻译规范在起作用（Toury，2001：62－64；Schäffner，2007：6－7）。不稳定性体现在规范的多样性与竞争性，即规范的存在并不表示一种文化或一个历史时期的翻译行为完全一致。一个社会可能有多种规范同时并存，互相竞争；旧有的规范可能会被新生的规范取代。同时，在大社会之下还有小集团，如翻译中的所谓“学派”或出版机构等，各集团内部也可能有各自的规范（Toury，2001：62－64；2007：27－28）。

据《牛津现代高级英汉双解词典》，个性（idiosyncrasy）意为某人特有的思维方式或行为方式。图里认为：尽管翻译策略是在译者大脑中作出的，但翻译行为是可以认知的行为，因为认知过程都是在一定的社会文化语境中发生的，必然受到规范的制约。译者作为自主的个体，有选择翻译策略的自由。这不仅体现在译者可以选择与主流规范相悖的方式进行翻译，也体现在译者可以一种新的方式来践行现行的主流规范（Toury，2007：18－19）。就规范与个性之辩证关系而言，图里强调“规定—规范—个性”三者构成一个连续轴，其中“规范”的概念在两个端点间滑动，强可以至“如同‘规定’一般”，弱可以达“近乎‘个性’”（Toury，2001：54；译文引自邢杰，2007：12）。规范呈现出渐次变化和相对的特征。“规定”和“个性”只是规范的变体，而不是独立的实体。就此而言，“规定”是较客观的规范，而“个性”是较主观（或次主体间）的规范。

“个性”也有可能演化并最终取代主流而成为规范（Toury，2007：16－17）。故对翻译规范和译者个性的探讨离不开社会文化历史语境的制约。从社会学的视角来看，翻译是规范制约下的行为（Toury，2001：56）。翻译行为作为社会行为受到社会文化历史语境的制约，翻译规范则是体现了一个群体共同价值观的内在化的行为约束（Schäffner，2007：5）。翻译规范形成于一定的社会文化历史语境之中，对译者的翻译行为发挥约束的效力。但实际上可以直接观察到的并非规范本身，而是规范制约的翻译行为，精确地说，是翻译行为所产生的产品——目标文本（Toury，2001：65）。

图里认为可以从两个资料来源入手重构翻译规范：文本资料（textual source）和超文本资料（extratextual source）。文本资料包括为适应各种翻译规范而产生的目标文本、为适应目标语读者对译文的期待而拟订的对虚拟目标文本的分析细则。超文本资料包括半理论性或评论性的表述，比如规定性的翻译“理论”；译者、编辑、出版商以及其他相关人士的陈述；对单独译作、译者行为或翻译学派行为的评价。两类资料来源之间有根本的不同：文本作为规范制约下行为的首要产品，可以直接视为规范的表征。相反，规范性陈述仅是规范存在和发生效力的副产品（Toury，2001：65－66）。社会文化历史语境也同样制约着译者个性，体现在翻译过程中，即表现为译者的翻译意图和采取的翻译策略。

基于上述分析，笔者拟先从超文本资料入手，分析两位《孙子兵法》译者的翻译意图、目标语读者对译本有怎样的期望规范及译者本人的意图是否与目标语读者的期望规范一致；然后再从目标文本资料入手，验证目标文本是否达到了目标语读者期望规范的要求、译者的翻译策略是否反映了这种规范、这种规范背后的动力是一种什么样的社会价值观。

3.2 基于超文本资料的《孙子兵法》两译本比较下的文化价值观

基于翻译的历史性，笔者选取了来自同一文化背景的两位西方译者的代表性译作进行比较：一是格里菲斯的1963年译本，一是当代英国资深汉学家、前澳大利亚国立大学中朝研究中心主任闵福德教授的 2002 年译本。格译本以清孙星衍校之《孙子十家注》为底本，闵译本以香港中华书局 1973 年版《十一家注孙子》为底本，皆是直接从源文本翻译。

首先分析的是基于超文本资料的格译本期望规范与译者翻译意图。格译本的产生承载了西方军界的殷切期望。英国著名战略理论家利德尔·哈特（B. H. Liddell Hart）在为格译本所作的序中对此作了精辟的阐述。他说："《孙子兵法》是关于战争艺术的最早的论述，就其对战争艺术论述的广泛性和理解深度而言，到目前为止尚没有被超越。《孙子兵法》可说是集中了战争的核心智慧。与两千多年后的克劳塞维茨相比，孙子的思想更加切合时宜，更能跟得上时代的变迁。孙子具有更明确的远见、更深入的洞察力、更持久的生命力。"（1963：v）哈特对孙子的思想未能及时译介到西方表示遗憾："当时的欧洲军人如果能将《战争论》与《孙子兵法》适当融合的话，本世纪两次世界大战给人类文明造成的巨大破坏在很大程度上就得以避免。"（1963：v）哈特感慨道："孙子思想的清晰本可以纠正克劳塞维茨思想的模糊。不幸的是，《孙子兵法》直到法国大革命前不久，才由一个法国传教士介绍到西方，而且仅是概要性的介绍。……虽然后来西方有了全译本，但军界已被信仰克劳塞维茨的极端分子所左右，这位中国兵圣的声音难以引起共鸣。没有哪个军人和政治家注意到孙子的警告：'夫兵久而国利者，未之有也。'"（1963：vi）哈特还结合当时国际形势对格译本出版之意义作了评价："早就需要对《孙子兵法》进行新的、全面的解读，以便更准确地了解他的思想。这种需要随着可能导致人类自相残杀和种族灭绝的核武器的发展，显得更加迫切。……格里菲斯将军的出色工作正当其时。"（1963：vi）。

哈特在其所著《战略论》一书的扉页上引用《孙子兵法》的军事名言达 15 条之多，以示对这部中国古代军事典籍的推崇，并借以表达自己的战略思想（褚良才，2002：520）。第二次世界大战之后的西方国家多把《战略论》列为军官必读的军事名著和军事教科书（褚良才，2002：537）。然而，哈特却在格译本序中总结道："孙子的这本小书把我在二十多部书中所涵盖的战略和战术原则几乎包罗无遗。"（1963：vii）由上可知，哈特所代表的西方军界战略家团体对格译本充满了期待，他们希望格里菲斯以一种全新的方式对《孙子兵法》进行全面准确的军事学解读，从而能够将孙子的军事思想与西方传统军事思想融合互补，以期为西方战略决策者们所借鉴。那么，作为译者和西方军界的中国军事专家，格里菲斯的翻译意图与哈特所代表的西方战略家团体之期待是否一致呢？

作为一名职业军人，格里菲斯曾在驻中国美军中任职并在北平学习汉语，他对于西方军事理论的限制有一定认识，并主张把眼光投向东方的军事理论。1960 年，格里菲斯来到牛津大学攻读军事学，撰写了大量有关《孙子兵法》的论文（褚良才，2002：537）。深厚的军事素养及长期对中国军事之研究使格里菲斯对孙子思想形成了自己独到的见解。格里菲斯在译本前言中对其翻译意图作了清晰的交代。他评价道："《孙子兵法》是具有丰富的思想内涵和总括性的著作，数百年来，《孙子兵法》以其感悟力和想象力在中国军事文献经典中占有最重要的位置。"（1963：ix）对《孙子兵法》在西方的译介和译本作了扼要的回顾后，格里菲斯指出重译之必要性，因为"从俄文和德文译本翻译成的五种英文译本都不令人满意，即使翟林奈 1910 年的英译本也有许多不尽人意之处"。（1963：x）对孙子思想精髓作了独到分析后，格里菲斯认为："《孙子兵法》对中国的历史以及日本的军事思想有着深刻的影响，是毛泽东军事理论和中国军队战术条例的源泉。孙子的思想通过蒙古鞑靼传入俄国，成为其东方遗产的重要部分。《孙子兵法》因而成为了解和理解这两个国家的必读之书。"（1963：xi）由上观之，格里菲斯的翻译意图与西方战略家团体对新译本之期望规范是一致的。那么，格里菲斯在翻译策略上是否反映了这种期望规范呢？

其次分析的是基于超文本资料的闵译本期望规范与译者翻译意图。闵译本的发行距格译本的出现已整整 39 年，在此期间，《孙子兵法》在西方目标语系统内的解读呈现多元化趋势，多元化解读实际上已成为西方社会解读《孙子兵法》的操作规范。在此背景下，闵福德对孙子思想又能有什么独特的阐释呢？

闵福德在接受西方最大的《孙子兵法》学术研究网站 Sonshi. com 采访时坦言："我不是孙子迷。我翻译这本书完全是客观因素使然。实际上，我是在出版公司的建议下翻译这本书的。我认为这本书在某些方面见解异常深刻，这些深刻的见解源自中国传统智慧。这种智慧在这本书中以一种难忘的方式表达了出来。在这方面，它使我想起了《道德经》。”就孙子思想的解读，闵福德表明了他的观点：“我个人关注的是蕴含在该书中的道家思想，而绝非我所理解的诡诈与欺骗的思想。不幸的是，许多读者珍视的恰恰是这些思想，而这是我尤为警惕的。我相当怀疑这本书在某些方面应用的目的。”闵福德为什么警惕孙子“诡诈与欺骗”的思想呢？他解释道：“坦率地说，书中的很多观点我不能接受。其主张的对人际关系阴险算计的方法直接违背了我所赞成的人本主义价值观的根本原则。该书所论皆是操纵和利用每一于己有利之形势达到壮大自身力量和心理上操纵对手之目的。对我而言，这是对真正道家思想的扭曲。”既然如此，闵福德认为重译的意义何在呢？他解释道：“《孙子兵法》是一本关于生活的书。它以一种直觉、概括（几近抽象）的方式分析自然的法则、人的变化及人与人之间的‘势’。就此而言，它有着巨大的价值，值得所有人借鉴。”闵福德强调指出：“《孙子兵法》成书于战国时期，其主旨在于战争。但书中很多内容可以加以拓展，应用到人类冲突、人类进取及人类交往的任何领域。”（http：//www. sonshi. com/minford. html）至此，闵福德翻译的意图已然明了。

闵福德在访谈中没有提到企鹅出版公司委托他翻译《孙子兵法》时有什么具体要求。但企鹅出版公司作为世界著名英语图书出版商之一，全权委托闵福德编辑、翻译《孙子兵法》，并将闵译本作为特别委托译本在企鹅经典丛书中推出，体现了对闵福德的充分信任，同时也赋予了闵福德个性化解读的空间。闵福德从 1980 年起就开始翻译中国典籍和文学作品，译作颇丰，既有《红楼梦》这样的经典名著，也有《鹿鼎记》这样脍炙人口的武侠小说；且闵福德本人在 20 世纪 80 年代长期在中国内地和香港执教，近距离地接触了中国文化，其译作在西方学术界颇有名气。那么，闵福德的译本获得了目标语读者——西方学术界和企鹅出版公司的认同了吗？Sonshi. com 评价道：“正当我们认为《孙子兵法》无须再出新译本时，退休教授闵福德的充满个性的精湛译本证明我们错了。”（http：//

www. sonshi. com/minford. html）企鹅出版公司在闵译本扉页推荐道：“闵福德以其明快实用的翻译把这部充满生命力的著作重新展示在当代读者面前。……生动广博的介绍、年表、推荐阅读材料和其他有价值的注解共同构成了这部权威译作。即使熟悉《孙子兵法》的读者也将会有一种全新的阅读体验。与以往译本相比，你会发现它更加迷人而无情。”这表明，闵福德个性化的解读获得了西方学术界及出版公司的认可。那么，闵福德的翻译策略是否贯彻了其个性化的翻译规范呢？

再次是基于文本资料的《孙子兵法》两译本翻译策略之比较。格译本由孙子传、导论、正文、附录和春秋战国地图组成，闵译本由导论、译本按语、正文、推荐阅读材料、注家目录、年表组成。笔者拟对两译本共有的导论展开分析，因为导论部分汇集了两位译者多年研究孙子的心得，体现了译者的翻译策略，是对译者翻译规范之客观验证。

（1）基于导论的《孙子兵法》格译本翻译策略分析。在导论部分，格里菲斯汇集了他多年研究孙子的成果，其中包括孙子其人、版本考证、中国的战国时期、孙子时代的战争、孙子论战争、孙子与毛泽东。格里菲斯从军事学的角度出发对上述各专题进行了深刻的研究，对中国古代战争和当时的军事状况给予了高度关注。其对孙子思想的独到见解主要集中在战略学、战术学、兵器学和战史战例学上。在“孙子论战争”中，格里菲斯盛赞孙子的慎战、重算、重道（政治）对战争胜负的决定作用，重战争与经济的相互联系，重将之智与谋，重因敌制胜与奇正之变，重天候、地形之用，以及用间等。格里菲斯认为孙子重视作战双方“五事”之比较，实际上是正确地把握了“国家战略”与“军事战略”的相互关系，对孙子的“不战而屈人之兵”“上兵伐谋”以及“兵者，诡道也”等战略思想尤为折服（褚良才，2002：537－538）。在讨论《孙子兵法》成书年代时，格里菲斯依据中国古代战争中的兵器、军队装备进行了令人信服的推断。在讨论“孙子时代的战争”时，格里菲斯用兵器技术的发展来说明战争形式的变化，对中国古代军队的组成进行了详细的描写。格里菲斯从战史战例出发分析了公元前5世纪和公元前4世纪的战争与该时期之前的战争的本质区别，以此来说明孙子思想的创造性。在“孙子与毛泽东”中，他对毛泽东军事思想与孙子思想之渊源作了精辟分析，认为毛泽东完美地把孙子思想运用于中国革命实践中，并引用了大量战史进行论证，尤其是中美在朝鲜战场的较量，无不体现出译者鲜明的军事特色。

综上所述，格里菲斯在导论部分以“军事学的解读”为其翻译策略，已然把目标语读者之期望规范作为自己解读的标准。

（2）基于导论的《孙子兵法》闵译本翻译策略分析。闵福德之导论紧密围绕“《孙子兵法》乃生活之书”展开，如闵福德所言：“《孙子兵法》提供的谋略超越了战争的范围。它是以谚语表达智慧的古书，一本生活之书。”（2002：xi）其导论由《诡诈的计划，流行的文化》《孙子和他的时代》《孙子兵法：生活之书》《诡诈与欺骗之道，权力与权宜之道》《〈孙子兵法〉阅读的艺术》五篇文章组成。在《诡诈的计划，流行的文化》一文中，闵福德从《三国演义》“空城计”中心理战的运用出发，描述了孙子文化在中国的流行程度。他列举《道德经》《三国演义》《毛泽东选集》中与《孙子兵法》同源之格言警句，从韩信忍胯下之辱讲到太极拳用心不用力，又讲少林武术避实击虚之法，以此说明孙子思想已渗透到中国文化的方方面面。在《孙子和他的时代》一文中，闵福德分析到，战国时代的残酷竞争导致了百家争鸣（2002：xx）。他重点对比了儒、道、法三家与孙子思想之文化渊源。《孙子兵法：生活之书》一文乃闵福德论述之重点。首先，他从文学风格上论证《孙子兵法》是一本生活化的书。其表现在：①语言通俗。其行文如谚语格言，采用警句式的散文体，自由押韵。闵福德推测，《孙子兵法》的写作也许融合了中国古代军歌的韵律，这与英国古代军歌的韵律类似。②修辞运用。闵福德注意到孙子偏爱排比，与韵律结合，使文气连贯、重点突出。（2002：xxiii－xxiv）闵福德还引南朝梁刘勰、宋朝欧阳修与郑厚之赞语为佐证。其次，闵福德从内容与形式上认为《孙子兵法》属于中国文化特有的体裁。其特点是列出获得成功与身心健康之法则，对生活之方方面面进行指导。闵福德认为这类生活指导书在中国古代就已出现并引《黄帝阴符经》与《素女经》以资佐证。

闵福德更以“势”为单独一节详加阐发，指出《孙子兵法》与其他生活指导书的共同点就是“势”这个术语的使用。闵福德列举了“势”在

《孙子兵法》、风水学、绘画书法、文学、音乐、性生活中的不同文化内涵，认为“势”在不同生活领域中的使用表明它源自同一思维方式。这种思维方式源自对生存环境与自然的观察与思考，源自自我与宇宙的和谐。这是中国道家思想对待自然与生活的态度。闵福德列举了《易经》《论语》《道德经》对“势”的理解，指出这些理解与《孙子兵法》对“势”的理解惊人相似。他又引用当代艺术史学家 John Hay 与作家林语堂对“势”的阐发来证明“势”使用的生活化。他还列出了《孙子兵法》中其他与“势”相关的关键术语之解释：阴阳、五行四时、变、奇正、形、虚实、因。闵福德认为，这些术语的本质，用孙子的话说就是“能因敌变化而取胜者，谓之神”（2002：xxvi－xxvii），蕴含着以最小的付出获得最大的成果之哲学观。

在《诡诈与欺骗之道，权力与权宜之道》一文中，闵福德从《孙子兵法·九地篇》“将军之事，静以幽，正以治，能愚士卒之耳目，使之无知”之句阐发，采用引证的方式阐述了孙子思想与道家思想之渊源：①战争目的乃不战而屈人之兵。最经济的方法是最好的方法，即通过欺骗、奇袭及摧毁敌人的自信，使敌投降或不战而退。②法家盗用道家“自然之势”的观点，变为“人设之势”，其特点是使自身神秘化，令人难以捉摸，以便掌握“绝对权力”，驾驭属下。这与孙子“静以幽”的观点是相通的。③道家“采补术”与孙子思想共通。其共通之处在于：首先，节省自己的力量，利用对手的力量；其次，故意示弱于敌，攻其不备。闵福德把孙子“兵者，诡道也”理解为“通过算计利用别人，以非暴力的方法解决冲突的精妙手段”（2002：xxix）。闵福德强调：“孙子崇尚诡诈、利己与算计，放弃价值标准。这一点必须看到。”（2002：xxix）他引《孙子兵法》第一位西方译者阿米奥特（Father J. J. M. Amiot）神父和日本史学者 James Murdoch 的话对孙子“诡道”的思想进行了严厉的批评。闵福德同时对中国本土读者鲜有对孙子“利己、算计的生存哲学”提出批评感到吃惊（2002：xxx）。

纵观之，闵福德的导论以“生活文化之解读”为其翻译策略，基于西方诸多学者对中国文化研究之成果，结合自己的理解，对《孙子兵法》作出了全新的个性化的解读。其翻译策略反映了其翻译规范并获得了目标语读者的认同。

从以上两译本导论的历时研究可知社会文化历史语境观照下的译者价值观，两译者对《孙子兵法》的阐释分别以“军事战略”和“生活文化”为中心。如果我们以源文本规范为参照标准，格译本无疑“忠实”于孙子的意图，而闵译本则无疑“不忠实”于孙子的意图。但两译本在西方都获得了各自读者的认同，从社会学的角度来看，我们与其说两译者的翻译意图与各自目标语读者的期望规范达成了一致，毋宁说是两译者与各自目标语读者在所遵循的社会价值观上产生了共鸣。

如上所分析，格译本是格里菲斯及以利德尔·哈特为代表的西方战略家集团敏锐地感到西方传统军事思想已无法适应当时国际形势的发展的必然产物。利德尔·哈特与格里菲斯二人努力地在探求一种使《孙子兵法》的军事思想同西方传统军事思想融合互补的道路，他们孜孜不倦地宣传《孙子兵法》以期引起更多的西方人士对此书的重视，尤其是制定国策和拥有战争决策权的美国等西方国家首脑人物的重视，他们确以各自不同的方式实现了共同的目标（褚良才，2002：539）。在这一翻译意图和期望规范背后的动力是美国传统的实用主义价值观。实用主义产生于 19 世纪下半叶的美国，是当代西方影响很大、流行很广的哲学流派之一（夏基松，2006：33）。实用主义强调知识或理论的实用性或工具性，因为认识或理论的目的在于实践，实践是检验真理的重要标准（夏基松，2006：34）。格里菲斯正是抱着这种可以“为我所用、解决问题”的价值理念来进行翻译的。

而闵译本翻译意图及所代表的期望规范背后的社会动力，正如闵福德所言，是人本主义价值观。人本主义是指西方一种以人为本、以人为目的和以人为尺度的哲学思潮（冯契，2000：10）。以人为目的、重视人的自然本性和现实的生活、追求完满的人的理想是人本主义者一致强调的，是人本主义的本质特征。这一人本主义价值观的基本思想既贯穿在他们关于人的本性的理论中，也贯穿在他们的自然、宗教、教育、政治、历史、道德等理论中（何兆武，2001：34）。基于此，闵福德对《孙子兵法》所作的“生活文化之解读”以及对孙子“兵者，诡道也”思想的批评也就可以理解了。

本节以图里的规范重构原则为依据，从超文本资料与文本资料的分析入手，探讨了《孙子兵法》两译者在翻译意图、翻译策略与目标语读者期望规范之间的辩证关系，并指出两译者之所以遵循不同的翻译规范，是由其遵循的社会价值观不同使然。笔者认为：在本节所讨论的《孙子兵法》两译本中，译者价值观决定了译者所遵循的翻译规范。

3.3 文化翻译视角下典籍英译的人本主义价值观

西方译者以“人本主义价值观”为标准对中国典籍进行曲解是典籍翻译中值得注意的一个现象。从源语文化的立场来看，如何对这一现象展开翻译批评是我们不得不面对的一个问题。采用什么批评方法才能最大限度地避免译本对目的语读者之误导，又能让目的语读者认可呢？针对这一问题，笔者以《孙子兵法》闵福德译本中“诡道”的文化误读为例，从文化翻译、文化误读的内在联系出发，分析了译者的翻译意图与策略，提出了“典籍英译的人本主义价值观”这一解决方法，即视文本为平等交流的“他者”，遵循以文本为依归的阐释辩证之原则，让始于文本的曲解终止于文本。

“文化翻译”这一术语由以艾德华·伊凡—普理查（Edward Evans-Pritchard）为首的英国人类学家原创，用来描述两种文化发生冲突时，冲突一方试图理解另一方所发生的情况（Burke，2007：8）。“文化翻译”可以从两个方面加以分析：一是理解与协调。“文化翻译”这一概念暗示：理解本身即翻译，理解即是把其他民族的概念与习俗转换成己方词汇中的对应词（Burke，2007：8）。翻译意味着“协调”，“协调”这一概念在过去30年中不断扩张它的影响，其影响超越了商业与外交之范围，指思想的交流及随之而来的意义的更改。其寓意一是与其将特定翻译看作解决一问题的确定方法，倒不如看作一包含损失或放弃的暂时妥协，留下重新协调之空间（Burke，2007：9）；二是操控。“文化翻译”包含了语境解构与语境重构之双重过程，首先占有异域文化，然后归化之。语际翻译清晰地展示了这一双重过程。对接受者而言，翻译作为精心改编的结果是一种获得，它丰富了目的语文化；对赠予者而言，翻译是一种损失，它导致了误读，破坏了源语文化（Burke，2007：10）。Nida 与 Taber（1969：199）认为：文化翻译在《圣经》翻译语境中是指“改变信息内容，在某种程度上符合接受文化的翻译，以及增加原文语言上并未包含的信息的翻译”。换言之，在“文化翻译”中，增加的成分并不是从源文本原始措辞中引申而来的成分；它们所表达的思想在文化上可能是源文本并不具有的，甚至完全是为了提供必要的背景信息而增加的成分。在他们看来，从某种意义上说，“文化翻译”的同义词是其他学者所说的改编（adaptation）（谭载喜，2005：48）。

综上对“文化翻译”概念之梳理，我们可概括两点认识：其一，从“文化翻译”的视角来看，基于词语对等或篇章对等的“忠实”根本不存在（李文革，2004：206）；其二，“文化翻译”必然导致对源语文化的误读、背离与侵越。基于此，就《孙子兵法》中“诡道”的文化翻译而言，笔者想要追问的是：译者的文化误读意图何在？要回答这个问题，则首先须从副文本的描述性研究入手。

副文本（paratext）是与文本（text）相对的概念。文本指译文本身，副文本指伴随译文的描述性材料（peritext）以及直接围绕译文的阐述译文文本特征的元话语（epitext）（Tahir-Gürcağlar，2007：58－59）。伴随译文的描述性材料包括前言、导论、译跋、标题、插图等；直接围绕译文的阐述译文文本特征的元话语包括注释、评论、访谈等（谭载喜，2005：45－59）。副文本对译文如何被接受有重大影响，至少在正文阅读过程开始之前是如此（谭载喜，2005：45）。副文本提供了关于翻译的元话语且有助于获取制约译文产生的社会文化因素。在某些情况下，构成副文本的社会文化因素在文本产生之前便已形成，这些因素不但对译文如何被接受有重大影响，而且操控了译文的翻译策略。副文本使我们能够对出版商和译者的翻译意图与翻译观有深刻的了解。在副文本中发现的观点不但可以补充对译文的描述与分析，而且有助于对译文分析得出的一些结论作出修正（谭载喜，2005：58－59）。

就典籍翻译而言，副文本尤为重要。这是由“译者的理解与翻译的历史性”（黄海翔，2008a：36）所决定的。首先作为读者，译者的阅读行为会时刻受到变化中的历史的影响，他的阅读、理解不可能超越时间和他所处的历史语境（许钧，2003：116）。典籍翻译的译者面临两大困境：源文本作者的缺席与源文本创作语境的缺乏（Balmer，2006：185），故“典籍翻译译者的工作严重依赖典籍研究学者们的辛勤劳动”，问题是学者们的观点并不一致（Balmer，2006：187），因为“翻译绝不是一个纯语言的行为，它深深根植于语言所处的文化之中。翻译就是文化内部与文化之间的交流”（Bassnett & Lefevere，1990：8）。从符号学的视角来解释，“典籍翻译的性质决定了典籍翻译须经过语内翻译和语际翻译两个阶段”（黄海翔，2008b：144）。雅各布森（Jakobson）在符号学框架内把语内翻译过程界定为“用同一语言的符号对其他符号进行的解释”（谭载喜，2005：118），把语际翻译定义为“借助某种其他语言来对言语符号所进行的解读”（谭载喜，2005：112）。《孙子兵法》自成书至今，跨越了漫长的时空，历代注家的注释很多，而且往往各不相同，其中以清孙星衍校之《孙子十家注》[①] 最为权威。注家注释的过程即是语内翻译的过程（黄海翔，2008a：36）。语际翻译的译者通过对“源文本注释的思考、判断、选择与认同”，译出“译文引为理据的注解”（黄海翔，2008a：38）。此外，译者关于涉及源文本历史文化背景及源文本理解与阐释的观点，也通过导论、附录、译者注等彰显出来。《孙子兵法》闵福德译本即是如此。

综上所述，副文本体现了译者对源文本文化误读的形式，通过对副文本的分析可彰显译者的翻译意图。那么，什么是“误读”呢？

所谓“误读”，就是主体对于对象的有目的的选择，是以“他者”的“存在”来补充自己的“匮乏”，是借助一个未必可靠的镜中影像来肯定和

① 闵福德译本参考了孙星衍校之《孙子十家注》和郭化若白话文翻译之《十一家注孙子》。两者属于同一传本系统，内容无甚区别（详情参见：孙武，撰，曹操，等注，杨丙安，校理．十一家注孙子校理［M］．北京：中华书局，1999），笔者下文所引孙子原文皆出自杨校本。

确立自身（陈跃红，1995：129）。由上述定义可知，“误读”具有强烈的目的性与选择性。这使我们不禁要思考这样一个问题：在闵福德之前，《孙子兵法》在西方已被英译不下 12 次[①]，闵福德复译之意图何在，其翻译策略与以往译者相比有何不同?

从文化人类学者或文化历史学者的观点来看，翻译异常清晰地揭示了目的语文化对源语文化感兴趣的内容，或更精确地说，是目的语文化内某些群体或个人对源语文化感兴趣的内容。值得注意的是目的语文化对源语文本的选择基于两个对立的原则。第一条原则是弥补目的语文化的匮乏。第二条原则与第一条相反，我们可称之为确认原则，据此原则，目的语文化中的译者翻译那些支持业已在自身文化中存在的观点、假设或偏见的作品。如果源文本不支持此类观点，译者就会直接更改译文或通过副文本间接更改译文，以便给读者留下源文本支持此类观点的印象（Burke，2007：20）。无论基于哪一条原则，作为翻译主体的译者的理解与诠释都发挥着关键作用，直接体现了译者的翻译意图与策略。以上笔者从“文化误读”的角度对译者的翻译意图与策略作了理论上的探讨，下面笔者拟以闵译本中“诡道”的文化误读为案例作一微观的描述性分析。

3.3.1　闵福德对“诡道”之文化误读：“违背人本主义价值观”的确认原则

《孙子兵法·计篇》云：“兵者，诡道也。”闵福德在译者注中诠释如下（黑体为笔者所加，下同）：

Translator：As François Jullien points out（pp. 167 – 168），this is more than a **trite** piece of advice to be tricky for the sake of it. **On this basis of deception，of dissimulation and concealment，is built the whole principle of “manipulation” of the enemy，which lies at the heart of Master Sun’s strategic thinking.** It is a question of unsettling the enemy，getting him into a weak situation，or of getting him to get himself into such a situation，rather than of

---

① 关于这 12 种西方译者英译本之详情，请参考：王铭 .20 世纪《孙子兵法》英译本研究——以翟林奈与格里菲思为中心［D］. 北京：清华大学，2005.

directly confronting him and “fighting it out” (the heroism of action). By these means we gradually erode the enemy's capacity to resist. (2002: 113)

闵福德译本副标题为“The essential translation of the classic book of life”，他是如何从“生活”的角度对“诡道”进行诠释的呢？他在接受 Sonshi. com 采访时表明了他的观点：“我既非军人，也非企业家。我个人关注的是蕴含在该书中的道家思想……而绝非我所理解的诡诈与欺骗的思想，而这是我尤为警惕的。我相当怀疑这本书在某些方面应用的目的。”（http://www.sonshi.com/minford.html，笔者注：参见其对问题 2 的回答）闵福德为何警惕“诡道”之思想呢？他解释道：“坦率地说，书中的很多观点我不能接受。其主张的对人际关系阴险算计的方法直接违背了我所赞成的人本主义价值观的根本原则。该书所论皆是操纵和利用每一于己有利之形势达到壮大自身力量和心理上操纵对手之目的。”（http://www.sonshi.com/minford.html，笔者注：参见其对问题 5 的回答）在其译本导论中，闵福德写道：“孙子主张以诡诈为其战略基石，他放弃价值标准，崇尚利己、算计、诡诈与高深莫测。这一点必须看到。”（2002: xxix）他在导论中就《孙子兵法》的阅读特别指出：“每位读者须创造性地体悟《孙子兵法》的巨大潜能，了解敌人也了解自己，领悟书中所传达的生存制胜之道，借此成为生活的强者，从而不为奸诈的诡计所害。正如中国明朝思想家洪应明所说：‘势利纷华，不近者为洁，近之而不染者尤洁；智械机巧，不知者为高，知之而不用者为尤高。’”（2002: xxvi - xxxii）“当我们阅读时，我们当然要理解吸收书中的深刻见解。但我强烈地认为我们需要以一种批判的眼光加以阅读，我反对任何不带批判的阅读。”（http://www.sonshi.com/minford.html，笔者注：参见其对问题 5 的回答）

由上述闵福德本人元话语可知，其在翻译前已将其所理解的“诡道”

定性为“违背人本主义价值观”[①] 的思想。从哲学阐释学的角度来看，闵福德的成见是其前理解结构之反映。前理解结构亦即“作为（als）”结构，即把某东西作为对某东西加以理解和解释的前（理解）结构。“前结构”（fore-structure）也就是“作为结构”（as-structure），反之亦然（何卫平，2001：148）。“作为结构”的“作为”（as）有“为了什么”（for what 或 in order to）之意，它存在于理解之前，是理解得以实现的条件，这在本质上是通过“前有”（fore-having）、“前见”（fore-sight）和“前概念”（fore-presupposition）来起作用的（何卫平，2001：148－149）。将“诡道”思想定性为“违背人本主义价值观”始于《孙子兵法》第一个西方译本的译者——法国传教士阿米奥特，闵福德对其译本评价道：“Amiot 直指文本意义之核心，毫不犹豫地对违背‘人本主义价值观’的孙子思想进行批评。”（http：//www. sonshi. com/minford. html，笔者注：参见其对问题6的回答）他在导论中英译阿米奥特之评论作为理据，其英译如下：

In the eighteenth century Father Amiot did not hesitate to challenge them: “It is not necessary to say here that I disapprove of all the author has to say on this occasion about the use of artifice and ruse... Most of the maxims in this section are reprehensible, as contrary to honesty and other virtues held in esteem by the Chinese themselves.”（2002：xxix）

闵福德在导论中以两节的篇幅——“Cunning Plans，Popular Culture”（2002：xii－xvii）、“The Way of Cunning and Deceit，the Tao of Power and Expediency”（2002：xxvii－xxxi）对“诡道”思想进行误读与抨击。其意图只有一个：确认在西方文化语境中业已存在的“‘诡道’思想违背‘人本主义价值观’”这一偏见。正是这一意图决定了其以人本主义者的身份对“诡道”思想进行贬抑。那么，笔者想要追问的是：源文本支持这一“确认”吗？欲回答这一问题，我们还是要从闵福德的翻译意图中寻找答

① humanism（形容词为 humanistic），据葛传槼主编的《新英汉词典》，译为“人文主义、人本主义、人道主义”。“人本主义”为20世纪80年代以来中国学术界广泛使用的术语，指某些西方哲学理论、学说或流派。有时亦泛指一种以人为本、以人为目的和以人为尺度的思潮。笔者依中国学术界之惯例，译“humanism”为“人本主义”。关于三种译法之详述，请参考：冯契．外国哲学大辞典．上海：上海辞书出版社，2000：9，10，20－21.

案。对此闵福德坦言道："我不是孙子迷。我翻译这本书完全是客观因素使然。实际上，我是在出版公司的建议下翻译这本书的。我认为这本书在某些方面见解异常深刻，这些深刻的见解源自中国传统智慧。这种智慧在这本书中以一种难忘的方式表达了出来。在这方面，它使我想起了《道德经》。"（http：//www. sonshi. com/minford. html，笔者注：参见其对问题5的回答）那么，在其看来，《孙子兵法》中的"道"与《道德经》中的"道"有何关联呢？

3.3.2 孙子对"道"之民本主义诠释：闵福德无法回避的"朴素的人本主义思想"

《孙子兵法·计篇》云："孙子曰：兵者，国之大事，死生之地，存亡之道，不可不察也。故经之以五事，校之以计，而索其情：一曰道，二曰天，三曰地，四曰将，五曰法。"孙子把战争的性质"道"列于首位（李玉洁，2000：182）。什么是"道"呢？《孙子兵法·计篇》云："道者，令民与上同意也，故可以与之死，可以与之生，而不畏危。"闵福德在译者注中诠释如下：

Translator：This is the first occurrence of the fundamental term *dao*，traditionally romanized as Tao，the Way. The word can have an almost infinite range of meanings. Every field of human endeavor（war，statesmanship，archery，calligraphy，to name the first four that leap to mind）has its Way. **But every particularized，limited Way is also encompassed within a greater，cosmic Way，the Way of Heaven and Earth.** So "**the Way that can be spoken of is not the true Way**"（the famous opening words of that wonderful Taoist work *The Way and Its Power*，Chapter 1）. **Here it is clear that we are talking of the Way of Good Government，where subjects can relate to their rulers as "having the Way". Despite the frequently repeated charge that Master Sun is an opportunist，a proponent of the "dirtiest form of statecraft，with unspeakable depths of duplicity"［see Griffith，p. 172，quoting James Murdoch's *History of Japan*（London，1949）］，it is to be noted**

that here, at the very beginning of the treatise attributed to him, pride of place is given to the Way, to the importance of the value system of any body politic when it contemplates war. It is debatable how much Master Sun's Way has in common with the mystical Way of *The Way and Its Power*. The great Qing-dynasty scholar Yu Yue (1821 – 1907) saw a close affinity between Master Sun and Taoism and affirmed the popular saying that the "**writers of Military Treatises all had their source in *The Way and Its Power***" (Wu, 1990, p. 5). **Master Sun is dealing with military success, and his Way of War is in a sense a knack, a skill, a "virtue" similar to the Taoist Way leading to spiritual "success". But here he is simply reminding his disciples that (empirically speaking) moral power bestows military power.** In this respect he is echoed by Napoleon: "In war, moral considerations make up three quarters of the game; the real balance of power accounts only for the remaining quarter." (Minford, 2002: 103)

闵福德对孙子把"道"放在"五事"之首颇感意外，他把孙子所言之"道"诠释为"a knack, a skill, a 'virtue' similar to the Taoist Way leading to spiritual 'success'"，与其上文"every particularized, limited Way is also encompassed within a greater, cosmic Way, the Way of Heaven and Earth"自相矛盾。《道德经》中老子强调"道"是万物的根源，是万物存在的根本。作为"道"的本体论，老子还把"道"从某一"具体之道"到"哲学之道"加以一种形而上的超越。他认为"道可道，非常道"，把"恒常之道"与具体"可言之道"区分开来，从而使"道"具有了形而上的特性。这种非言的"恒常之道"，是一个超越了相对的绝对本体，它不同于《左传》《国语》《论语》所说的先王之道、君子之道、人生之道，因为这些"道"都是"可言之道"，都是属于"人间之道"。孙子把正义的战争称为有"道"之战。统治者发动战争，必须得到人民的拥护，符合人民的利益。这样，民与上一致，人民才会英勇作战，为了维护自己的利益"而不畏危"。《孙子兵法·谋攻篇》云："上下同欲者胜。"孟子的"得道多助，失道寡助"，正是在此基础上提出来的（李玉洁，2000：182）。孙子在

《形篇》对“道”再次阐明曰：“善用兵者，修道而保法，故能为胜败之政。”郭化若将军（1984：40）注释道：修道，即修明政治。保法，即严守法制。能为胜败之政，即能掌握胜败的决定权。此处孙子所言之“道”，乃“人间之道”，即修明政治，施行“仁道”。“仁道”者，仁政也。闵福德也将郭化若将军对“道”的注释译出，与其注并列，其英译郭注如下：“Guo Huaruo（1984）：The Way here refers to **the politics of government** as practiced by the ruling landlord class. The ‘men’ are the laboring masses，the serfs and slaves. **When the gov-ernment is relatively enlightened，then the men and the government are of one mind and cooperate.**”（Minford，2002：102）这表明闵福德对孙子把“道”排在“五事”之首是理解其含义的。关于这一点，《孙子兵法》的代表性译作——格里菲斯的 1963 年译本清晰地阐述道：国家上下团结一心被孙子认为是战争取得胜利的首要条件。而欲上下同心，则政府须致力于人民的福祉且不压迫他们。孙星衍评价“孙子的理论建立在‘仁义’之上”是非常公允的（Griffith，1963：39）。闵福德却在其注中只引格译本中于己有利之第三方之言，仍将“诡道”视为“the heart of Master Sun’s strategic thinking”，而将“仁道”视为“he is simply reminding his disciples that（empirically speaking）moral power bestows military power”，显然是有意而为之。

再如，《孙子兵法·地形篇》云：“故进不求名，退不避罪，唯人是保，而利合于主，国之宝也。”闵福德译文如下：“He who advances/Without seeking fame，/Who retreats/Without escaping/Blame，/He whose one aim is/To protect his people/And serve his lord，/This man is/A jewel of the Realm.”（Minford，2002：260）闵福德引注家李筌之注作为其翻译之理据，英译李筌之注如下：“**His decisions are made for the protection of others，not for his own interest.**”由此可知，闵福德对孙子朴素的人本主义思想是完全理解的。但为何其在副文本的文化翻译中重“诡道”、轻“仁道”？这说明在典籍翻译的语际翻译阶段，“译者的诠释体现出强烈的为我性”（黄海翔，2008b：144），就闵福德对“诡道”的误读而言，表现为强烈的选择性与目的性。其意图以“诡道”思想代表孙子思想，把“诡道”

与“仁道”割裂开来，通过对“诡道”思想之批判与曲解来肯定和确立自身的“人本主义价值观”。正如哲学阐释学所指出的：前理解植根于此的生存结构，具有建构的意义，就这一点而言，在意义方面没有“自在之物”，只有“为我之物”，因为解释从来就不是对某个给定的文本所作的无前提的把握（何卫平，2001：149）。

综上所述，闵福德在副文本中意图确认“‘诡道’思想违背‘人本主义价值观’”这一成见，却并不能得到源文本的支持，这一矛盾之凸显表明：理解肇始于前理解，而前理解是可以不断改进的，前概念总是可以由更适合的概念来替代，如果预先的理解不能在对象面前证明自己的价值与合法性，那么就要得到改变（何卫平，2001：156）。笔者想要追问的是，如何改变呢？伽达默尔（H. -G. Gadamer）认为：“无论谁打算去理解都不应该依赖他自己预先看法的偶然性，以便能尽可能始终如一和顽强地‘聆听’文本的意见——直到听不见和推翻了自以为是的理解为止。”（Gadamer，1988：73）

3.3.3 典籍翻译的人本主义价值观：作为“他者”的文本与阐释的辩证

人本主义强调“以人为本、以人为目的和以人为尺度”（冯契，2000：10）。在典籍翻译中，“人”指源文本作者、语内翻译的译者（注家）、语际翻译的译者及目的语读者。闵福德作为语际翻译的译者，在对“诡道”的文化误读中，完全从自己的个人成见出发，以个人的诠释意图为目的，以自己的诠释策略为尺度，有意识地背离了源文本作者的“欲言”及与自己观点相悖的语内翻译译者（注家）的历史性诠释，直接违背了其本人引为批判理据的人本主义价值观。当代西方人本主义哲学的代表人物之一哈贝马斯从交往伦理学的角度出发，认为：主体间的对话具有两个方面的特点，一是参与对话的各方应是平等的，二是参与对话的各主体必须遵守被语言和生活共同体所承认和接受的准则与规范（许钧，2003：354）。就“诡道”的文化翻译而言，这一“准则与规范”，正如伽达默尔所言，就存在于文本之中。

哲学阐释学认为：作为文本的“他者”是另外一个人，文本在被解读者搅动起来后所获得的力量和创造性，同时反作用于解读者，融化在解读者的理解活动中（何卫平，2001：162）。艾柯认为：在“作者意图”与“读者（诠释者）意图”之间，还存在着第三种可能性，即“文本意图”。作者意图是难以获得的，而读者意图又具有诸多可变的主观因素，“在不可获得的作者意图和可变的读者意图之间有一种明晰的文本意图，这种意图被用来反驳站不住的诠释”（Eco，1979：10）。文本意图表现为文本内部上下文互相印证的一致性，艾柯阐述道：“对于一个文本的任何阐释，如果它被同一文本内部的任一部分所印证，它都是可以被接受的。如果被同一文本内部的任一部分所挑战或质疑，对这个文本的任何诠释都应当拒绝接受。”（Eco，1992：65）而要达到译文文本内部的一致性，艾柯认为，译者应充分了解源文本产生的历史背景，通过历史的考证与哲学的思辨建立证据和文献，在此基础上，产生合理的诠释。闵福德对“诡道”的贬抑性误读正是由于其没有以历史语境观照下的源文本为依归而造成的。

孙子兵学诞生于春秋末期，当时整个社会的哲学、政治思潮和战争状况，必然影响和决定着军事思想的形成和发展水平，孙子兵学作为当时军事思想的最高表现形态，当然集中体现了春秋末期哲学、军事理论和政治思潮的时代精神（孙世民，1997：34）。就“仁道”而言，“民本思想的观念已经成为当时社会普遍推行的政治主张。孙子不可能不受当时民本思想的深刻影响”（孙世民，1997：34）。孙子认识到“民心背向对战争胜负起着决定作用”（孙世民，1997：35）。但是，在春秋时期也出现了另外的情况，社会变革的利益驱动使人们的观念由重信轻诈向以诈取利方面转化。这种变化在军事斗争中反映得尤为明显。孙子提出的“兵者，诡道也”“兵以诈立”的观点正是对军事斗争规律和克敌制胜奥秘的深刻揭示。孙子总结了过去的和当时的经验教训，以朴素的辩证观点构建自己的军事理论，认识到只仁不诈，已不适应战争的客观要求，“保国安民”也就无从谈起；只诈不仁，不能得到军队、人民的拥护和实现统治阶级内部的团结，也不利于分化瓦解和征服敌人，难以巩固胜利的局面和实现长治久安（孙世民，1997：35）。

闵福德之解读却完全置上述历史语境于不顾，把“诡道”思想孤立地置于“人本主义价值观”的诠释之下，因此出现了上文3.2节对“道”的文化翻译自相矛盾之处。类似的例子如：“不知敌之情者，不仁之至也。”（《孙子兵法·用间篇》）孙子本意是“将‘仁’与‘诈’融于‘用间’一身，施‘仁’，是为了用‘诈’；用‘诈’，是为实现其“仁”，二者是相辅相成的”（孙世民，1997：33）。这实际上是一种朴素的以民为本的人本主义思想的反映。闵福德在其译者注中对此也是完全认同的，其注如下：

Translator：**Giles's note here succeeds excellently in spelling out Master Sun's thinking**："The argument is certainly ingenious. Master Sun begins by drawing our attention to the frightful misery and vast expenditure of blood and treasure which war always brings in its train. Now，unless you are kept informed of the enemy's condition，and are ready to strike at the right moment，a war may drag on for years. **The only way to get this information is to employ spies，and it is impossible to obtain trustworthy spies unless they are properly paid for their services. But it is surely false economy to grudge a comparatively trifling amount for this purpose，when every day that the war lasts eats up an incalculably greater sum. This grievous burden falls on the shoulders of the poor，and hence Master Sun concludes that to neglect the use of spies is nothing less than a crime against humanity.**"（Minford，2002：316）

但在接下来“非圣智不能用间，非仁义不能用间”（《孙子兵法·用间篇》）一句中，闵福德之诠释却又截然相反。其在译者注中的诠释再次脱离了语境，其注如下：“Translator：**Could anyone call the treatment accorded to dead spies either humane or just**?”（Minford，2002：321）

闵福德自相矛盾的诠释表明：他并没有把作为“他者”的文本作为平等交流的对象，更没有遵循以文本为依归的阐释辩证之原则。综观之，从文化翻译的角度来看，闵福德以语境之解构与重构为手段，以人本主义者之立场，对孙子“诡道”思想进行了批判与贬抑。但从其表达尤其是语言来分析，读者不难发现，闵福德的“人本主义者身份”陷入了自相矛盾的误区。原因何在？答案恰恰是作为译者的闵福德本人违背了其引为批判理据的人本主义价值观。

3.4 《孙子兵法》英译的两种翻译观

3.4.1 两种翻译观之厘定

《孙子兵法》是中国现存最早的最有价值的军事典籍，被世界公认为是富哲理性和产生着深远影响的兵法（张文儒，1998：3）。《孙子兵法》作为英语译者有选择地翻译中国典籍之代表，其英译在“中学西传”中发挥了无可替代的作用。由于中西方文化存在差异，对《孙子兵法》英译中出现的种种文化现象作系统的分析与梳理就显得尤为必要。其中，中西方文化语境中《孙子兵法》英译的两种翻译观之异同及其所指导下的翻译实践之差异就是值得关注的文化现象之一，笔者将其概括为“求同”与“存异”之翻译观。本节拟从《孙子兵法》英译文化的文本特征入手，以美国著名汉学家梅维恒（Victor H. Mair）教授英译本为“外位参照”，以本土文化语境著名翻译家林戊荪先生译本为“本位观照”，对这一文化现象作一深入探讨。

何谓“求同”？“求同”是笔者的概括。林戊荪先生在《当代外语研究》专访文章《典籍英译纵横谈》中对其作了系统阐述。他说：“在翻译《孙子兵法》的过程中，我有我自己的一套方法。我称之为‘五步法’。第一步，你务必理解原文。你对原文的基本观点和逻辑理解得越深刻，你翻译起来就越得心应手。一旦你理清了作者的逻辑，就会更容易跟上作者的推理论证。当你做汉英翻译时，这一点非常重要。中文含蓄暗示，而英文明确清楚。所以在翻译中，你不得不增加连接词和连词等。第二步，你应竭尽全力用英文表达出原文的内容。然而，结果却常常不尽如人意，因为有意识地或无意识地你都会受到中文文本语法结构的影响，尤其是受到中文句式结构的影响。第三步，你应尽力使你的英文表达流畅地道。你应忘记原文。如果你有时间，可以把译文搁置一段时间。一位做过法国总统戴高乐口译员的名叫 Danica Seleskovitch 的法国教授曾说：我们应设法摆脱原文，摆脱原文的影响。用目标语译成的译文读起来也应该仿佛原本就是用目标语写成的一般。如果我们读到一句听起来不像中文的中译文，我们会皱眉头。同理，当我们把中文译成英文时，如果翻译得不像英文，英文读者也会皱眉头。试想美国读者读到一篇由中文翻成英文的粗劣冗赘的译文会作何反应。第四步，参照原文修订译文。译文不应偏离原文，所以你不得不逐点检查。第五步对于赶时间的译者特别重要。你必须检查所有的数字、事实、日期等。这一点看起来微不足道，但对于耐不住性子经常错过细节的年轻译者而言尤其重要。”（林戊荪、钱多秀，2010：31）林戊荪论五步法围绕两个方面：理解与表达。第一步阐释理解。理解上译者要尽可能与作者的理解相同，林戊荪特别强调要与作者的逻辑思路相同。理清了作者的逻辑思路，英译时即可用形合的方式在译文中把原文的推理论证方式显示出来。第二至第五步阐释表达。其一，译者译文中表达出的内容应与原文保持一致，尽管林氏也承认由于文本语法结构之影响，想要译文表达内容与原文内容达到令人满意的一致之状态不太可能，但他仍强调译者应全力向着这一目标努力。其二，译文表达方式要符合原文表达方式之规范，要地道流畅，读起来仿佛是用原文写成的一般。但译文又绝对不能偏离原文，在数字、事实、日期等每一个细节上均不能偏离译文。故林戊荪之“求同”翻译观，依他自己的话说，是“作为一名译者，我时时刻刻受到两方面的制约：一方面是我渴望忠实，另一方面是我希望我的译文能被英文读者理解，具备可读性”（林戊荪、钱多秀，2010：31）。林戊荪认为：典籍英译首重理解，其次乃英文之表达，这是译者应当遵循的原则。他指出：“一旦你理解了原文，下一步就是找到恰当的英文表达方式传递出原文的意义和信息。此时你不得不消除语言和文化障碍。比如，夸张或夸大的表达方法在中文中使用得相当普遍，而这些夸张或夸大的表达方法在英文中倾向于用低调的陈述来表达。当我们翻译时，我们有时不得不淡化这种夸张或夸大的陈述。”（林戊荪、钱多秀，2010：32）由此论述，我们不难发现：林戊荪所指恰当的译文表达，不单指译文表达须是地道流畅的英文，而且指该译文须符合英文文化规范的制约，符合英文表达之规范。

基于以上论述，我们认为林戊荪的“求同”翻译观体现在两个相同：其一，译文与原文所表达的内容必须完全相同，即译文必须完全表达原文的内容，每一个细节均不能遗漏。这一相同我们可以称之为译者对原文（及原文作者）的忠实性。其二，译文表达方式必须完全符合译语即英文的表达规范。其理想状态是译文像是用英文写出的一般地道流畅。这一相同我们可以称之为译者对目的语和目的语读者的忠实性，其具体体现即为译文的可读性。

何谓“存异”？“存异”也是笔者的概括。梅维恒教授在接受 Sonshi. com 采访时对其作了详细的阐述。他说：“我翻译中国典籍时，总是竭尽全力地做到尽可能地精确，同时还要传达出原文风格和结构的特征。换言之，与绝大多数《孙子兵法》英译本相比，我的译文对原文文学特征的把握更加敏锐、对原文文学特征的表达更加细致。事实上，在成为汉学家之前，我在大学学的是英语专业。英语专业知识的修养使我在翻译中国典籍时有能力精确且恰当地表达出原文的内容和形式。这一点在我翻译《孙子兵法》时如此，在我翻译其他中国典籍时也是如此。如果你看一下我的《孙子兵法》译本，再把它与业已发行的其他译本相比较，你立刻就会发现我的译本在页面排版上与其他译本迥然不同。当你开始阅读我的译本时，你马上就会注意到我的译本有一种特别的节奏和韵律。你可以明白无误地欣赏到中国典籍文本的独特性，而这种独特性你在其他任何一个《孙子兵法》的英译本中都不能欣赏到。我甚至努力用英语复制原文一些语音和韵文的特征。”（http：//www. sonshi. com/mair. html，笔者注：参见其对问题 1 的回答）基于梅维恒之论述，我们发现梅维恒认为译文要尽可能地精确，即译文须尽可能表达原文的内容。这一点与林戊荪主张一致。梅维恒与林戊荪不同之处在于他还强调要传达出原文风格和结构的特征。用梅维恒自己的话说，即精确且恰当地表达出原文的形式。风格可译吗？林戊荪在被问及这个问题时，作了明确的答复：“好的作品总是有其自身的风格，所以你应竭尽全力保留原文的风格。但由于这是翻译，你不得不把原文的风格与你自身的风格融合在一起。举例而言，如果原文风格简洁无赘言，你也应设法使英译在风格上与原文一致。”（林戊荪、钱多秀，2010：32）对此梅维恒也深有同感，他写道：“《孙子兵法》写作风格高度简短和省略。句子的主语和宾语，以及句子的其他成分均可省略，甚至整个分句均可省略。有人把这种风格看作电报体（或用当下的术语来说，写得好像为达到短信的目的），有时简短和省略被发挥到极致，使得文本格外简洁和令人恼火地晦涩费解。既然所有这些缺失的成分在规范英语中无论从语法角度，还是从让读者充分理解中国典籍文本意图的角度而言均至关重要，我会在英译中根据情况悄悄加上一两个词。然而，有时候当我提供的充实性阐释超过了两三个词时，我通常把这些较长的或内容更加充实的增补以注的形式列出。”（Mair，2007：XXXV）至此，通过比较两人之论述，我们不难发现：梅维恒和林戊荪在译文须忠实于原文内容和风格这一点上所持观点完全一致。两者均提出为了让译文具备可读性须采用加词的方法。但在如何处理组成原作风格的至关重要的部分——形式特征的问题上，两者却出现了差异。林戊荪注重整体风格之把握，强调原文简洁，译文也应力求简洁，但译文即便简洁，读起来也要像用地道流畅的英文写出的一般。而梅维恒则从微观层面上突出了原作的文学特征，强调译文在形式上要传达出中国典籍文本形式上的独特性。

如何传达出这种独特性呢？在其译本“翻译原则”一节中，梅维恒阐述道：“①过度直译并不能确保精确。《孙子兵法》中频频出现的一个表达是‘用兵 *yong bing*’。字面上，就最狭窄最原始的意义而言，其意为‘use weapons’。然而，在《孙子兵法》中，‘用兵’却从来不是此意。相反，它传达出‘employ soldiers’‘conduct military operations’‘engage in warfare’或‘wage war’（我一直用最后一个英语对应词翻译‘用兵’）。②勿滥用意译。此原则与先前原则相反。几乎所有早期中国思想流派中最重要的术语之一是‘道 *dao*’。出于显而易见的秘而不宣的目的，一些近现代译者把道译为‘God’，严重扭曲了该术语的本意，以至于理解该术语在原文中所表达的意义变得不可能。③同样的字翻译要保持一致，但勿机械。④力求传达出原作形式和实质的内涵。当读者在阅读译文时，他至少潜意识里意识到他在阅读从异域语言和文化翻译过来的文本，异域语言和文化有鲜明典型的特征。消除这些特征，使译文读起来就如原本就是用通顺流畅的英文写就的英文原创作品一般，就等于未能传达出原作的本质特征。然而，这不是鼓吹异化中国风格或其他复杂难懂的行为（或言语等）。相反，我认为译者应当绝对尊重原作，竭尽全力给原作的本质以应有的尊重与荣誉。⑤译文不依赖于注释或其他补充材料也应能读懂。本译本附有内容涉及广泛的介绍、大量的注释、附录和其他补充材料。这些材料纯粹是为了充实和提高之用，以满足那些希望超越阅读译文本身体验的读者的好奇心。任何人都不应被强迫阅读所有这些介绍性的和评述性的补充材料。然而，要使这项翻译方针成功实施，就有必要在翻译时进行微调和详述，使初学者对于译文的任何部分都不会感到晦涩难解。当这样的微调和详述值得注意时，它们应当被标志出来以便译文对原文的忠实性能被保留。”（Mair，2007：xxxv－xxxvii）

综观梅维恒翻译策略之阐述，我们发现其在对原文形式特征之表达上与林戊荪翻译观之异在于：力求传达出原作形式之内涵。何谓“力求传达出原作形式之内涵”呢？即翻译中不能消除异域语言和文化之特征，译文若读起来就如原本就是用通顺流畅的英文写就的英文原创作品一般，就等于未能传达出原作的本质特征。这一点与林戊荪之可读性主张截然相反。梅维恒认为这是译者尊重原作的体现。梅维恒在中美汉学界均享有颇高的声誉，基于其对《孙子兵法》英译之翻译观的阐述，我们有理由相信其对原作之尊重是真诚的。梅维恒之译本在西方知识界获得了高度评价。宾夕法尼亚大学教授 Arthur Waldron 在其为梅译本所作序言中盛赞：“许多优秀的学者试图完成这项任务，有几个优秀的译本业已发行。然而，这一译本要明显优于其他译本。我很荣幸受邀为该译本作序，我有信心该译本将成为标准译本，一方面由于该译本对于原文的深刻理解，一方面由于该译本行文异常清晰且可读性极强。”（Mair，2007：x）Sonshi. com 亦高度评价梅译本：“汉学家梅维恒的学术著作 *The Art of War：Sun Zi's Military Methods* 不仅提供了《孙子兵法》的一个精确译本，而且提供了《孙子兵法》最新的研究成果。……经过激烈的辩论和讨论，Sonshi. com 把梅维恒所译

《孙子兵法》列为《孙子兵法》译本第一位；该译本可贵之处在于能够勇敢地面对几个世纪的成见，进而以严谨的逻辑和证据把成见推翻，并成功地让赞同翟林奈经典译本的‘守旧派’也改变了看法。”（http://www.sonshi.com/mair.html，笔者注：参见采访背景介绍）西方学界对梅维恒译本之评价与梅维恒本人翻译观欲达到之效果是一致的，这引起了笔者的强烈兴趣。因为就已出版的《孙子兵法》译本而言，还没有译者保证能做到既忠实于原文内容，又忠实于原文形式，同时具有极强的可读性，且这极强的可读性在不依赖于注释或其他补充材料的情况下即能达到。

基于此，我们认为梅维恒的“存异”翻译观体现在：译文在忠实于原文内容又具有极强可读性的基础上忠实于原文形式，用梅维恒的话说，即精确且恰当地表达出原文的形式，保留异域语言和文化鲜明典型之特征。笔者称之为“存异”，体现在译语表达上，即译文读起来不应感觉如同用通顺流畅的英文写就的英文原创作品一般，应体现出异域语言和文化鲜明的特征。

3.4.2 “求同”与“存异”：文化认同下的直译界定

翻译本质上是以语言符号转换为形式、以意义再生为任务的跨文化交流活动（许钧，2003：196）。典籍翻译对于弘扬民族文化、促进国际交流具有重大意义，这已是当今国内外翻译界所达成的一个共识。在文化全球化的今天，每一个民族不仅要包容和理解其他民族的文化，更要努力保持自己的文化（徐珺、霍跃红，2008：45）。“求同”与“存异”两种翻译观都体现出对原文本异域文化的尊重与认同。但令我们感兴趣的是：林戊荪英译《孙子兵法》作为本土文化语境的代表性译作，其“求同”翻译观强调译文表达方式必须完全符合译入语即英语的表达规范。其理想状态是译文像是用英文写出的一般地道流畅，具有极强的可读性。这一点似乎与西方学术界遵循的归化翻译传统是一致的，即“译文采用明白、流畅的风格，以使目标语读者对外来文本的陌生感降到最低度”（谭载喜，2005：59）。而梅维恒翻译观则倾向于西方学术界遵循的异化翻译传统，“生成目标文本时会通过保留原文中某些异国情调的东西来故意打破目标语惯例的翻译类型”（谭载喜，2005：79），“这样的策略不仅意味着可以不必绝对地服从目标语言和文本的限制，还意味着在适当情况下可以选择不流畅的、晦涩难懂的风格，可以有意地收录源语的独有特征或目标语的古词；这些特点结合起来就会给目标语读者提供一种迥异的阅读经验”（谭载喜，2005：80）。尽管梅维恒在其翻译原则中强调他并不是鼓吹异化，而是尊重原作，但其翻译观与西方学术界的异化翻译传统有着内在的关联是不争的事实。笔者在本书中无意卷入异化与归化之争，因为国内已有众多学者对此进行了论述，这也是笔者以“存异”而不是“异化”概括梅维恒翻译观之缘由。而笔者用“似乎一致”来类比林戊荪“求同”翻译观与西方学术界归化翻译传统之间的内在联系，是因为西方学术界的归化翻译传统是“以民族主义为中心，把外国的价值观归化到译语文化中，把原作者请到国内来”（Venuti，1995：20）。美国天普大学（Temple University）教授韦努蒂（Lawrence Venuti）在其著作《译者的隐形》中用批判的观点，彻底考察了从 17 世纪德莱顿到当代的西方翻译，认为“通顺的翻译”策略一直在西方翻译史上占主导地位，究其原因，是要以西方的意识形态为标准，在英语中形成一种外国文学的规范。因此，韦努蒂认为，以往的翻译传统是以民族中心主义和帝国主义的价值观来塑造外国文本的。其提倡的翻译原则就是“通顺的翻译”和“归化的翻译”（李文革，2004：303）。很明显，林戊荪所提倡的译文的可读性与西方学术界传统的归化翻译有着本质的区别。林译本以传播中华孙子兵学文化为己任，这一点在其译本序言中说得很清楚。在论及对待读者的态度时，他再次强调说：“对于译者而言，翻译的任务应是帮助读者理解中国文本和中国文化，因为如果你不能帮助读者理解你的文化，他们要么迷惑不解，要么感到厌烦，最终停止阅读。如此，翻译的目的就完全失败了。”（林戊荪、钱多秀，2010：32）这也就是笔者以“求同”而非“归化”概括林戊荪翻译观的缘由。

基于上述分析，我们比较林戊荪“求同”与梅维恒“存异”翻译观如下：在“求同”翻译观指导下，译者须忠实于原文内容（及原文作者）与所处时代的目的语与译文读者，同时在总体风格上贴近原文形式；在“存异”翻译观指导下，译者须忠实于原文内容（及原文作者）、原文形式与所处时代的目的语与译文读者。很明显，“存异”翻译观要达到的要求比“求同”翻译观要达到的要求还高。梅维恒果真如 Arthur Waldron 教授和 Sonshi. com 专家所言达到了这种效果吗？若果真如此，则应是自翟林奈 1910 年《孙子兵法》译本与格里菲斯将军 1963 年译本后孙子兵学文化西传的又一幸事。然而“效果论认为判断行为正确与否取决于行为的结果，而结果只有在比较中方显客观”（黄海翔，2011：122）。笔者首先想要追问的是：梅维恒在理论上通过何种翻译方法达到其翻译效果？

正如梅维恒在其译本“翻译原则”中所言，他采用了杂合的翻译策略，即力图在直译和意译之间寻求一个理想的平衡。杂合指的是“两套语义和价值信仰系统的混合”和“两种民族语言的交融混合”（张景华，2009：154）。既要忠实于原文内容和形式，又要兼顾译文之可读性，梅维恒之杂合只能处于介于直译和意译两者之间的中间状态。然而，由于“直译（字面翻译）在实际运用中存在着相当多的差异”（谭载喜，2005：129），理论上就难以界定中间状态的可操作范围。直译有时被认为包括了与之相关的词对词翻译观念。用语言学术语来界定，直译是指一种“不足以使内容不变而又遵循目标语规范”的翻译。按照同样思路，卡特福德（Catford）也提出了一个基于翻译单位概念之上的定义。他认为，直译以词对词翻译为起点，但因为需要与目标语语法一致，最终的目标文本可能会呈现出词组对词组或从句对从句的对等。因而，该术语是一个相对概念，原因是：对任何源文本来说，层级结构的层次有多少，直译和意译的程度就有多少（谭载喜，2005：129）。由于梅维恒并没有定义他所理解的直译之内涵，故从直译概念上来判断梅译在兼具可读性的前提下在多大程度上保留了原文形式特征便失去了根据。以梅维恒所举“用兵”英译为例，梅维恒认为“use weapon(s)”乃直译，难道“employ soldiers”就不是直译，而是意译吗？王宏志（1999：4）评价直译与意译之争时曾经说：“什么程度的‘忠实’才能算得上是‘直译’？怎样的翻译是‘意译’？是不是每篇翻译都要分析它用的是直译或意译的手法？如果我们能够很容易便分辨出‘直译’和‘意译’，为什么这些争论无休无止？”王宏志的话可谓一语中的。故我们首先必须对直译与意译最本质的特征作一概括，方可对梅维恒是否达到了翻译效果作进一步的探讨。笔者认为：直译始终侧重强调的是，在保持原语内容不变的情况下尽量再现原语语言形式；意译始终强调的是，在没有办法再现原语语言形式的情况下尽量再现原语内容（王建国，2009：121）。

3.4.3 “求同”与“存异”：文化认同表象背后的文化涵化

明晰了直译与意译本质之不同，我们还面临着一个问题有待解决，即衡量梅维恒翻译效果标准的问题。梅维恒之“存异”翻译观体现在忠实于原文内容（及原文作者）、忠实于原文形式和忠实于所处时代的目的语及译文读者。就忠实于所处时代的目的语及译文读者而言，如上文所引述，梅维恒之译业已获得 Sonshi.com 所有评审专家和序作者 Arthur Waldron 教授的高度评价，我们不妨假定梅维恒之译在忠实于所处时代的目的语及译文读者方面，已达到了他所欲达到之效果。毕竟英语不是我们的母语，既然以英语为母语的专业人士已经做出了肯定的评价，我们应该承认这一评价。毕竟，译文是否具有可读性本来就是由译文读者做出判断。而我们作为原文读者，则有权利从原文读者的角度出发，对梅译对原文的忠实性作一考察。笔者认为，这一考察之焦点应在梅译对原文文化之认同性上。

文化认同性基本上是指民族性。民族性是指一个集团的特征，这种特征表现为其成员有着共同的历史或起源以及一种特殊的文化遗产，尽管其历史或起源经常被神话化，其文化遗产从未是完全同质的（阿布，2008：11）。《孙子兵法》正是中华文化遗产中的一朵奇葩，与其他先秦诸子著作拥有共同的历史文化源头，但又与其他先秦诸子著作不完全同质。它集中体现了中国武经的精华，被誉为“世界古代第一兵书”。它对中国古代战争与政治、社会、经济、文化诸多方面的关系，进行了全面总结（吴如嵩、吴显林，1999：20）。梅译能否准确地传达出该文化内涵应是衡量梅维恒翻译效果之标准。文化学视角中的翻译是通过转换作为文化载体的语言传递意义、移植文化的交流活动。这个定义可以用一个翻译三元素结构来概括：转换语言—传递意义—移植文化。转换语言是真正意义上的翻译，其初始目的是传递意义，其最终目的是移植文化（周志培、陈运香，

2013：前言）。从文化学的视角而言，我们可以把意义之内涵概括为两个方面：语言意义和文化意义（周志培、陈运香，2013：3）。陈建民（1999：171）认为：现代汉语词汇系统中，有的词语只有语言意义，如“山”“鱼”“桌布”“茶杯”“电视机”“前后”等。有的词语只有文化意义，需联系当时出现的社会文化背景才能解释清楚，如“下海”“上山下乡”“包产到户”等。有的词语则蕴含语言意义和文化意义。例如“后门”，《现代汉语词典》的释义是：①房子、院子等后面的门。②比喻通融或舞弊的途径。显然，义项①为语言意义（本义），义项②为文化意义。在对梅译对原文文化认同性的考察中，应以其译文对原文内容，即原文语言意义和文化意义之忠实性为核心和基本取向。因为“翻译的实质是双语间意义的对应转换，徒具形式没有意义的语言，只可以说是一串没有语意或语意不明的文化符号，翻译者无以为本（凭据），进入翻译过程，充其量只能作个说明，因为他没有足以使之进行文化解码操作的实质性依据”（刘宓庆，2005：7）。下面是梅译《孙子兵法·九地篇》中的一句译文：“If one does not know the advantages and disadvantages of even a single one of the four plus five, he cannot be the leader of the forces of a hegemon king.”（Mair，2007：123）试问，如果不借助注释，谁能读懂“a single one of the four plus five”所传达的语言意义和文化意义？其对应原句是：“四五者，不知一，非霸王之兵也。”在“四五者”之译上，梅译确实传达出了原作形式，但其文化意义却彻底失去了。再以同一篇中梅译的另一句译文为例：“Generalship requires calmness and reserve, correctness and control. The general should stupefy the eyes and ears of his officers and troops, so that they will have no knowledge. Change your affairs, alter your plans, so that the people will have no recognition. Change your dwelling, make your path circuitous, so that people will not be concerned about them. If the commander has an agreement with his army, it is as though they climbed high up and he pulled the ladder out from under them.”（Mair，2007：121）原句如下：“将军之事，静以幽，正以治，能愚士卒之耳目，使之无知。易其事，革其谋，使人无识；易其居，迂其途，使人不得虑。帅与之期，如登高而去其梯。”梅译尽力做到在保持原语内容不变的同时再现原语语言形式，也做到了在语言意义上几乎字字对译，但其译是否准确传达出了原文兵学著作的文化意义呢？请比较林戊荪的译文，其译如下："It is the responsibility of the commander to be calm and inscrutable, to be impartial and strict in enforcing discipline. To keep his officers and men ignorant of his battle plans, he must be able to ‘stop their ears and blind their eyes’. He alters his arrangements and changes his plans to hide his intentions. He shifts his camp and takes circuitous routes to keep people from anticipating his moves. On the day he leads his troops into battle, it is likely climbing up a high wall and kicking away the ladder behind him so that there is no retreat."（林戊荪，2007：91）对照梅维恒与林戊荪之译文，我们不难发现：梅维恒之译遵循了线性原则，即首先按照原文顺序把原词语言意义翻译出来，再按照原文顺序把英译出的语言意义一一叠加。线性的特点是既可以叠加，也可以分解，意义基本不变。非线性是叠加和分解后意义会产生变异。比如在词汇和语义领域，有时局部相加不等于整体。英语的内部曲折和词尾变化基本上是线性的，汉语以词序和形式词表示语法意义，基本上是非线性的（周志培、陈运香，2013：101）。以此译为例，梅维恒译"使人不得虑"为"people will not be concerned about them"，此译虽忠实于其所处时代之目的语和译文读者，却没有忠实于原文（及原作者），因为任何一个粗通训诂常识的原文读者都知道此处"虑"不是"担忧，发愁"之意。梅维恒作为美国当代著名汉学家，不可能不知道"虑"的训诂义。笔者认为：这种译法是由梅维恒的"存异"翻译观所决定的，在忠实于原文形式的翻译观指导下，梅维恒宁可选择"担忧，发愁"之义以保证译文在形式上与原文达到最大程度的对应。林戊荪以训诂义"推测"译出，虽忠实于原文内容，却无法做到形式对应，这是梅维恒所不愿意看到的，所以他有时宁愿牺牲内容的忠实来换取形式的对应。但梅维恒似乎没有意识到：失去了内容的忠实，徒具形式对应，只能对译文读者产生误导，译者便失去了文化认同的根本。

梅维恒这种忠实于原文形式的线性叠加式翻译在西方学术界是有着深厚的学术渊源的，西方译界将它概括为"陌生化翻译策略（Defamiliarizing

Strategy)”（Cortes，1998：63）、“异国情调化翻译（倾向、结果、现象等）（Exoticization）”（Jacquemond，1992：150）、“异国情调化翻译（手段、策略、过程等）（Exoticizing）”（Venuti，2008：160），体现在中国典籍之英译上，即表现为“东方情调化翻译（Orientalization）”。蒋骁华（2010：40－44）精辟分析了西方翻译家热衷于将东方文本东方情调化之原因：①从文化政治角度来看，东方情调化是为了构建文化“他者”；②从文化心理角度来看，东方情调化是为了满足西方读者的文化心理预期；③从审美角度来看，东方情调化是为了延长审美过程，增加审美快感。蒋骁华举出了两个例子：一是英国翻译家白之（Cyril Birch）英译《牡丹亭》，一是美籍华裔翻译家陈张婉莘（Ellen Marie Chen）英译《道德经》。《牡丹亭》是中国古代文学作品，而梅维恒在接受 Sonshi. com 访谈时也提及对《孙子兵法》文学特征的把握和表达，《孙子兵法》虽然也有极高的文学价值，但它首先是一部兵学著作，因形废意便失去了文化认同的根本。陈张婉莘英译《道德经》倒与梅译《孙子兵法》可以一比。蒋骁华（2010：40－44）分析了陈张婉莘的一段译文，指出：对照阅读，很容易发现陈张婉莘是按照中文句法亦步亦趋英译的，而且，这一段英文中有四个句子，居然没有一个谓语，这显然不是“正常的”英文。令人惊讶的是，陈张婉莘的整部英译《道德经》基本上都是这种佶屈聱牙的“不正常”英语。这种“不正常”清晰反映了译者的翻译倾向，即要使英译“成为对汉字的直述，成为原文的镜像，而不是以‘翻译’的面目出现”（刘禾，2009：257）。换言之，译者既要让读者感觉到自己好像是在读原文，又要让读者通过这个“镜像”感觉到原文（中文）的异质性，或异国情调。很明显，这一翻译观与梅维恒“存异”翻译观之阐述有本质不同：首先，梅维恒强调译文不依赖于注释或其他补充材料也应能读懂，其可读性也得到了西方学界《孙子兵法》研究专家的高度赞扬。其次，梅维恒强调翻译应力求传达出原作形式和实质的内涵。当读者在阅读译文时，他至少潜意识里意识到他在阅读从异域语言和文化翻译过来的文本，感受到异域语言和文化鲜明典型的特征。消除这些特征，使译文读起来就如原本就是用通顺流畅的英文写就的英文原创作品一般，就等于未能传达出原作的本质特征。然而，这不是鼓吹异化中国风格或其他复杂难懂的行为（或言语等）。相反，梅维恒认为译者应当绝对尊重原作，竭尽全力给原作的本质以应有的尊重与荣誉。可见，梅维恒“存异”翻译观之本意是强调对原作所蕴含的异域文化之尊重，蒋骁华所归纳的西方翻译家热衷于将东方文本东方情调化之原因尚不能说明梅维恒英译之现象。对原作所蕴含之异域文化的尊重必然涉及文化认同性，故从文化涵化之视角来解释梅维恒英译之现象是理想的选择。

文化涵化是文化接触的形式之一。文化涵化指当一个文化集团介入另一个文化集团的文化系统，直接或间接地要求后者适应前者的文化习俗时，发生在物质文化、传统习俗和信念上的变化过程（Pappas，2008：431）。由此定义，我们不难发现：首先，文化涵化的前提是文化接触，没有文化的接触，涵化不会产生。在《孙子兵法》的英译中，是英语文化与中华孙子兵学文化之接触。其次，文化涵化引发文化适应。体现在《孙子兵法》之英译中，即英语文化适应孙子兵学文化。如何适应呢？用梅维恒的话说，就是力求传达出原作形式和实质的内涵，使读者在阅读译文时，至少潜意识里意识到他在阅读从异域语言和文化翻译过来的文本。笔者提炼为：《孙子兵法》英译中的文化适应乃英语文化吸收、接纳孙子兵学文化特质的过程和结果。那么，采用何种吸收、接纳的方式才能传达出原作形式和实质的内涵呢？梅维恒认为如使译文读起来像英文写就的英文原创作品一般就等于未能传达出原作的本质特征，而林戊荪所持观点则与他相反。如何对这两种文化适应方式进行评估？

罗歇·巴斯蒂德区分了物质涵化与形式涵化。前者对“心理意识的内容”产生影响，但对“思维和感觉方式”无所触动。后者对“思维和感觉方式”产生影响，它导致感觉形式、理解形式及意识形式的转变和变形（阿布，2008：16）。语言是文化的一部分，语言是文化的载体，语言是文化的模具（周志培、陈运香，2013：80）。就《孙子兵法》英译而言，无论是物质涵化还是形式涵化，其结果必然通过译者的语言表达体现出来。通过上述两例梅译的分析，笔者发现：梅维恒在词语层面上喜欢按照词语的语言意义来翻译，而不喜欢按照词语的文化意义来翻译。除了上述所举两例外，又如（为使分析更具说服力，例句均选自《孙子兵法·九地篇》，以与上文例子出处统一）：入人之地而不深者，为轻地。梅译：“When one's forces enter the territory of the foe, but not deeply, that is easy terrain.”（Mair，2007：118）梅维恒以 easy 译“轻”，可以说是忠实于“轻”的语言意义。据《现代汉语词典》，“轻”的语言意义有九个义项。梅维恒在英译时究竟对应的是哪个义项，他是怎么考虑的，我们有待向梅维恒本人求证。但无论梅维恒当时选择了哪个义项作为其翻译理据，当把 easy 与 terrain 叠加起来的时候，便会让译文读者产生“‘有趣（interesting）’‘怪异（weird）’‘充满异国情调（exotic）’”（蒋骁华，2010：42）的感觉。笔者感觉亦是如此。但这种感觉只是停留在心理内容的意识层面，对思维和感觉方式并无触动。就感觉意义而言，一个词的内涵指的是我们在使用这个词时在我们脑海里出现的那些支配这个词的用法标准。在认识论中，感觉意义所起的作用比语言意义大得多（冯契，2008：236）。支配这个词的用法标准体现在思维的形式结构上，可以用逻辑形式来表达。逻辑形式指思维内容各不相同的每一种命题和推理各自具有的共同结构和其组成要素之间的最一般联系方式，主要指由逻辑常项和变项组成的命题形式和由各种命题形式组成的各种推理形式（彭漪涟，2004：291）。以本句为例，“……者，为……”是《孙子兵法》常用的判断句之一。对思维对象有所断定，即有所肯定或否定，是判断的最基本的特征。因为判断总是有所断定，所以判断总是有真假的，这是判断的另一个特征。当一个判断所肯定或否定的内容与其所断定对象的实际情况相符时，该判断就是真的。否则，该判断就是假的。而表达判断有真假的语句，通常被称为命题（彭漪涟，2004：315）。梅译之所以是物质涵化而非形式涵化之体现，关键就在于：其英译作为一个逻辑判断，为假。请比较以下林译：“Where one has penetrated into enemy territory only for a short distance, it constitutes a marginal region.”（林戊荪，2007：83）林译作为命题，为真。这说明不能简单把《孙子兵法》作为文学典籍来翻译，而首先应作为兵学典籍来翻译。再如：凡为客之道，深则专，浅则散。梅译：“The way of being a ‘guest’ is to concentrate one's forces when one has deeply entered another's territory, to disperse when one has entered shallowly.”（Mair，2007：122）以“……之道”引导主题语，后跟说明语，在《孙子兵法》中共出现三例。从语法上分析，该说明语由两个谓补语结构构成。梅维恒把两个结果补语分别译为“concentrate”和“disperse”，将原句主题语转换为主语，原句说明语转换为表语，以“is”联结，逻辑上构成了一个判断句。从译文读者的角度来看，如果判断为真，则又进入了物质涵化的误区。此译给译语读者之语境设想是：进攻敌国如深入敌境深，就要集中军队；深入敌境浅，就要分散军队。查《十一家注孙子》（笔者注：梅维恒在“翻译原则”中说明其翻译以《宋本十一家注孙子》为底本），各注家对“深则专”注释主旨一致。李筌曰：“夫为客，深入则志坚，主人不能御也。何为志坚?”杜牧曰：“言大凡为攻伐之道，若深入敌人之境，士卒有必死之志，其心专一，主人不能胜我也。”梅尧臣曰：“为客者，入人之地深，则士卒专精，主人不能克我。”张预曰：“深涉敌境，士卒心专，则为主者不能胜也。”（杨丙安，2004：246－247）对“浅则散”注释亦相当清晰。梅尧臣曰：“深则专固，浅则散归。”张预曰：“先举兵者为客，入深专固，入浅则士散。”（杨丙安，2004：255）可见，此处“专”意为“意志专一”，“散”意为“意志涣散”。故梅译虽忠实于原文形式，却未忠实于原文内容；虽传达出原句的语言意义，却未传达出原句的文化意义。请比较林译：“The general rule of operation for an invading force is that the deeper your penetration into enemy territory，the greater the cohesion of your troops；the shallower the penetration，the slacker and more dispersive your forces become.”（林戊荪，2007：93）林译没有忠实于原文形式，但忠实于原文内容，传达出了原文的文化意义，达到了形式涵化的境界。

3.5 小　结

价值观是主体关于各种价值现象的观点中较为系统、稳定和深层的内容，或者说价值观是主体价值评价、价值导向和价值选择系统观念的总和

（岳介先，1997：2）。人本主义价值观是西方影响深远和广泛的传统价值观之一（冯契，2000：9，10，20－21）。出于不同的目的，以人本主义价值观为标准对中国传统文化进行曲解是西方译者典籍翻译中值得注意的一个现象。从源语文化的立场来看，如何对这一现象展开批评是我们不得不面对的一个问题。笔者认为“典籍翻译的人本主义价值观”是可供选择的理想方法之一，以子之矛，攻子之盾，让始于文本的曲解终止于文本。就《孙子兵法》闵福德译本而言，译者在副文本中对“孙子思想违背‘人本主义价值观’”的有意识曲解与源文本翻译中译者无法回避的“朴素的人本主义思想”的冲突从反面说明了“典籍翻译的人本主义价值观”的合理性。中国文化与印度文化、阿拉伯文化等东方文化一样，目前在世界上还处于劣势（林戊荪，2007：50）。在英译中国典籍时，以梅维恒为代表的西方汉学家提出：应当绝对尊重原作，竭尽全力给原作的本质以应有的尊重与荣誉，这是一种值得提倡的有助于保护文化生态的存异翻译观。如何存异？存内容之异还是形式之异？就西方翻译家的翻译实践而言，在翻译中国文学典籍时，存形式之异达到了一种异国情调化的效果；但在翻译中国哲学典籍（如《孙子兵法》）时，存形式之异可能会导致物质涵化现象的发生。要想准确传达出《孙子兵法》这类哲学典籍之内涵，首先要忠实于原文内容，在准确传达出原文文化意义的基础上，达到形式涵化的效果。

第4章 《孙子兵法》英译的文化主体

4.1 《孙子兵法》英译的译者主体性

马克思在《〈政治经济学批判〉导言》中指出，主体是人，客体是自然，这两者形成统一体，即认识主体在实践中认识到他所指向的对象，主体与客体是在实践中统一的。主体具有自觉性、创造性与能动性。《孙子兵法》英译的文化实践，不管译者有意识还是无意识，均围绕着文化研究的核心问题——语言与物质的关系、文化的文本特征、文化的地域性、文化的改变、理性及其限度、文化与人、文化分析的真值与价值观入手，对《孙子兵法》的英译作系统的分析。《孙子兵法》英译文化实践的核心是文化与人的关系，这在《孙子兵法》英译中表现为译者的主体性。典籍翻译的性质决定了典籍翻译须经过语内翻译和语际翻译两个阶段。在语内翻译阶段，译者的诠释受制于汉语诠释传统——训诂学，其主体性是有限的；在语际翻译阶段，译者的诠释体现出强烈的为我性，其主体性表现为目的性、历史忠实性和选择性。两类译者主体相互交往之特性体现在对典籍原文本理解的共识性上。

就典籍翻译的译者主体性而言，主体性一般指与客体相对的主体所具有的特性，包括独立性、个体性、能动性及占有和改造客体的能力（冯契，2000：195）。主体性是主体在对象性活动中本质力量外化，能动地改造客体、影响客体、控制客体，使客体为主体服务的特性（王玉樑，1995：35）。主体性包括目的性、自主性、主动性、创造性等，简言之，主体性必须有主观能动性，能动性是主体性最为突出的特征。但主观能动性的发挥并不是没有任何规限和制约的。主体的对象性活动作用于客体，必然要受到客体的制约和限制，同时能动性发挥还受到客观环境和条件的制约，因此，主体性同时还包含着受动性。受动性是能动性的内在基础，是主体之所以要发挥主观能动性的客观依据。主体性的另一个重要特征是为我性。为我性体现了主观能动性发挥的方向性和目的性。能动性、受动性和为我性辩证统一于主体性之中（查明建，2003：22）。

典籍翻译的性质决定了典籍翻译须经过语内翻译和语际翻译两个阶段。语内翻译之所以必要，乃在于“盖语言易世而必变，既变，则古书非翻不能读也”。雅各布森在符号学框架内把语内翻译过程界定为“用同一语言的符号对其他符号进行的解释”（谭载喜，2005：118）；把语际翻译定义为“借助某种其他语言来对言语符号所进行的解读”（谭载喜，2005：112）。相比较而言，语内翻译所涉及的原语与译入语之间主要有时间上的差距，而语际翻译除了时间上的差距外，还要面对不同空间或文化语境中所使用的不同的语言（许钧，2003：124－125）。既然典籍翻译包括语内翻译与语际翻译两类翻译过程，则译者首先须将典籍原本由古汉语译成现代汉语，再由现代汉语译成现代英语。但实际情况是，很少有译者能身兼两任，即便是以汉语为母语的中文专业人士，不经过长期的专业训练，想要直接读懂典籍原本也非常困难。故明智的方法是对译者认同的该典籍的某一权威注释本或现代汉语译本进行翻译，综观当世影响最大的一些典籍英译本，莫不如此。在此情况下，典籍翻译的译者主体由语内翻译的译者（注家或现代汉语译者）和语际翻译的译者共同组成。

由上述分析可知，典籍翻译译者主体性包括语内翻译译者主体性、语际翻译译者主体性及两类译者主体相互交往之主体间性。笔者拟以格里菲斯将军的《孙子兵法·计篇》英译本为例，对典籍翻译译者主体性的特点作一分析。之所以选择《孙子兵法》，乃因为这部兵法已被世界各国公认为是富哲理性和产生深远影响的兵法。格译本被联合国教科文组织列入《中国代表作丛书》，是当代最畅销的《孙子兵法》英译本。它是以清孙星衍所校之《孙子十家注》为底本进行翻译的。《孙子兵法》自成书至今，跨越了漫长的时空，历代注家的注释很多，而且往往各不相同，其中以清孙星衍校之《孙子十家注》最为权威。从符号学的角度来看，注家注释的过程即是语内翻译的过程。

就训诂学观照下的译者主体性而言，注释是典籍训诂的主要体式。欲分析注家注释之特点，则不得不涉及“以今翻古”的汉语诠释传统学科——训诂学。近代训诂学家黄侃根据前人对于训诂的研究，从语言学角度对训诂作了理论上的总结，他说：“诂者故也，即本来之谓；训者顺也，即引申之谓。训诂者，用语言解释语言之谓。”（李建国，2002：1）“本”这个概念在中国传统思想中具有双关含义：既有“文本”之“本”的意思，又有作为真理含义的“原原本本”之“本”的意思（李河，2006：128）。笔者所感兴趣的是：既然注释之主旨在于诠释典籍之本义，那么典籍之诠释者，亦即语内翻译之译者的译者主体性在诠释过程中呈现出什么特点？

下面，笔者拟以《孙子兵法·计篇》的语内翻译译本——清孙星衍校之《孙子十家注》为例，对译者主体性进行探讨。

例1：计篇

曹公曰：“计者，选将、量敌，度地、料卒，远近、险易，计于庙堂也。”李筌曰：“计者，兵之上也。《太乙遁甲》：‘先以计神加德宫，以断主客成败。’故孙子论兵，亦以计为篇首。”杜牧曰：“计，算也。曰：计算何事？曰：下之五事，所谓道、天、地、将、法也。于庙堂之上，先以彼我之五事计算优劣，然后定胜负。胜负既定，然后兴师动众。用兵之道，莫先此五事，故著为篇首耳。”王皙曰：“计者，谓计主将、天地、法令、兵众、士卒、赏罚也。”张预曰：“管子曰：‘计先定于内，而后兵出境。’故用兵之道，以计为首也。或曰：兵贵临敌制宜，曹公谓‘计于庙堂’者何也？曰：将之贤愚，敌之强弱，地之远近，兵之众寡，安得不先计之？及乎两军相临，变动相应，则在于将之所裁，非可以踰度也。”

分析：《孙子兵法·计篇》主旨在于战前之战略决策与战略运筹，体现了孙子“慎战”的思想。曹操定义了需要计算的六大方面。李筌先定义“计”之重要性，再引《太乙遁甲》之言解释“计为篇首”之原因。杜牧则直接诠释“计”之字义，并以“计算何事”启问，对“计算”过程和意义作了串讲。王皙则将孙子所论之“五事七计”作了概括，定义了“计”的内容。张预引管仲与曹操之言为解，对“临敌制宜”与“计于庙堂”之间的关系作了阐述。各家注释或涵盖了“计”之重要性，或涵盖了“计”之内容，但训释各不相同。比如，曹注简要质切；杜注逻辑清晰，直指“计”之本义；张注实乃曹注之解释，明易通达。

例 2：孙子曰：兵者，国之大事，死生之地，存亡之道，不可不察也。

李筌曰：“兵者凶器，死生、存亡系于此矣，是以重之，恐人轻行者也。”杜牧曰：“国之存亡，人之死生，皆由于兵，故须审察也。”贾林曰：“地，犹所也，亦谓陈师、振旅、战陈之地。得其利则生，失其便则死，故曰死生之地。道者，权机立胜之道，得之则存，失之则亡，故曰不可不察也。《书》曰：‘有存道者，辅而固之；有亡道者，推而亡之。’”梅尧臣曰：“地有死生之势，战有存亡之道。”王皙曰：“兵举，则死生、存亡系之。”张预曰：“民之死生兆于此，则国之存亡见于彼。然死生曰地、存亡曰道者，以死生在胜负之地，而存亡系得失之道也，得不重慎审察乎？”

分析：李注与杜注强调“兵凶战危”，故须审慎。贾注诠释“地”“道”之义，并引《尚书》之语佐证，清晰晓畅。梅注亦诠释“地”“道”之义，虽不如贾注翔实，却简切严整，点出二者内涵。王注同李、杜之注，但更简明。张注亦诠释“地”“道”之义，将其引申为“胜负之地”“得失之道”。

例 3：将听吾计，用之必胜，留之；将不听吾计，用之必败，去之。

曹公曰：“不能定计，则退而去也。”孟氏曰：“将，裨将也。听吾计画而胜，则留之；违吾计画而败，则除去之。”杜牧曰：“若彼自备护，不从我计，形势均等，无以相加，用战必败，引而去之。故《春秋传》曰‘允当则归’也。”陈皞曰：“孙武以书干阖闾曰：‘听用吾计策，必能胜敌，当我留之不去；不听吾计策，必当负败，我去之不留。’以此感动，庶必见用。故阖闾曰：‘子之十三篇，寡人尽观之矣。’其时，阖闾行军用师，多自为将，故不言‘主’而言‘将’也。”梅尧臣曰：“武以十三篇干吴王阖闾，故首篇以此辞动之，谓：王将听吾计，而用战必胜，我当留此也；王将不听吾计，而用战必败，我当去此也。”王皙曰：“将，行也；

用，谓用兵耳。言行听吾此计，用兵则必胜，我当留；行不听吾此计，用兵则必败，我当去也。”张预曰：“将，辞也。孙子谓：今将听吾所陈之计，而用兵则必胜，我乃留此矣；将不听吾所陈之计，而用兵则必败，我乃去之他国矣。以此辞激吴王而录用。”

分析：就“将”之理解而言，注家诠释各不相同。孟氏诠释为“将领”；陈皞诠释为“主”，即吴王阖闾；王皙诠释为“言行”；张预诠释为“辞”，乃中国古代逻辑术语，即结合两个不同的“实”的名（概念）来论断一个意义，此处可诠释为“如果”之义；梅注与张注同；杜注虽未诠释“将”之字义，但“若彼自备护”表明，杜牧把“将”诠释为“如果”；曹注亦表明，“将”乃“如果”之义。就“留之”“去之”理解而言，除孟氏外，其余注家理解相同。

通过对以上注释实例的分析，我们可看出语内翻译译者主体性呈现出以下特点：

（1）译者之诠释不悖原文本意图。

艾柯指出：在“作者意图”与“读者（诠释者）意图”之间，还存在着第三种可能性，即“文本意图”。艾柯认为作者意图是难以获得的，而读者意图又具有诸多可变的主观因素，“在不可获得的作者意图和可变的读者意图之间有一种明晰的文本意图，这种意图被用来反驳站不住脚的诠释”（Eco，1979：10）。文本意图表现为文本内部上下文互相印证的一致性，艾柯阐述道：“对于一个文本的任何阐释，如果它被同一文本内部的任一部分所印证，它都是可以被接受的。如果被同一文本内部的任一部分所挑战或质疑，对这个文本的任何诠释都应当拒绝接受。”（Eco，1992：66）而要达到译文文本内部的一致性，艾柯认为，译者应充分了解源文本产生的历史背景，通过历史的考证与哲学的思辨建立证据和文献，在此基础上产生合理的诠释。综观上述注家之诠释，他们虽各自成一家，但都不悖原文本意图。如例 1 中注家所用之“故孙子论兵，亦以计为篇首”“故著为篇首耳”“故用兵之道，以计为首也”等“故”字句无不是向读者表明，自己所诠释的乃孙子之本义。《孙子兵法》历代注家甚多，唯有这十一家注释流传最广，道理就在于此。

（2）译者之诠释具有历史性。

不同的译者因为认知能力、语言能力的差异而不同程度地主宰了翻译过程。这些不同除却某种纯个人的因素（我们指的所谓纯个人的因素，在某种程度上也是历史造成的）外，显然是不同的历史时代造成的（许钧，2003：120 – 121）。按照哲学诠释学大师伽达默尔的理解，文本的意义不是由作者所决定的，而是由处于不同境遇之中的读者和文本的互相作用所决定的。因为理解者与被理解对象都是历史的存在，文本的意义和理解者一起处于不断的形成和交互影响的过程中，伽达默尔将这种过程称为“效果历史”。效果历史的实质就是意识到我们自己的历史性和有限性（何卫平，2001：184）。十一位注家分别生活在魏、梁、唐、宋等不同的历史时代，出身各不相同，如曹操是三国时期著名军事家兼文学家；杜牧为晚唐著名诗人；梅尧臣为宋代著名文学家；贾林为著名武将；李筌曾隐居嵩岳少室，潜研道教等。不同的时代背景和人生阅历决定了其诠释的不同。

（3）译者之诠释乃译者个人经验之表达。

伽达默尔把理解和解释的现象直接看作是一种“经验”，并且是人类最基本的世界经验，和人的实践活动直接联系在一起（何卫平，2001：166）。这不只是指这一事物或那一事物给予我们知识这种意义上的经验，还意指那种必须总是被获取并且无人能避免的经验，即对人的生存领悟的经验（何卫平，2001：177）。就文本解读经验而言，在实现着理解的效果历史过程中总存在着两种不同的视域：一是文本的视域，一是理解者的视域。文本有它自己的历史视域，是因为它是在特定的历史条件下，由在特定历史中存在的个人（作者）所创造出来的；理解者也有自己特定的视域，这种视域是由他自己的历史境遇所赋予的。而所谓理解无非是经验这两种视域的融合（何卫平，2001：197）。以上述注家为例：曹注集曹操三十年御军之经验，其注实乃切身之体验，故多得孙子本旨，为后世所推崇；张注实乃曹注之再诠释，语言明易而已；杜牧长于诗文，也慨然最喜论兵，且敢论朝廷大事，刚直有气节，主张削藩固边，其注孙子之举，或即期有所用也，故其注疏阔宏博；贾林曾拜神策统军，颇有实战经验，其注也是其实战之心得。

综上所述，在典籍翻译过程中，语内翻译译者主体性是有限的，是主动与受动之统一。理解既非由典籍原本所决定，也非由译者（诠释者）所决定，而是由二者的统一来决定的。

4.2 《孙子兵法》英译译者主体性之特点

语际翻译建立在语内翻译基础之上，即语内翻译的译者通过注释“恢复”了典籍文本“原有”的视域，在此基础上，再与语际翻译译者的视域相融合，从而产生语际翻译的译本。下面，笔者以格里菲斯对三例的英译来对语际翻译译者主体性作一阐述：

例1：计

格译：Estimates

分析：据 *Longman Dictionary of Contemporary English*，“estimates”作名词，意为“a calculation or judgment of the nature, value, size, amount, etc., of something”及“a statement of the probable cost of doing a job”。格里菲斯在“Introduction”之“The Author”部分中，从军事学角度对《孙子兵法》成书年代作了详细论证后，对“计”之所以译成“Estimates”作了精辟阐述：“Sun Tzu's theory of war and strategy and his tactical doctrine are of course germane to the problem of dating. Because war is of vital importance to the state and a question of survival or ruin it must be thoroughly investigated. Thus, the opening verses of the classic outline a method for analysis of the factors which constitute military strength. This process, now described as an 'Estimate (or Appreciation) of the Situation', is rational and is scarcely consistent with the mentality characteristic of the Spring and Autumn, when rulers indulged in military adventures to satisfy a whim, to revenge a slight or an insult, or to collect booty. When Sun Tzu wrote, war had become a dangerous business; the recourse when other means had failed. The best policy, he says, is 'to attack the enemy's plans'; the next best to disrupt his alliances, for 'to subdue the enemy's army without fighting is the acme of skill'. This indicates his perception that war was no longer a regulated pastime, but the ultimate instrument of statecraft. ” 由此可见格里菲斯对中国古代军事研究用功之深。在译本正文部分，他又在脚注 1 解释了他如此翻译之理由，其注如下：“The title means ‘reckoning’, ‘plans’, or ‘calculations’. In the Seven Military Classics edition the title is ‘Preliminary Calculations’. The subject first discussed is the process we define as an Estimate (or Appreciation) of the situation. ” 可见，他在翻译之前，参考了之前译者的翻译，如卡尔思罗普把“计”译为“Preliminary Reckoning”，翟林奈译为“Laying Plans”。同时，他也提供了《武经七书》版的译文“Preliminary Calculation”，但他仍坚持自己的翻译，体现了作为一名职业军人对中国军事研究的自信。这种鲜明的军事特色贯穿整个译本始终。

例2：孙子曰：兵者，国之大事，死生之地，存亡之道，不可不察也。

格译：Sun Tzu said：War is a matter of vital importance to the state；the province of life or death；the road to survival or ruin. It is mandatory that it be thoroughly studied.

分析：格里菲斯选择李筌之注作为其翻译的理据，其译文如下：“Li Ch'üan：‘Weapons are tools of ill omen.’ War is a grave matter；one is apprehensive lest men embark upon it without due reflection. ” 在此，格里菲斯与李筌达成了共识，领悟了孙子“慎战”之主旨。

例3：将听吾计，用之必胜，留之；将不听吾计，用之必败，去之。

格译：If a general who heeds my strategy is employed，he is certain to win. Retain him! When one who refuses to listen to my strategy is employed，he is certain to be defeated. Dismiss him!

分析：就“将”与“留之”“去之”理解而言，格译自然且生动，乃情理中事，符合现时读者的思维习惯。注家中唯有孟氏解释与格译同，其余注家解释与孟氏异，而格里菲斯独取孟氏之注作其翻译之理据。

由上述译例观之，格里菲斯在语际翻译过程中的主体性呈现出强烈的为我性，具体体现在翻译的目的性、历史忠实性和选择性。

就译者翻译的目的性而言，20 世纪 80 年代由汉斯·威密尔创立的德国功能派的奠基理论“翻译目的论”认为：任何行为都有目的，任何形式的翻译都是一种行为，故翻译必有目的（Vermeer，2000：221－232）。翻译行为由翻译目的决定，即“目的决定方法”。威密尔解释道：译文为一特定目的产生且服务于这一目的。目的原则即是以某种方式进行翻译，该方式使你的译文在译入语环境及接受者中发挥功能，且如接受者希冀的那样发挥其功能（Nord，2001：29）。

格译是在西方反思克劳塞维茨军事思想的基础上，应当时国际形势的发展而产生的，融入了西方战略家对当时形势和国际战略格局的深刻思考。格译在结构上将《孙子兵法·计篇》分成 28 节，以相当大的篇幅介绍《孙子兵法》的背景。由此可见，格译充分体现了译者对孙子谋略的全新解读，目的非常明确，正如译者在序言中所言的：“‘The Art of War’ has had a profound influence throughout Chinese history and on Japanese military thought; it is the source of Mao Tse-tung's strategic theories and of the tactical doctrine of the Chinese armies. Through the Mongol-Tartars, Sun Tzu's ideas were transmitted to Russia and became a substantial part of her oriental heritage. ‘The Art of War’ is thus required reading for those who hope to gain a further understanding of the grand strategy of these two countries today.”

译者在翻译过程中体现出历史忠实性。“历史的忠实”由法国学者阿尔比提出，即译作须忠实于译者所处时代的目的语与译文读者，在此基础上无限接近原作者的“欲言”。阿尔比认为：与理解相同，译者在表达时同样面临着语言与非语言的制约。因此，任何译本都必然有一个语言与观念上的“现时化”问题，与大多数创作一样，为了迎合时代的需要以及读者的口味，必然要产生这样与那样的变形（许钧，2003：122）。依阿尔比之见，此类变形并不意味着不忠实，因为译者在重新表达原作的意义时，也必须忠实于他所处时代的语言与读者。故格里菲斯没有严格按照《孙子十家注》的顺序来译也就可以理解了。但阿尔比又指出：这种变形须在一定范围之内，因为在“忠实”的三维结构中，“忠实”于原作者的“欲言”也对其他两点因素起着牵制的作用。例 3 中“将”与“留之”“去之”的翻译，体现了格里菲斯在翻译过程中下意识地遵循了“历史的忠实”的原则。此外，格里菲斯加了 17 条脚注以助阐释之用，这些注释或涉及源文本的历史文化背景，或涉及译者对源文本的理解与阐释，或涉及译文本身，诸如说明某一词、一句何以要如此翻译。格译这样做的目的是要让读者最大限度地理解、读懂译作，知其然，知其所以然，与译者、作者达成共鸣。

就译者在翻译过程中所体现出的选择性而言，如上所述，格里菲斯在翻译时，有选择地将部分注家注释译出，作佐证之用。哲学诠释学研究表明：理解者对过去的理解受他对现在的理解的制约（何卫平，2001：201）。两次世界大战的惨痛教训促使西方军界对克劳塞维茨的军事思想进行了深刻的反思，领悟了孙子“慎战”之道，这一点，格里菲斯感同身受。故例 2 的翻译中，格里菲斯独取李筌之注译出，是以其本人的亲身经验为基础的，体现了译者诠释的选择性。这样，格里菲斯的翻译包含了两个视域，达到了一种更高的普遍性。

综上所述，典籍翻译两类译者主体相互交往之特性体现在对典籍原文本理解的共识性。即在不悖原文本意图的基础上，在各自的历史语境观照下，以各自的亲身经验为出发点，与原文本达成视域融合并形成共识。其间，由于翻译的历史性，语内翻译译者对原文本之诠释或各有不同，面对此种不同，语际翻译译者则从为我性出发，通过分析、判断、选择、认同之过程，与语内翻译译者翻译的文本达成视域融合，从而与语内翻译译者达成共识。

本节以《孙子兵法·计篇》语内翻译与语际翻译的译例分析为轴，管中窥豹，从文本意图出发，以哲学诠释学理论为基础，结合诠释的历史忠实观与翻译目的论，多层次地对典籍翻译译者主体性之特点作了描述性研究，以期对典籍翻译之总体研究有所助益。

第 5 章 《孙子兵法》英译的文化误读

5.1 译者身份与文化误读

上一章探讨了译者作为《孙子兵法》英译主体的特点，这些特点与译者身份紧密相关。而译者身份的错位会导致《孙子兵法》英译的文化误读。《孙子兵法》英语复译本在“中学西传”中发挥了无可替代的关键作用。由于中西方文化差异的存在，西方译者对中华文化进行解读时就不可避免地会出现误读。然而，采取何种误读形式，与译者身份密切相关。就《孙子兵法》闵福德译本而言，译者采取的有意识误读的翻译策略由其多重文化政治身份所决定。本节尝试从文化社会学的“文化误读”概念入手，基于对闵福德译本副文本的描述与解释，探讨文化误读与译者身份之间的内在联系，从而提出译者对源文本的误读反映了译者本人及译者所属目标系统群体的社会心理及意识形态观念。

《孙子兵法》“被世界各国公认为是最富哲理性和发生着深远影响的兵法”（孙子著，袁士槟译，1997：3），自 1905 年卡尔思罗普英译本问世以来，到 21 世纪初，西方译者的英语复译本已不下 22 种。其中，尤以 1910 年翟林奈译本与 1963 年格里菲斯译本享誉盛名（褚良才，2002：520，535－539）。复译问题折射出了翻译活动的复杂性，也充分地反映了翻译活动所涉及的问题不仅仅处于语言的层面，而且存在于文化、社会、政治、伦理、经济等各个层面（许钧，2003：123）。通过对企鹅出版公司 2002 年出版的闵福德译《孙子兵法》副文本的描述性研究，本书提出，与先前的英译本相比，闵福德为了使自己的复译本在“对于原文的理解与翻译方法以及追求的效果等方面要有所超越”（王宏印，2006：175），采取了贬抑性的文化误读形式，采取这种误读形式，是译者在其多重文化政治身份影响与导向下主动选择的结果。

所谓“误读”，就是主体对于对象的有目的的选择，是以“他者”的“存在”来补充自己的“匮乏”，是借助一个未必可靠的镜中影像来肯定和确立自身（陈跃红，1995：129）。祝朝伟分析了“误读”的构成要件：其一，误读是主体对客体进行作用的过程和结果，主体可以是个人也可以是文化，即主体文化，误读的客体是主体或主体文化的阅读对象，往往是一种文化，即客体文化；其二，误读必须是主体或主体文化对客体文化进行有目的的选择的结果；其三，误读的方式总是主体或主体文化在看到自身的不足或者匮乏的基础上，希望从异质的文化中寻求某种补充或者充实，从而最终肯定和确立自身（祝朝伟，2005：328－329）。

所谓贬抑性误读是指解读主体或主体文化受民族中心主义文化观的影响，对异质文化进行贬抑性的解读，其结果是形成对异质文化的偏见、肢解和扭曲，贬低、损毁甚至篡改客体文化是其根本特点（祝朝伟，2005：329）。

贬抑性误读主要体现在副文本的描述中。蕴含在副文本中的伴随译文的描述性材料及阐述译文文本特征的元话语，构成了贬抑性误读话语表达的主要途径。无论前言、导论、译跋、标题、插图还是注释、评论、访谈皆对译文读者对译文的接受产生重大影响。如译文读者在阅读正文前首先浏览副文本，则这种影响更加凸显。副文本会有这种影响的原因在于元话语中包含制约译文产生的社会文化因素。这些社会文化因素的影响体现在译文的接受和译文的翻译策略中。基于此，副文本使我们能够对出版商和译者的翻译意图与翻译观有深刻的了解。在副文本中发现的观点不但可以补充对译文的描述与分析，而且有助于对译文分析得出的结论做出修正（Tahir-Gürcağlar，2007：58－59）。

笔者想要追问的是，在《孙子兵法》闵福德译本中，译者进行了怎样的贬抑性误读？译者的贬抑性误读体现出译者具有什么样的文化政治身份？译者具有的文化政治身份呈现出什么特点？这些特点又受制于什么样的社会文化因素？

误读的产生“大多是因为历史、社会、文化传统、性格、外语水平或者解读主体的主观动机等原因造成的”（祝朝伟，2005：329）。笔者认为，在闵译本个案中，闵福德的贬抑性误读里尽管有中西文化差异等客观因素造成的无意识误读，但主要是由解读主体的主观动机造成的有意识的误读。下面，笔者拟对闵福德贬抑性误读的形式及与其相对应的译者身份进行梳理，并进一步对闵福德解读的主观动机进行分析。

5.1.1 闵福德对《孙子兵法》人本主义思想之漠视及其所宣称的人本主义者身份

闵福德在接受 Sonshi. com 采访时，就孙子思想“违背人本主义价值观”作了如下批评：“坦率地说，书中的很多观点我不能接受。其主张的对人际关系阴险算计的方法直接违背了我所赞成的人本主义价值观的根本原则。该书所论皆是操纵和利用每一于己有利之形势达到壮大自身力量和心理上操纵对手之目的。”（http：//www. sonshi. com/minford. html）在其译本导论中，闵福德认为：“孙子主张以诡诈为其战略基石，他放弃价值标准，崇尚利己、算计、诡诈与高深莫测。这一点必须看到。”（2002：xxix）以人本主义价值观在西方影响的广泛与深远（冯契，2000：9，10，20－21），闵福德之观点颇让笔者震惊，因之前的英译本译者还从未有人如闵福德般下过如此断语。一本违背人本主义价值观的书，当然会招致西方读者的反感。但事实真如闵福德所言吗？

孙子认为：战争必须是“唯民是保”的有道之战（李玉洁，2000：181）。《孙子兵法·计篇》云：“兵者，国之大事，死生之地，存亡之道，不可不察也。”《孙子兵法·火攻篇》云：“夫战胜攻取，而不修其功者，凶，命曰‘费留’。故曰：明主虑之，良将修之。非利不动，非得不用，非危不战。”《孙子兵法·计篇》云：“一曰道，二曰天，三曰地，四曰将，五曰法。”孙子把战争的性质“道”列于首位（李玉洁，2000：182）。什么是“道”呢？《孙子兵法·计篇》云：“道者，令民与上同意也，故可以与之死，可以与之生，而不畏危。”《孙子兵法·谋攻篇》云：“上下同欲者胜。”《孙子兵法·用间篇》云：“凡兴师十万，出征千里，百姓之费，公家之奉，日费千金；内外骚动，怠于道路，不得操事者七十万家。相守数年，以争一日之胜，而爱爵禄百金，不知敌之情者，不仁之至也，非人之将也，非主之佐也，非胜之主也。”《孙子兵法·作战篇》云：“故知兵之将，生民之司命，国家安危之主也。”《孙子兵法·火攻篇》云：“主不可以怒而兴师，将不可以愠而致战；合于利而动，不合于利而止。怒可以复喜，愠可以复悦，亡国不可以复存，死者不可以复生。故明君慎之，良将警之，此安国全军之道也。”《孙子兵法·形篇》云：“善用兵者，修道而保法，故能为胜败之政。”《孙子兵法·地形篇》云：“故战道必胜，主曰无战，必战可也；战道不胜，主曰必战，无战可也。故进不求名，退不避罪，唯人是保，而利合于主，国之宝也。”

《孙子兵法·谋攻篇》云：“故善用兵者，屈人之兵而非战也，拔人之城而非攻也，毁人之国而非久也。必以全争于天下，故兵不顿而利可全，此谋攻之法也。”“凡用兵之法，全国为上，破国次之；全军为上，破军次之；全旅为上，破旅次之；全卒为上，破卒次之；全伍为上，破伍次之。”这实际上是一种朴素的人本主义思想的反映。这种以民为本的军事思想在历史上有其深远的意义（李玉洁，2000：185）。

综上所述，《孙子兵法》洋溢着朴素的人本主义思想，但为何闵福德视而不见呢？其原因在于闵福德站在西方中心主义文化观的立场上对孙子“诈术”思想进行了扭曲、贬抑与篡改。

5.1.2 闵福德对孙子“诈术”思想的东方主义误读及其事实上的东方主义者身份

东方主义是“一种根据东方在欧洲西方经验中的位置而处理、协调东方的方式”（祝朝伟，2005：321－322）。东方主义者总是“几乎原封不动地沿袭前人赋予东方的异质性、怪异性、落后性、柔弱性、惰怠性”（萨义德，1999：262）。中国曾经作为古老的文明古国而被视为西方文化学习的榜样，可是到了20世纪初的冷战时期，西方人对中国、中国人的印象已经发生了很大的变化。西方人对中国人的认识和想象与现实中的中国人之间有着很大的出入（孙会军，2005：133）。老舍在小说《二马》中写到，在英国人的眼里，中国人是“人人抽大烟，私运军火，害死人把尸首往床底下藏，强奸妇女不问老少，和做一切至少该千刀万剐的事情的。……于是中国人就变成世界上最阴险、最污浊、最讨厌、最卑鄙的一种两腿动物”（1999：395）。1862 年，法国科学院曾为一部描写苏伊士运河的史诗颁奖。奖金得主波尔尼耶（Henri de Bornier）写道：“干活去呀！法兰西的兄弟们，为全世界开辟这条新的道路！/这里留下过你们先辈英雄们的足迹；像他们一样，在金字塔下勇敢无畏地斗争，四千年的历史在凝视着你们！是的，为全世界！为亚洲和欧洲，为那些被黑夜笼罩的遥远国土，为狡诈的中国人和半裸的印度人……”（萨义德，1999：117）闵福德作为英国外交官之子，其对孙子“诈术”思想的误读正是建立在这种历史互文性基础之上，具体表现在把“诈术”思想等同于中国流行文化。

闵福德在其译本导论之《诡诈的计划，流行的文化》一文中，以类比的手段进行了偷换概念的推理。首先，闵福德引用了《三国演义》中“空城计”的故事，将其作为孙子“诈术”使用的典范。闵福德写道：成书于 14 或 15 世纪的小说《三国演义》一直被描述为孙子思想的白话版。而“空城计”则是中国最著名的战略奇才诸葛亮运用其非凡诈术取得的最著名的战略胜利（2002：xii）。在《孙子兵法·虚实篇》中，两位注家引“空城计”为“我不欲战，画地而守之，敌不得与我战者，乖其所之也”之注。毫无疑问，奇才诸葛亮在他与庞大的魏军之间画地而守。“空城计”通过许多中世纪说书艺人的生动讲述成为戏曲和年画的主题。它成为《三十六计》中的第三十二计，被作为身陷绝境时的聪明心理战略而使用。它也被作为《百战奇略》第四十三略的例解。“奇略”指精妙地运用假象、欺骗或狡诈来抗击数量上占优势的敌人。这两部受欢迎的作品都源自《孙子兵法》（2002：xiv）。诸葛亮据信写了一篇关于《孙子兵法》的简短文章；而曹操——诸葛亮的早期对手，则是《孙子兵法》的主要注家。曹操和诸葛亮都是中国家喻户晓的人物，善于用兵和使诈。《孙子兵法》和《三国演义》令中国人痴迷的程度直至 21 世纪也未曾削减。《孙子兵法》和《三国演义》对毛泽东产生了巨大影响，最近播放的投资巨大的电视连续剧《三国演义》吸引了大量中国观众。《孙子兵法》的连环画在中文世界销量巨大，而研究孙子的中文、日文和英文网站也持续增加（2002：xiv－xv）。闵福德特别在注解 12 中列举了分别译自新加坡、中国台湾和大陆原文本的三种《孙子兵法》连环画英译本，并提到质量最差的是译自浙江人民美术出版社的六卷本，但这些也是孙子作为流行文化的有趣例子（2002：xxxii）。其意识形态立场已露端倪。

其次，闵福德认为《孙子兵法》是中国最重要的谚语书之一，原因是“它影响巨大的观点已经渗透到中国文化的方方面面，正如亚瑟王的传说和理念已渗透到欧洲文化的方方面面一样”（2002：xvii）。闵福德（2002：xv）分别撷取了一些“谚语”以资类比：“善为士者不武，善战者不怒，善胜敌者不与。”（《道德经》，第 68 章）“不战而屈人之兵，善之善者也。”（《孙子兵法》，第三篇）“攻心为上，攻城为下；心战为上，兵战为下。”（《三国演义》，第 87 章）“中国古代大军事家孙武子说：‘知彼知己，百战不殆。’我们不要看轻这句话。”（《毛泽东选集》，第一卷）令笔者颇感困惑的是，《道德经》和《孙子兵法》成书时间之先后学界尚未有定论，究竟是孙子的思想影响了老子，还是老子的思想影响了孙子？这仍然是个有待商榷的问题。闵福德把老子之言放在首位，分明是认为老子的思想影响了孙子。这岂非与其本人的观点相矛盾吗？那么，闵福德择取这些“谚语”的用意何在呢？闵福德接下来讲述了《史记·淮阴侯列传》中韩信忍胯下之辱的故事。闵福德总结道：“韩信为什么能成为一名出色的将军，因为他能忍，尽管当时他还是一个普通人。”（2002：xv－xvi）基于上述随感式的“分析”，闵福德断言道：“诸如此类的思维方式，诸如像‘空城计’之类在战争和冲突中使用的心理战略，属于与我们所有人息息相关的人类行为领域。它们不是象牙塔内的纯粹哲学。一点都不令人奇怪，它们竟然已经充斥于中国流行文化的方方面面。”（2002：xvi）为了进一步证明，闵福德写道：“举例而言，中国文化的精髓部分，武术，也基于此种观点之上。”（2002：xvi）闵福德列举了杨式太极拳练法十要中的第六要诀“用意不用力”和少林拳谚“声东击西、虚实兼用、刚柔相济、乘势飞击、出手无情、击其要害”以资佐证（2002：xvi）。在此基础上，闵福德作了概括性的分析："如果我们追本溯源，我们会发现类似的观点贯穿于道家典籍和《易经》中。当我们阅读《孙子兵法》时，我们面对的是一系列相互关联的事物：古代文本与中世纪的事件；孙子的论文、历史与小说；注释与传说；理论与实践。我们面对的是这样一本书，它影响了中国流行文化史，从中世纪的娱乐文化到当代中国国家电视台的流行媒体。"（2002：xvi－xvii）

至此，闵福德把"诈术"思想等同于中国流行文化的概念转换正式完成。他以文化解读为手段，实质上重复了历史上东方主义者所宣扬的"狡诈是中国人的文化传统"这一观点，只是手法更加隐蔽，解读的载体变成了《孙子兵法》而已。

5.1.3 闵福德对春秋时期诸子思想与《孙子兵法》关系的"意识形态"误读及其"泛西方意识形态化"践行者身份

以《孙子兵法》为代表的春秋兵学对先秦哲学思想的形成与发展有着巨大的贡献。它的功利精神与孔子继承传统而来的道德信仰构成了中国文化的两大源头（张涅，2004：25）。但闵福德却对春秋时期诸子思想与《孙子兵法》之关系进行了先前西方英译本译者不曾有过的"意识形态"误读与曲解。"意识形态"一词源于希腊语 idea（观念）和 logos（学问），原意是观念的学问，即追溯观念产生对外界事物的认识的学问。之后出现不同的理解，最后演变成马克思主义的社会意识形态的略称，指社会经济形态在意识上的反映（冯契，2000：893）。闵福德的"意识形态"误读包括两个方面：从个人心理因素来看，闵福德继承了历史上西方东方主义者们的误读观念；从社会心理因素和意识形态观念来看，闵福德代表了当今西方社会相当一部分研究中国文化的知识界人士对当今中国国家意识形态的曲解与贬抑，这一群体竭力把中国文化的阐释权与话语权纳入西方国家意识形态所制约、所规范的轨道和目的中来进行，把他们所尊崇的西方国家意识形态泛化、过度化、绝对化，以西方国家意识形态为标准来曲解非意识形态的文化社会现象。这一点从闵福德之行文以及在行文中对西方学者的引述及注解中已然明了。其具体表现如下：

1. 把孙子思想与儒家思想对立

闵福德认为：《孙子兵法》中所反映出的孙子思想与儒家思想有着根本的不同。对儒家的君子而言，战争是邪恶的，但如果战争不得不发生，则关键是伦理问题，即战争是否正义，统治者是否得到了人民道义上的支持（2002：xxi）。为证明其观点，闵福德引《荀子·议兵篇》临武君与荀子的对话以资佐证。其所引如下："临武君曰：'兵之所贵者执利也，所行者变诈也。善用兵者，感忽悠暗，莫知其所从出。孙吴用之无敌于天下，岂必待附民哉！'孙卿子曰：'不然。臣之所道，仁者之兵，王者之志也。君之所贵，权谋执利也；所行，攻夺变诈也；诸侯之事也。仁人之兵，不可诈也……'"（2002：xxi－xxii）此处，闵福德误读有二：其一，儒家思想认为战争是邪恶的。实际上儒家思想并不反战，反对的只是不仁不义的非正义战争。对此，《荀子·议兵篇》有清晰的阐述。荀子的学生质问荀子：既然你论兵强调以仁义为本，仁者爱人，义者循理，又何必用兵？荀子答曰："非汝所知也，彼仁者爱人，爱人，故恶人之害也。义者循理，循理，故恶人之乱也。彼兵者，所以禁暴除害也，非争夺也。故，仁人之兵，所存者神，所过者化；若时雨之降，莫不说喜。是以尧伐欢兜，舜伐有苗，禹伐共工，汤伐有夏，文王伐崇，武王伐纣，此两帝四王，皆以仁义之兵行于天下也。故，近者亲其善，远方慕其义；兵不血刃，远迩来服；德盛于此，施及四极。"（杨柳桥，1985：399）其二，闵福德再次偷换概念，以临武君的观点代表孙子的观点。正如上文所述，孙子认为战争必须是"唯民是保"的有道之战。孙子阐明了"道"的内涵，提出"善用兵者，修道而保法，故能为胜败之政"（《孙子兵法·形篇》）。修明政治，遵守法纪，是战争取胜的前提。这一思想，与儒家主张开明政治、信守礼乐制度的思想颇有相似之处（曾广开，1999：66）。关于这一点，《孙子兵法》的代表性译作——格里菲斯的 1963 年译本清晰地阐述道：国家上下团结一心被孙子认为是战争取得胜利的首要条件，而欲上下同心，则政府须致力于人民的福祉且不压迫他们。孙星衍评价"孙子的理论建立在'仁义'之上"是非常公允的（Griffith，1963：39）。闵福德在翻译中，亦参考了格译本，但为何仍下此断语？综上分析，笔者认为，闵福德仍沿用了东方主义的意识形态思维方式，以互文性的手法，试图给西方读者留下这样一个印象：就连中国的儒家思想对孙子也是持否定态度的。

2. 通过贬抑法家思想达到贬抑孙子思想之目的

闵福德对法家思想直接采用了意识形态的贬抑方法。闵福德写道："正是由于商君和韩非子的思想在秦国的成功，才使得秦国在公元前221年得以对全中国施行短暂的残暴的极权统治（2002：xxi）。孙子分享（有人认为，滥用）了很多道家的基本概念，所谓的法家（商君、韩非子）也是如此。……他们以道家思想为基础，发展出一套令人恐惧的极权国家理论。""《商君书》第十章'战法'引用了一系列孙子的原话。当我们阅读这本书时，不应忘记这一联系。"（2002：xxii）查"战法"全文，直接引用的孙子原话只有一句，即"若其政出庙算者，将贤亦胜，将不如亦胜"（商鞅，1993：125－129）。可见闵福德断语极不严谨。他站在个人意识形态的立场上对西方读者进行了误导，扭曲、篡改了孙子思想。

3. 通过庸俗化曲解道家思想达到贬抑和丑化孙子思想和中国文化之目的

在其译本导论《诡诈与欺骗之道，权力与权宜之道》中，闵福德从《孙子兵法·九地篇》"将军之事，静以幽，正以治，能愚士卒之耳目，使之无知"之句开始，依然采用互文性的手法，引用多位西方学者的原话来阐述孙子思想与道家思想之关联。

闵福德把"静以幽"译成"still and inscrutable"，据《牛津现代高级英汉双解词典》，"inscrutable"意为"that cannot be understood or known; mysterious"。闵福德从"inscrutable"入手开始了他的贬抑。闵福德引述美国著名汉学家 Burton Watson 的观点道："道家的圣人远离世俗社会，进入一神秘先验之领域。法家的统治者同样如此，他们避免与下属接触，居深宫，隐藏他们的真实动机与欲望，在他们周围罩上一层神秘的光环。"（2002：xxviii）联想到上文闵福德对法家之称谓，其贬抑之心溢于言表。根据萨义德的观点，闵福德所论已脱离了纯粹知识的范畴而进入政治知识的领域了，即闵福德所言已非纯学术的，而是带有个人偏见的话语了。

另外，闵福德通过抨击道家“采阴补阳”之术来丑化孙子思想。闵福德抨击道：“在炼丹的幌子下，‘采补术’的实践者们把妇女作为提高男性性能力和达到长生不老的工具。”（2002：xxviii）闵福德引用荷兰学者兼外交官高罗佩（Robert van Gulik）的话谴责道：“有关‘采补术’的道家教义极不道德，……这些教义的目的以牺牲性伴侣为代价来获得超自然的能力。”（2002：xxviii）但“采补术”早在中国东汉末年就被原始道教创立人之一、著名学者魏伯阳在其巨著——被历代道教誉为“丹经之王”的《周易参同契》中斥为歪门邪道。此术虽说也是古人在长期的历史中总结出的养生之法，放在恰当的位置，可以发挥一些好的作用，但世人以此为修道之法，却是荒谬绝伦的。此法多讲采阴补阳之术，其结果无一不是抱薪救火，火上加油，搅乱元气，伤身害道。尤其是那些涉世未深的年轻学者，极易受此法愚弄。因此，不仅魏伯阳怒斥此法，历代道教高人莫不对此嗤之以鼻，深恶痛绝（徐兆仁，1993：24，63－65）。那么，闵福德是如何把“采补术”与《孙子兵法》联系在一起的呢？闵福德举出了论述“采补术”的《素女经》为例。他把《素女经》使用的语言与《孙子兵法》作了类比，指出：《素女经》是用《孙子兵法》的语言来表达的，采用了孙子获胜的谋略，两者如此相似以至于中国读者在阅读此书时也许无从分辨他们阅读的是《素女经》还是《孙子兵法》（2002：xxviii）。闵福德通过高罗佩之口总结了两者的共同点：首先，必须保存自己的力量，同时利用对手的力量；其次，先佯装向对手屈服，以便出其不意地将其消灭（2002：xxix）。这样，对“采补术”的贬斥就变成对《孙子兵法》和中国文化的贬斥了。

5.1.4 对闵福德误读形式及其译者身份的反思

译者的翻译受到诸多方面的限制：译者自身的意识形态，译者对目的语所怀有的优越感或自卑感，流行的诗学规则，源语，占统治地位的社会制度及意识形态对译者的期望，译作潜在的读者群（Álvarez & Vidal，2007：6）。闵福德的误读形式，明显是其西方中心主义文化观的反映，在其译者身份上具体表现为：表面上的人本主义者，实质上的东方主义者与

"泛西方意识形态化"误读者。

闵福德基于其个人意识形态对《孙子兵法》的误读明显得到了西方社会主流意识形态的肯定，这一点从企鹅出版公司在闵译本扉页上所写的赞语及 Sonshi. com 对闵译本的充分肯定就可以看出。联想到美国有线电视新闻网 CNN 主播辱华事件及西方多个著名新闻媒体对中国的歪曲报道，以及奥运火炬在西方国家传递时所受到的种种阻挠，我们不难发现西方主流意识形态对中国"误读"之深，闵福德对《孙子兵法》的误读只不过是西方主流意识形态对中国文化误读的潜意识表现而已。萨义德（1999：14）早就指出：我们可以说，首先，民众社会在不同知识领域中所确认的政治内涵具有不同的层级。在某种程度上说，某一领域所具有的政治内涵来自于它可以被直接翻译为经济话语的可能性；但在更大的程度上说，政治内涵来自该领域在政治社会中与可以确认的权力来源之间的紧密联系。《孙子兵法》作为复译对象，其"政治"上的意义比"军事""文化"或"文献"上的意义对闵福德而言更具有优先性，这正是其身兼多重文化政治身份的原因所在。

5.2 语境重构与文化误读

5.2.1 问题的提出

人类学家霍尔（Hall）认为：广义而言，人与人之间的交往可分为低语境和高语境交际系统。低语境交际强调意图或意义如何最好地通过清晰的言语信息表达出来。高语境交际强调意图或意义如何通过语境和言语信息的非言语渠道最好地传达出来。总体而言，低语境交际指直截了当的言语交际模式——直截了当的交谈，非言语的直观性（nonverbal immediacy），言语发出者导向的价值观（言语发出者承担起清晰交际之责任）。在低语境交际中，言语发出者被期待担负起构建听者能轻易解读、清晰、有说服力的信息的责任。相反，高语境交际指非直截了当的言语交际模式——自我谦避的交谈，非言语的微妙含意（nonverbal subtleties），诠释者导向的价值观（信息的接受者或诠释者承担起推导出信息隐含意义或语境意义的责任）。在高语境交际中，信息的听者或诠释者被期待“能领悟言外之意”，能精确地推导出言语信息的隐含意图，能观察到伴随和充实言语信息的非言语的细微差别和微妙不同。当我们使用低语境交际时，我们强调传递出个人想法、观点和情感的清晰的言语信息的重要性。当我们使用高语境交际时，我们强调作为交际背景的多层次语境（比如历史语境、社会规范、社会角色、情境和关联语境）的重要性（Ting-Toomey，2007：100 – 101）。中国等亚洲国家的文化属于高语境文化，而美国及大部分西欧国家的文化属于低语境文化（Hall，1976：74）。汉语典籍是典型的高语境文化的产物，其特色为言简意赅、寓意深刻、互文性强、根隐喻及其衍生与本土文化紧密相关，所含信息的很大一部分储存在语境内（姜欣等，2009：49）。汉语典籍之高语境特征导致典籍英译时互明认知环境之差异。在汉文化语境中原作者和原语读者彼此都明白的信息或事实，在英语文化语境中并不是英语读者彼此都明白的信息或事实。故就理解而言，译者在阅读汉文化典籍时，由于汉语典籍承载的深厚文化积淀，译者无可避免地要采取基于语境的理解方式，此语境以译者和原语读者共同的互明认知环境为基础；而译成英文时，译语读者习惯的是基于言语的理解方式，其语言风格是言语表达的直截了当。根据人类交际行为的经济原则，言语表达的直截了当符合人们以尽可能小的认知努力获得最大的认知效果之期待。这就需要译者在英译时根据低语境交际的特点进行语境重构，以满足译语读者认知期待。翻译本质上是以语言符号转换为形式，以意义再生为任务的跨文化交流活动（许钧，2003：196）。这一跨文化交流能否成功，语境重构至为关键。如译者语境重构不当，就不可避免地会导致文化误读的发生。原因在于：某一特定话语之诠释所依赖之语境，如不同于交际者所设想之语境，就会造成语境的不匹配，从而导致误读（Gutt，2004：77）。笔者想要追问的是：从跨文化交流的视角来看，评判语境重构不当和误读的标准是什么？

5.2.2 典籍英译语境重构之内容：语境假设与语境效果之辩证同一性

欲厘清评判语境重构不当之标准，就须先厘定何为语境。语境指上下文或人、事、物存在于其中的各种有关情况、来龙去脉、背景、环境（陆谷孙，2009：397）。Georgakopoulou 从语言学和认知的视角把语境分为四种类型：①情境语境：交际参与者、交际目的、交际者的社会角色和地位、具体场合、社会场景；②文化语境：语言社区规范、言语行为的类型、交际主题；③语言语境：上下文；④认知语境：有关习俗、制度和规范的知识，共享假设，推知过程（李运兴，2010：63）。语言语境、情境语境、文化语境三者呈内包关系，即语言语境包含在情境语境中，情境语境又包含在文化语境中。但无论是语言语境、情境语境还是文化语境均不可能独立存在于语言使用者的认知之外，“与其说语境是世界和上下文本身，不如说它是世界和上下文中的有关特征在交际者头脑中形成的知识积累”（李运兴，2010：70）。即便是基于经济原则的直截了当的言语表达亦是如此，因为“使用中的词汇所表达的概念可以远不只该词汇的编码意义，这个概念可以是其字面意义的放宽，也可能是缩水……语言编码意义仅仅是推理交际的起点，是说话人意向意义的指示性线索而已”（Wilson，2001：1－16）。同样，“对大部分句子来说，理解中根本不存在零或无语境；就我们的语义能力而言，我们只能根据一系列对该句子可能合适使用的语境所做的背景假设才能明白其意义”（Searle，1979：117）。故从认知的角度来看，语境是一种心理构念，是听话人对世界系列假设的一个子集。正是这些假设而不是世界的真实状态影响着对于话语的诠释（Sperber & Wilson，2001：15）。正是在此意义上，我们说语境是动态的，而不是静态的；语境是选择的，而不是给定的。当听话人诠释某一特定话语所依赖的语境与说话人预期的语境不同时，误读便产生了，这是由语境的不匹配造成的。如何确保听话人使用的语境总是与说话人设想的语境一致呢？既然交际双方肯定共享至少一些关于世界的假设，他们应当仅用这些共享的假设来对话语进行诠释。然而，答案却非如此。因为新的问题随之出现：说话人和听话人要把他们共享的假设与他们没有共享的假设区分开来。为此，他们必须就自己共享了哪些最基本的假设进行又一轮假设；但随后他们又需保证自己共享了这第二轮的假设，因此，又需要第三轮的假设。如此反复永无答案（Sperber & Wilson，2001：17）。为解决这一问题，交际双方作出语境假设时就需要找到一稳定的忠实参照物，这一参照物应能为交际目的之达成提供双方互明的参数。那么，在典籍英译中，这一稳定的忠实参照物该如何确定呢？

汉文化作为高语境文化，其理解强调作为交际背景的多层次语境之重要性，而从认知的视角来看，既然无论是文化语境、情境语境还是语言语境，其特征均可通过在交际双方大脑中形成的认知积累相互关联，那么，这一稳定的参照物可以通过交际双方共同的关联期待在认知语境中获得。关联理论认为：交际是涉及信息意图和交际意图的一个明示—推理过程。明示与推理是交际过程中的两个方面，从说话人的角度来说，交际是一种明示过程，即把信息意图明白地展现出来，而从听话人的角度来说，交际又是一个推理过程，推理就是根据说话人的明示行为（比如话语），结合语境假设，求得语境效果，获知说话人的交际意图（何自然，2001：F25）。信息意图指交际者通过产生某种明示刺激让一系列假设显现或更加显现给听话人的意图；交际意图指交际者通过产生某种明示刺激实现某种信息意图且同时意欲把交际者有此信息意图这一事实明白无误地显现给交际双方的意图（Sperber & Wilson，2001：58，61）。当刺激以言语形式出现时，其在蕴含的新信息 P 与现存的旧信息 C 结合基础上的推论是 P 在 C 中的语境化。这种语境化可以产生语境效果。语境效果表现为从语境中消除一些假设，加强或减弱语境中一些假设的强度（Sperber & Wilson，2001：108，117）。个人的语境效果就是认知效果。语境效果分为三种情况：①新信息加强了现时的语境假设；②新信息与现时的语境假设出现相互矛盾或抵触；③新信息与现时的语境假设相结合，产生了语境隐含（何自然，2001：F26）。徐盛桓（2002：6）针对认知语境的特点作了精辟的概括：关联理论认为，语境是动态的，对语境的选择与认定可能因人而异。语境是推理的依据，又是推理的结果，从而建立起语境设想、语境效果的概念。某一语境以命题形式作为语境设想，它可以作下一步推理的依据；作为语境效果，它又是推理一定阶段达至的理解。因此，可以做出这样的抽象：语境作为推理的先决要求和可能达至的语境效果，在理解进程中分化为语境 1、语境 2……语境 *n*。对语境 1、语境 2……语境 *n* 进行抽象，最一般、最显著、最普遍的共同特性是同被推理的对象必定关联。这样，“关联”的概念就被抽象出来，成为该过程中语用推理的最一般先决要求。当这里的“关联”同人们认知活动中的优化思维方式联系起来时，就进一步概括为交际关联原则，被认定为对语用交际行为的最一般先决要求的理性重建，构成语用普遍性特征的一个基础。交际关联原则指每一个明示的交际行为都应设想为它本身具有最佳关联性。最佳关联就是话语理解时付出有效的努力之后所获得的足够语境效果（何自然，2001：F29）。关联性是制约演绎推理的原则，而语境效果是衡量关联性的一个必要条件，二者之间成正比关系，即在同等条件下语境效果越大，关联性就越强。然而，语境效果不是衡量关联性的唯一因素，还需要人们处理信息时在心理上付出一定的努力。这样一来，在其他条件相同的情况下，努力与关联性之间成反比关系，即付出的努力越多，话语的关联性就越弱；如果理解话语时心理上无须付出太多的努力，那就说明话语具有最大的关联性，会因而取得最大的语境效果（何自然，2001：F26 - F27）。

交际关联原则对于语境重构的意义在于廓清了语境效果和认知努力之间的关系，使我们对于明示—推理交际过程中推理的逻辑内涵有了清晰的认识。推理的目的在于获得足够的语境效果，而同一话语的语境效果之所以因人而异，除了交际者与不同的诠释者之间双方互明的认知环境不尽相同之外，诠释者付出的认知努力也是重要原因。而认知努力付出的大小又与语境假设的选择有着密不可分的关系。Gutt（2009：76）指出：要想交际成功，在推理有待诠释的文本或话语时必须与正确的即说话人设想的语境假设相结合。我们称这种交际情境为主交际情境。然而，由于各种原因，在诠释时，诠释者未能使用交际者希冀的语境假设，而是用了别的语境假设。我们称这种交际情境为次交际情境。在绝大多数情况下，次交际情境会导致误读。诠释者为什么会对某些语境假设情有独钟，而对某些语境假设视而不见？根据交际关联原则，原因在于：诠释者认为这些语境假设与有待解释的话语存在最佳关联，尽管这些语境假设并不是交际者设想的语境信息。诚如何自然、冉永平（1998：94）所指出的：话语的内容、语境和各种暗含，使听话人对话语产生不同的理解；但听话人不一定在任何场合下对话语所表达的全部意义都得到理解，他只用一个单一的、普通的标准去理解话语，这个标准足以使听话人认定一种唯一可行的理解，这个标准就是关联性。因此，每一种明示的交际行为都应设想为这个交际行为本身具有最佳的关联性。基于此，就典籍英译而言，我们可以推断出，不同的译者对同一典籍有不同的诠释，原因有二：其一，不同译者原有的认知语境各不相同，在诠释同一话语时，他们基于相同的言语刺激形式，结合自身的认知结构（逻辑知识、百科知识和语言知识）做出语境假设进行推理，但由于不同的译者与原作者及原语受众共享的互明认知环境不可能完全一致，故其推理获得的语境效果与语境隐含各异；其二，即便不同的译者与原作者及原语受众共享的互明认知环境完全一致，不同译者对于同一言语刺激形式的诠释也不可能完全相同，这是由交际的内容和方式所决定的。明示推理交际行为指说话人产生一个刺激，把说话人意在通过这个刺激让系列设想[①]显现或更加显现给听话人的事实，互显给交际双方（Sperber & Wilson，2001：63；译文引自王建国，2009：14）。其中，刺激是要达到认知效果的外在现象（王建国，2009：153），而通过刺激互显的系列设想是个人对现实世界（与虚构、愿望或表征的表征对照而言）表征的思想（王建国，2009：2）。思想不能转移，人类交际的效果也不能通过其他任何方式获得（王建国，2009：1）。设想是关于说话人信息意图的（王建国，2009：175），是信息，其中包括事实、当作事实叙述的可疑设想、假设想，都是信息（王建国，2009：2）。在此意义上，理解可被定义为一个识别说话人信息意图的过程（王建国，2009：177）。因而，我们可以肯定，信息意图中要显现或更加显现的系列设想才是说话人要交际的内容，这些设想是思想，是概念表征，也是信息。由于思想（设想）不会转移，这些设想会被听话人选择，并在推理中扩展、充实成听话人意义（王

---

① 关于assumption之中译，何自然、冉永平与赵彦春译为“假设”，徐盛桓与王建国译为“设想”，在本书中，两译文同义。

建国，2009：14）。然而，听话人选择系列设想中哪些设想作为推理之依据，则取决于听话人对于最佳关联性的判断。即便不同的听话人选择了相同的设想，这些设想也会在听话人各自的推理过程中经过扩展、充实后体现在明示的语言选择上，呈现出语言的变异性。之所以说听话人选择哪些设想作为推理之依据取决于听话人对于最佳关联性的判断，是由于听话人理解话语的目标是识别交际者的信息意图，不能把最佳关联假设看作是有理性的交际者应该达到的目标，交际者也不需要遵循关联原则。交际原则只是描述一个明示交际行为的内容，明确该交际行为的部分内容是一个假设，即假设这个交际行为与听话人是有关联的。交际原则不具有规定性（Sperber & Wilson，2001：271）。基于此，关联理论的创立者 Sperber 和 Wilson 在其专著《关联性：交际与认知》第二版中对最佳关联假设作了修改，因为“不管听话人会产生什么样的需求，我们不可能总是希望说话人生成最大关联性的话语，他也许不愿意或不能够提供最关联的信息，或者以最恰当的方式呈现该信息……最佳关联这一概念的提出是为了研究，根据话语理解时所付出的努力和语境效果，受话者应该产生什么样的期待。根据关联的交际原则，每个明示的交际行为都应设想为它本身具有最佳关联性。在第一版中，Sperber 和 Wilson 指出，寻找关联主要指最低限度的关联（即满足说话人的期待），只要找到关联就不再找了。但在新版中，他们认识到，一个话语的关联性可以比期待的关联要大。为了取得完满的语境效果，在寻找关联的过程中，要进一步追求较高层次的关联。于是，他们提出了修改以后的最佳关联假设”（何自然、冉永平，2001：38）。修改后的最佳关联假设为：①明示刺激具有足够的关联性，值得听话人付出努力进行加工处理；②明示刺激与说话人的能力和偏爱相一致，因而最具关联性（Sperber & Wilson，2001：270；译文引自何自然、冉永平，2001：38）。“值得听话人付出努力”与“明示刺激与说话人的能力和偏爱相一致”都表明修改后的最佳关联假设突出了听话人与说话人在处理明示刺激中的核心作用，因为一切影响交际的语境假设都须通过说话人与听话人进入交际过程方能产生语境效果。而在典籍英译中，译者兼任了听话人与说话人之双重角色。一方面，译者作为原作者意向中的读者，会选择原文明示刺激系列设想中他认为值得付出努力的设想作为推理依据，进而在推理中扩展、充实成译文；另一方面，作为译文的作者，译者的译文明示刺激显示的系列设想和互显系列设想的方式无疑是其能力与偏爱的反映。理解本身就由从语篇词语中重构语境的过程构成（Bell，1991：110）。原作者通过原文语篇词语之明示刺激显示的系列设想与译者原认知环境相结合，经译者潜意识地依据最佳关联原则推理后，构成了处理新信息的认知环境。当新的经历添加到潜在的语境之中时，由话语信号建立的新设想和在此之前已被处理的旧设想就会进行结合和运算，构成新的语境（王建国，2009：111）。被用来处理新设想的语境本质上而言就是认知个体系列旧设想中部分旧设想构成的一个子集，新设想与该子集中的旧设想相结合，从而产生多样化的语境效果（Sperber & Wilson，2001：132）。笔者想要追问的是：在如此众多的语境设想中，译者是如何潜意识地依据最佳关联原则进行选择与处理的呢？

5.2.3 典籍英译语境重构之方式：基于忠实原作者信息意图之语境顺应

综上所述，译者英译典籍之过程经历了两次不同的语内交际过程：第一次是作为原作者之意向读者的译者与原作者发生的原语语内交际活动，第二次是译者作为译文作者与意向中的译文读者发生的译语语内交际活动。那么，在第一次语内交际中，作为原作者意向读者的译者是如何潜意识地依据最佳关联原则，对原作者通过言语明示刺激显现的系列设想进行选择的呢？Verschueren 认为，这是由语言使用者的语境相关因素对于语言使用者的意识凸显程度来决定的。意识凸显是一认知概念，用来指明示刺激的任一方面，该方面相对于明示刺激的其他方面而言对于语言使用者比较独特、比较重要、比较明显（马萧，2012：93）。意识凸显暗示这样一个事实：在认识到意识总在发挥作用的同时，不是发生在言语行为中的每件事都在意识中占据相同的地位（Verschueren，2000：173）。任何在言语行为中发挥作用的语境相关事物都必须经过认知的处理。语用学试图解决的至关重要的语言选择过程和相应的认知过程都从属于不同的认知处理方式。需要特别指出的是，无论是语言选择还是认知处理都基于不同的意识凸显程度。语言选择和认知处理可能是完全有意识的，也可能是完全无意识的，在完全有意识和完全无意识之间又存在多种可能性（Verschueren，2000：175，183）。根据最佳关联原则，每一种明示的交际行为都应设想为这个交际行为本身具备最佳关联性。就典籍英译而言，译者面对原文的明示刺激，以自己潜意识中所认为的最佳关联性为依据对原文明示刺激的系列设想进行选择。译者之所以从众多系列设想中选择某些设想作为其推理依据，完全是因为这些语境设想对于译者而言的意识凸显程度要比其他设想对于译者的凸显程度要高，当然这些设想可能是事实，也可能是当作事实叙述的可疑设想或假设想。当译者基于其与作者互明的认知环境，结合这些设想对原文的言语明示刺激进行推理且获得足够的语境效果时，译者之理解便以语言选择的形式，即译文的形式呈现在译文意向读者面前。该语言选择传达的明示刺激与译者的能力和偏爱是相一致的。但值得注意的是，既然译者的语言选择是以译语的表达方式展现出来，那么译者首先必须考虑的是如何通过语言选择把信息意图明白地展现出来。为此，译者在进行语言选择时，就必须基于其与译文意向读者共有的认知环境，选择包含对译文意向读者意识凸显程度高的语境设想的语言表达。换言之，该语言表达要实现译者的交际目的，就必须符合译语语言规范。至此，我们不难发现：原作者通过原语明示刺激显现或更加显现给意向读者的一系列设想，其实是原作者对其外部真实世界即情境语境和文化语境的认知反映；而译者通过译语明示刺激显现或更加显现给意向读者的一系列设想，不但是原语情境语境和文化语境的认知反映，同时也是译语情境语境和文化语境的认知反映，严格地说，是原语文化语境和译语文化语境诸多因素交互作用之结果在译者意识中的反映。具体哪些语境因素对译者的选择发挥了关键作用，哪些语境因素对译者的选择发挥了次要作用，哪些语境因素对译者的选择没有发挥作用？这取决于译者的意识凸显程度。尽管语境似乎无所不包，但只有当语境因素在译者意识中被激发后，它们才会发挥作用（马萧，2012：101）。就理论上而言，每个语境因素在译者意识中因意识凸显程度之层级不同而占据了不同的地位，其地位呈从强意识凸显到弱意识凸显状层级分布。实际上，只有那些进入译者大脑并引起译者高度重视的强意识凸显之语境因素才能决定译者对于原文本特征、目标文本规范和翻译策略之选择，而弱意识凸显语境因素发挥次要作用，甚至由于译者的忽视而根本没有发挥作用就直接被过滤掉。此外，语境相关因素之层级地位不是固定的，而是动态变化的。某一因素在某一具体情境下会发挥关键作用，而在另一情境下可能会被译者忽视而不发挥作用。语境相关因素之层级地位会因顺应变化的情境而被打乱重组。比如，译者的翻译意图和顾客或委托人的指示或规定会上升占据意识凸显的高层级地位，成为决定译者选择的关键因素（马萧，2012：102）。基于此，笔者想要追问的是：在典籍英译中，对译者选择起决定作用的语境因素该如何确定呢？

要回答这一问题，就必须回到译者应当承担的责任上来。国际译联《译者章程》第一部分“译者通责”的第四条明确规定：译文必须忠实，必须准确传达原作的思想和形式——这种忠实既是译者的道德责任也是其法律义务。从跨文化交际的角度来看，理想的忠实应当是译语交际行为忠实于原语交际行为。然而由于任何设想、显现方式、互显方式的存在都建立在共同的认知环境之上，而原作者和译语读者难说有共同的认知环境，且译者和译语读者之间的交际过程是第二交际过程，原作者做出的设想对译语读者来说不具有对象性。因而，第二交际不可能完全复制第一交际（王建国，2009：42）。那么，在这个跨文化交际行为中，忠实的落脚点在哪里呢？以系统、准确地将中华民族的文化典籍译成外文为目的的《大中华文库》总序指出：“我们一方面对外国学者将中国的名著介绍到世界上去表示由衷的感谢，一方面为祖国的名著还不被完全认识，甚而受到曲解而感到深深的遗憾。……还有许多资深、友善的汉学家译介中国古代的哲学著作，在把中华民族文化介绍给全世界的工作方面作出了重大贡献，但或囿于理解有误，或缘于对中国文字认识的局限，质量上乘的并不多，常常是隔靴搔痒，说不到点子上。”（杨牧之，2007：1）这段话提醒我们，忠实的最基本的要求在于理解正确，不能误读和误译。根据上文语境重构内容之分析，译者之理解乃译者识别原作者信息意图之过程，同时也是译者推理至一定阶段所达到的语境效果。信息意图中要显现或更加显现的系列设想才是原作者要交际的内容，这些设想是思想，是概念表征，也是信息。由于思想（设想）不会转移，这些设想会被译者选择，并在推理中扩展、充实成言语表达之意义。故在关联理论视角下，“意义不再是一成不变的常量了，而成了变量，是因人而异的。同样一句话，或者说同样一个语义表达式，只有每个人根据自己各自不同的认知环境进行推理后，才能产生意义，而这个最终的意义是随着每个人不同的认知环境而发生变化的”（林克难，2006：116）。而相对于意义而言，原作者通过信息意图显现给意向读者的系列设想即原作者的思想是不变的，而传递原作者思想的交际方式即信息意图也是不变的。因此，我们可以把忠实原交际简化为忠实原作者信息意图。意图的稳定性让译者在翻译时找到了稳定的忠实参照物，原作者信息意图中的系列设想则为再现原作者的信息意图提供了参数（王建国，2009：44）。那么，要不要忠实于原作者的交际意图呢？交际意图是让说话人有这个信息意图的事实互显给交际双方的意图。通俗地说，就是让说话人有这个信息意图的事实当面暴露在听话人和说话人面前，明白无误地让听话人领会说话人要达到何种目的，并按照这一目的要求去做，从而确保交际进行下去。故“交际意图本身是次要的信息意图：一旦首要的信息意图得以识别，则交际意图也就随之完成。通常情况下，信息意图的识别会导致交际意图的完成，故交际行为的完成即意味着交际意图和信息意图均已完成”（Sperber & Wilson，2001：30）。基于此，典籍英译之语境重构方式可以确定为忠实于原作者信息意图之语境顺应。

5.2.4 典籍英译语境重构之标准：忠实伦理与交往伦理之统一

综上所述，由于认知处理失误所导致的语境不匹配主要发生在原语语内交际阶段，而由于认知处理失误所导致的语言选择之失误则主要发生在译语语内交际阶段。在原语语内交际阶段，本应作为原作者意向读者的译者错误地领会了原作者的信息意图，即在原作者通过其原文明示刺激所显现或更加显现的众多系列设想中做出了错误的选择。换言之，这众多系列设想中，被当作事实叙述的可疑设想或假设想对译者的意识凸显程度竟然高于本身是事实的信息。这些被当作事实叙述的可疑设想或假设想在译者意识中被激发后，成为译者高度重视的强意识凸显设想，从而发挥决定性作用决定了译者的选择；而本身是事实的设想（信息）由于在译者意识凸显层级中呈弱意识凸显只发挥了次要作用，甚至由于译者的忽视而根本没有发挥作用就直接被过滤掉。当被当作事实叙述的可疑设想或假设想被译者以命题形式作为推理依据时，误读便不可避免地产生了。需要指出的是：译者在众多系列设想中做出错误选择虽是基于不同的意识凸显程度，但这一认知处理过程却可能是完全无意识的，或是完全有意识的，或介于两者之间。根据交际关联原则，应把每一个明示的交际行为都设想为它本身具有最佳关联。故译者在原语语内交际过程中之认知处理及其最终在译语语内交际过程中之语言选择，无论是完全无意识还是完全有意识或介于其间，就译者而言，是潜意识地具备了最佳关联性的。故笔者称这种误读为理解性误读。笔者关心的是，如何界定这种误读？如果我们知道如何界定这种误读，我们就可以以此为标准界定译者语境重构成功与否。

然而，在原语语内交际活动中，由于典籍原作者已故去，译者只能通过原文明示刺激与原作者间接交流，“译者通过研究原作者的背景信息和原文语言语境以推导出原作者的交际意图和原文本功能，这无疑影响了译者的选择”（马萧，2012：138）。而译者对原作者背景信息和原文语言语境之研究则不可避免地涉及典籍之语内翻译。即译者首先须将典籍原本由古汉语译成现代汉语，再由现代汉语译成现代英语。但实际情况是，绝少有译者能身兼两任，即便是以汉语为母语的中文专业人士，不经过长期的专业训练，想要直接读懂典籍原本也非常困难。故明智的方法是对译者认同的该典籍的某一权威注释本或现代汉语译本进行翻译，综观当世影响最大的一些典籍英译本，莫不如此（黄海翔，2008b：144）。以《孙子兵法》英译为例，西方汉学界诸多译本均以同一传本系统的《十一家注孙子》或《孙子十家注》为底本来翻译。也就是说，译者依据意识凸显程度，对原作者通过言语行为明示刺激所显现的众多系列设想所进行的认知处理和语言选择，是建立在语内翻译之注家（译者）依据意识凸显程度，对原作者通过言语行为明示刺激所显现的众多系列设想所进行的认知处理和语言选择的基础上的。语内翻译诸译者的语言选择体现了其认知处理的语境效果，从中我们得窥原文明示刺激所显现的众多系列设想中有哪些语境设想对语内翻译译者（注家）的选择发挥了关键作用。同理，典籍英译诸译者的语言选择也体现了其认知处理的语境效果，从中我们得窥语内翻译译文所显现的众多系列设想中有哪些语境设想对典籍英译译者的选择发挥了关键作用。如此，译者语言选择（译文）各异，是由于原文明示刺激或语内翻译译文明示刺激所显现的众多系列设想对于译者的意识凸显程度不同所致。那么，判断译者是否误读的问题就可以转化为判断对译者意识凸显程度高，且对译者选择有决定性影响的语境设想是被当作事实叙述的可疑信息或假信息，还是本身就是事实的信息。这就必须回到典籍英译语境重构之方式之前提——忠实原作者信息意图上来。意图，根据 Sperber 和 Wilson 对信息意图与交际意图之定义，乃“一种做事的趋势”（王建国，2009：12）。《孙子兵法》的信息意图我们可以概括为“把关于孙子军事思想的一系列设想显现或更加显现给意向读者的一种趋势”。只要译者英译之语言选择所体现出的语境效果不违背这一趋势，我们就认为该译文是可以接受的。误读之标准又该如何界定呢？

译者语境重构之方式乃忠实于原作者信息意图之语境顺应，而译者忠实于原作者信息意图是基于译者须是原作者意向中的读者而言。意向性是交际的本质特征（Sperber & Wilson，2001：64）。要知道原语作者对原语读者是有期待的，“世界上不存在没有期待性的作品”（刘宓庆，2001：80）。故译者有责任承担起原语意向读者的责任和义务，忠实于原作者的信息意图，这是忠实伦理对译者之自律要求。但现实情况是，很多典籍英译译者本身并非典籍原作者之意向读者，加之要兼顾忠实于原作者信息意图与顺应译语读者认知环境之平衡，虽其本人努力想担当原语意向读者之伦理义务，但实际上并未发挥原语意向读者之作用，导致误读的发生。故译者不仅需要忠实伦理之自律，还需忠实伦理之外之他律。那么，他律之方式何在？交际的意向性特征决定了真正的成功必须以有意向性为前提。原交际者在交际时会对意向中的受众做出设想，设想的内容受到受众认知环境的制约，也就是说，交际双方都受到意向性的制约。当译者是原作者意向中的受众时，译者和原作者之间存在交际行为；如果译者非原作者意向中的受众，他们之间就不存在真正的交际行为。作为译者，这个时候必须忠实的不仅仅是原作者，还有原作者意向中的受众，也就是说，必须忠实整个原交际行为。否则，就是割裂原交际行为（王建国，2009：43）。至此，译者在原语交际行为中除以忠实伦理自律外，还须以交往伦理他律。忠实于原作者信息意图作为一种伦理规范要求，其前提是“规范之为规范有两个基本判据，一是要合乎理性的原则，二是要得到所有相关者的同意，这样，理性论辩的方式也就必不可少”（胡军良，2010：98）。就《孙子兵法》英译而言，译者是否遵循了忠实于原作者信息意图这一规范，不单取决于译者本人之表述，还要获得所有相关者同意。笔者认为，这里的相关者应包括原作者、语内翻译之译者、原语意向读者、译语意向读者。至此，典籍英译的伦理标准由单一的个体主体忠实伦理转向个体主体忠实伦理与主体间性交往伦理之统一。“而依据交往对话而达到的认识或规范的有效性，显然又都离不开参与者背后的生活脉络，因为，要兑现交往行为的有效性要求，不仅需要经验事实，同时也需要先验的前提，这个先验的前提不是别的，而是理想化的生活世界。”（胡军良，2010：98）生活世界类似发言者与听众所遇到的先验的地方，在这种地方，他们可以相互提出要求，就是说，他们的表达与世界（客观世界、社会世界或主观世界）相适应；并且在这里，他们可以批判和证实这些运用要求，排除不一致意见，取得一致意见（哈贝马斯，1996：174）。之所以能够如此，是因为“交往行为最终依赖的是具体的语境，而这些语境本身又是互动参与者的生活世界的片段”（哈贝马斯，2005：266）。故“交往行为的主体始终是在生活世界视域内达成共识。他们的生活世界是由诸多背景观念构成的，这些背景观念或多或少存在着不同，但永远不会存在什么疑难。这样一种生活世界背景是明确参与者设定其处境的源泉”（哈贝马斯，2005：69）。交往双方都以现实生活世界为背景，即用语言把外部客观的实存世界、主体间性的社会世界和个体主体的精神世界联结起来。哈贝马斯所提出的“有效性要求”包括表达外部实存世界时，要有真实性；在人际交往中，语言使用要有恰当性（或正确性）；在个体主体表达主观精神时，要有真诚性；对语言本身的要求则是有可理解性。这样人们在交往中，就会创造出一种合理的交往环境，当人们通过交流与协商，克服彼此间的差异性而达成共识性见解时，他们就获得了一种相当于“真理”一样的东西。哈贝马斯认为在社会交往中，这种共识是可以当作真理一样看待的（吕俊，2006：152－153）。这种共识真理观就为语境重构成功与否亦即译者误读与否提供了一个新的判断标准：首先，就是不违背知识的客观性；其次，是保证理解的合理性与解释的普遍有效性；再次，是尊重原文文本的定向性（吕俊，2006：238）。下面，笔者以梅维恒教授《孙子兵法·九地篇》英译本所采取的语境重构方式为例，以交往伦理之共识真理观为语境重构之标准，对其英译的语境效果作一分析。

梅维恒在接受 Sonshi.com 采访时明确表示：“首先，我翻译中国典籍时，我总是竭尽全力地做到尽可能地精确，同时还要传达出原文风格的特征和结构的内涵。”（http：//www.sonshi.com/mair.html，笔者注：参见其对问题 1 的回答）在其译本“翻译原则”中，他对这一个人主体忠实伦理观之具体操作作了具体阐述：①过度直译并不能保证精确。②勿滥用意译。③同样的字翻译要保持一致，但勿机械。④力求传达出原作形式和实质的内涵。读者在阅读译文时，至少潜意识里意识到他在阅读从异域语言和文化翻译过来的文本，异域语言和文化有鲜明典型的特征。通顺流畅的归化翻译就等于未能传达出原作的本质特征。然而，这不是鼓吹异化中国风格或其他复杂难懂的粗鲁的行为（言语）。相反，他认为译者应当尊重原作，尽全力给原作的本质以应有的尊重与荣誉。⑤译文不依赖于其他注释或其他补充材料也应能读懂（Mair，2007：xxxv－xxxviii）。由上述译者表述不难看出，译者语境重构主观上严格遵循了忠实于原作者信息意图之语境顺应之方式，其自律意识令人钦佩。在此自律原则制约下，其语境重构能否达到其自律之效果呢？效果论认为判断行为正确与否取决于行为的结果，而结果只有在比较中方显客观（黄海翔，2011：122）。故笔者基于语境重构同一性，选取来自同一文化语境的格里菲斯英译《孙子兵法·九地篇》进行比较。格译本被联合国教科文组织列入《中国代表作丛书》，其英译以清孙星衍校之《孙子十家注》为底本，乃英语文化语境中的代表译作。梅译本以中华书局上海编辑所 1961 年《宋本十一家注孙子》影印本（以下简称《十一家注》）为底本，两底本属同一传本系统。

一、基于不违背知识客观性的比较分析

任何主体间的对话都离不开社会认识的基础，受它的检验和批判。在社会的集体记忆中凝聚着人类认识自然与改造自然的客观性认识，也包括可以看作具有客观性的社会形成的共识性规则与规范（吕俊，2006：158）。以《孙子兵法·九地篇》两译文为例：

（1）入人之地而不深者，为轻地。

梅译：When one's forces enter the territory of the foe, but not deeply, that is easy terrain.

格译：When he makes but a shallow penetration into enemy territory he is in frontier ground.

“九地”是指进攻敌国的深浅及所遇到的对战略行动有影响的不同地区的战略行动方针（郭化若，1984：116）。“轻地”是才进入敌国。孙子上文曰：诸侯自战其地，为散地。下文曰：入人之地深，背城邑多者，为重地。因此，散地、轻地、重地是兵形进攻程度逐步变深（吴承帮，2009：254）。查《十一家注》，曹操曰：“士卒皆轻返也。何谓轻返?”李筌曰：“轻于退也。何谓轻于退也?”梅尧臣曰：“入敌未远，道近轻返。”王皙曰：“初涉敌境，势轻，士未有斗志也。”何氏曰：“轻地者，轻于退也。入敌境未深，往返轻易，不可止息，将不得数动劳人。”张预曰：“始入敌境，士卒思还，是轻返之地也。”故无论从原文语言语境还是从语内翻译注家之诠释来看，梅维恒译“轻地”为“easy terrain”，实乃误译；而译为“frontier ground”则体现了尊重知识客观性原则。

（2）所谓古之善用兵者，能使敌人前后不相及，众寡不相恃，贵贱不相救，上下不相收，卒离而不集，兵合而不齐。

梅译：The so-called ancients who were skilled at waging war could cause the men of the enemy to be unable to link up front and rear, the hosts and the smaller units to be unable to rely on each other, the nobles and the commoners to be unable to aid each other, the superiors and inferiors to be unable to cohere, the troops to separate and be unable to regroup, the soldiers who come together to do so unevenly.

格译：Anciently, those described as skilled in war made it impossible for the enemy to unite his van and his rear; for his elements both large and small to mutually co-operate; for the good troops to succour the poor and for superiors and subordinates to support each other. **When the enemy's forces were dispersed they prevented him from assembling them; when concentrated, they threw them into confusion.**

“host”为古语“军队”，而“unit”为现代军语，意为“小队，分队，部队；部队单位（指独立自主的军舰、坦克或卡车等军用装备或车辆）”（陆谷孙，2009：913，2224）。梅维恒以此译“众寡”，逻辑上令人费解。“commoner”取自西方用法，意为“无贵族称号的人，平民”（陆谷孙，2009：371）。中国古代军队何来平民呢？贵贱，古时指地位高贵与地位卑微的人，如奴隶主与奴隶、封建主与农奴，这里指将官和兵卒（郭化若，1984：121）。况春秋末期等级森严，贵与贱岂可言“相救”（褚良才，2002：118）。梅译过于拘于字面，违背了知识客观性。“兵合而不齐”亦然。李筌曰：“设变以疑之，救左则击其右，惶乱不暇计。”“兵合而不齐”乃“惶乱不暇计”之后果。张预注之曰：“其兵虽合而不能一。”“不能一”是指不能协调一致，形成整齐的阵型。这是“上下不能收”之后果，即上下不相统属，不能协调一致。梅译在“上下不能收”上可以说是符合知识客观性，但在“兵合而不齐”之译上却过于囿于字面。格译也未译出“贵贱”之语境，但不悖《孙子兵法》之信息，从军事学的角度而言符合知识客观性之原则。

二、基于理解的合理性与解释的普遍有效性的比较分析

翻译活动是一种社会的理解与解释活动。社会理解是在语言中进行的，因此具有语言性，是理解者用一种清楚的语言对另一种表达社会的意义不够明确的语言进行翻译和传达，使其意义得以明确。翻译活动的另一个特点还在于译者所面对的是一种固定下来的话语，即文本，它已经脱离了话语发生时的语境，所以文本中的语境只是一种可能性的语境，是一种开放的语境。在翻译中，译者对原文话语的理解只是在这种可能性语境中

进行的对话活动，加之每个译者作为解释者参与这种对话时又有自己的文化背景和社会知识的先见与先识的前理解，因此对原文文本的理解可能彼此不尽相同。这就使得我们不可以规定出一个十分固定而且封闭的评估标准，而是选用最低限定性标准，以便使不同的理解者在满足这一最起码的条件后有一定容纳差异性的空间。只要他的理解是合理的，其解释是可以被社会其他成员接受的，就应认为是有合法性的译文了（吕俊，2006：158）。例如：

（1）兵士甚陷则不惧，无所往则固，深入则拘，不得已则斗。是故其兵不修而戒，不求而得，不约而亲，不令而信。

梅译：The soldiers and their officers will fear no pitfall whatever, so no matter where they go they will hold firm. For this reason, such forces will be vigilant even without drilling; will fulfill their duties without being importuned; will assist each other without being compelled; will be trustworthy without being ordered.

格译：In a desperate situation they fear nothing; when there is no way out they stand firm. Deep in a hostile land they are bound together, and there, where there is no alternative, they will engage the enemy in hand to hand combat. Thus, such troops need no encouragement to be vigilant, Without extorting their support the general obtains it; without inviting their affection he gains it; without demanding their trust he wins it.

梅译之语义和逻辑均没有忠实于原文意向读者。首先，孙子此处以连词“则”表承接关系。从语义上看，“则”的前后两部分一般是条件与因果的关系，《孙子兵法》中的85例无一例外（蔡英杰，2006：66）。而梅译把原文“则”表示的四个承接关系改为一个承接关系，更重要的条件之内容“甚陷”“无所往”“深入”“不得已”均被译者省略。译者以“不惧”为“无所往则固”之条件，但读者从译文明示刺激中无法获得为何会“不惧”的语境设想。再如“不令而信”之译所产生的语境设想令人困惑，“being ordered”与“trustworthy”之间有何逻辑关联呢？与之相比，格译充分体现了“则”所承接的四重条件与结果关系。其虽在“不求而得，不约而亲，不令而信”上把主语变成“the general”，但所达到的语境效果却并不悖于孙子的信息意图，可以被原文意向读者理解和接受。

（2）四五者，不知一，非霸王之并也。

梅译：If one does not know the advantages and disadvantages of even a single one of the four plus five, he cannot be the leader of the forces of a hegemon king.

格译：A general ignorance of even one of these three matters is unfit to command the armies of Hegemonic King.

梅维恒在其“翻译原则”第五条申明：译文应不依赖于注释或其他补充材料也能读懂。但其在“四五者”之译上违背了原则，这就使得读者对其主体表达的真诚性产生了怀疑，因为读者无法从其译文之明示刺激获得推理所依据之语境设想，结果就是无论译者付出怎样的认知努力，都无法获得足够的语境效果。原因就在于梅维恒本人对“四五者”之意义建构并未真正领会。查《十一家注》，曹操曰：“谓九地之利害。或曰：上四五事也。”张预曰：“四五，谓九地之利害，有一不知，未能全胜。”梅维恒机械地取曹注“上四五事”译为“the four plus five”，违背了语言表达之可理解性原则。吴承帮（2009：262－263）精辟分析了“四五者”之内涵：《计篇》中“经之以五”与“校之以计”结构相同，“五”应当同“计”一样，皆表示人类的一种认知活动。“四五者”就是对“四方面”做出的分析：①九地之变；②屈伸之利；③人情之理；④两不知一不用路况。对于这四方面情况，孙子均已在上文予以阐明并在下文作了总结。格里菲斯也未理解“四五者”之义，但他根据上下文做出了变通，以脚注指出：四五者——“（these）four or five（matters）”，此三者——“these three（matters）”。此三者即指原文上文之“是故不知诸侯之谋者，不能预交；不知山林、险阻、沮泽之形者，不能行军；不用乡导者，不能得地利”。格里菲斯在上文分别译出，上下呼应，倒也不失为一家之说，因为：首先，译者并未违背孙子之信息意图；其次，译语意向读者可以此译文（命题形式）为推理依据之语境设想，从而获得足够的语境效果。

三、基于尊重原文作品的定向性的比较分析

翻译的理解过程是主客体互为规定和相互作用的双向建构活动。尽管语境的非明确性和可能性会使其意义具有不确定性质，但这种开放性与可能性也并非毫无边际的开放与无限的可能，而只能是在一定基本向度上的开放，在一定限度的可能，从这一角度上说，文本对理解者是有规定性的（吕俊，2006：159）。例如：

（1）凡为客之道，深入则专，主人不克。

梅译：The way of being a "guest" army is to enter deeply into the territory of the enemy and to concentrate one's forces so that the "host" may not "conquer the guest".

格译：The general principles applicable to an invading force are that when you have penetrated deeply into hostile territory your army is united, and the defender cannot overcome you.

梅维恒在"深入则专"之理解上未尊重原文作品之定向性，出现误读。如上文所述，"则"表示前后两部分之条件与结果之承接关系，梅维恒译成并列关系。如不悖孙子之信息意图倒也罢了，但孙子在下文再次强调：凡为客之道，深则专，浅则散。梅维恒译为"The way of being a 'guest' is to concentrate one's forces when one has deeply entered another's territory, to disperse when one has entered shallowly"，此译给译语读者之语境设想是：进攻敌国如深入敌境深，就要集中军队；深入敌境浅，就要分散军队。这与孙子的信息意图明显相悖，故"深入则专"与"浅则散"相映照，"专"亦非"concentrate"之义。查《十一家注》，各注家对"深入则专"注释主旨一致。李筌曰："夫为客，深入则志坚，主人不能御也。何为志坚？"杜牧曰："言大凡为攻伐之道，若深入敌人之境，士卒有必死之志，其心专一，主人不能胜我也。"梅尧臣曰："为客者，入人之地深，则士卒专精，主人不能克我。"张预曰："深涉敌境，士卒心专，则为主者不能胜也。"对"浅则散"注释亦相当清晰。梅尧臣曰："深则专固，浅则散归。"张预曰："先举兵者为客，入深专固，入浅则士散。"可见，此处"专"意为"意志专一"，"散"意为"意志涣散"。格译体现了尊重原作

定向性之原则。

（2）投之亡地然后存，陷入死地然后生。

梅译：If you throw them upon forsaken terrain，they will still survive；if you sink them in desperate terrain，they will still live.

格译：Throw them into a perilous situation and they survive；put them in death ground and they will live.

梅维恒译“亡地”为“forsaken terrain”令人匪夷所思。此句乃孙子经典名句，在原语文化语境可谓家喻户晓。《孙子兵法·九地篇》所论九种不同战地中并无“亡地”，但孙子在定义“死地”时清晰阐述道：“疾战则存，不疾战则亡者，为死地。”“死地则战。”查《十一家注》，曹操曰：“必殊死战。在亡地无败者，孙膑曰：兵恐不投之死地也。”梅尧臣曰：“地虽曰亡，力战不亡；地虽曰死，死战不死。故亡者存之基，死者生之本也。”故此句中“亡地”和“死地”乃同义互解。而据 *Collins English Dictionary*，“forsaken”意为“completely deserted or helpless；abandoned”，与原文所欲传达之信息意图相距甚远，未能遵循原文作品之定向性原则。

5.3 小　结

作为《孙子兵法》英译的文化主体，译者的翻译受到诸多方面的限制：译者自身的意识形态，译者对目的语所怀有的优越感或自卑感，流行的诗学规则，源语，占统治地位的社会制度及意识形态对译者的期望，译作潜在的读者群。闵福德的误读形式明显是其西方中心主义文化观的反映，在其译者身份上具体表现为表面上的人本主义者、实质上的东方主义者与“泛西方意识形态化”践行者。

闵福德基于其个人意识形态对《孙子兵法》的误读明显得到了西方社会主流意识形态的肯定，这一点从企鹅出版公司在闵译本扉页上所写的赞语及 Sonshi. com 对闵译本的充分肯定就可以看出。企鹅出版公司评价道：

"A lively, learned introduction, chronologies, suggested readings, and other valuable apparatus round out this authoritative volume. Even those readers familiar with *The Art of War* will experience it anew, finding it more fascinating—and more chilling—than ever." Sonshi. com 评价道:"Just when we thought a new Sun Tzu 'The Art of War' translation is not needed, retired Professor John M. Minford's masterful work proved us wrong... He has a refreshingly accurate perspective on the book—a perspective we believe many modern readers of Sun Tzu lack." 由此我们不难发现西方主流意识形态对中国误读之深。闵福德对《孙子兵法》的误读只不过是西方主流意识形态对中国文化误读的潜意识表现而已。萨义德早就指出:民众社会在不同知识领域中所确认的政治内涵具有不同的层级。在某种程度上说,某一领域所具有的政治内涵来自于它可以被直接翻译为经济话语的可能性;但在更大的程度上说,政治内涵来自该领域在政治社会中与可以确认的权力来源之间的紧密联系。《孙子兵法》作为复译对象,其政治上的意义对闵福德而言比军事、文化或文献上的意义更具有优先性,这正是其身兼多重文化政治身份的原因所在。

本章以高低语境下典籍英译过程中语境重构所导致的语境不匹配引发的理解性误读为切入点,探讨了典籍英译语境重构之内容、语境重构之方式与语境重构之标准三者之间的辩证关系。笔者认为:典籍英译语境重构之内容乃语境假设与语境效果之辩证统一,典籍英译语境重构之方式乃基于忠实于原作者信息意图之语境顺应,典籍英译语境重构之标准乃忠实于伦理与交往伦理之统一。就跨文化交流之规范而言,译语交际行为应忠实于原语交际行为,即不但要忠实于原作者,而且要忠实于原语读者。就此而言,典籍英译之语境重构乃跨文化交流各方以原作者信息意图为旨归,基于其各自所处之语言语境、情境语境、文化语境所达成的主客间性与主体间性之认知的内在统一。由于对原文言语形式之明示刺激所显现的语境设想之意识凸显程度各不相同,不同译者所能领悟之语境效果各异。但只要依据其译文之明示刺激所做出的语境设想不悖原作者之信息意图,我们就认为该译者所重构的这一人工认知语境获得了成功。

第6章　《孙子兵法》英译的文化逻辑

6.1　文化翻译与文化逻辑

文化翻译是一个混乱的概念集合，中西方学界对文化翻译之定义和研究领域并无定论。蔡平（2005，2008）和迟庆立（2007）对文化翻译的不同理解作了历时性梳理，一致认为：文化翻译可以从广义和狭义两个方面理解。广义上的文化翻译实质上就是语际翻译，狭义上的文化翻译指原文中特有文化内容/因素的翻译。这就把文化翻译之研究领域限定在文化对翻译的影响以及翻译操作对文化的处理。然而何谓特有文化内容/因素呢？蔡平没有定义。迟庆立将其限定为文化负载词。何谓文化负载词？迟庆立没有定义。西班牙翻译工作者艾克西拉（Aixelá）以文化专有项命名特有文化内容/因素，她定义文化专有项为（2007：58）：在文本中出现的某些项目，由于在目标读者的文化系统中不存在对应项目或者与该项目有不同的文本地位，因此其在源文中的功能和含义转移到译文时发生翻译困难。要界定什么是文化专有项，不单取决于项目本身，而且取决于目标文化所理解的该项目在文本中的功能，这就是说，凡是目标文化中的一般读者或任何当权者觉得在意识形态或文化上不可理解或接受的，就是文化专有项。著名文化人类学家 Geertz（1973：193－200）曾写过一篇著名的文章——《作为文化系统的意识形态》，此处意识形态与文化乃同义互指。艾克西拉用“文化”来解释文化专有项，但文化指什么？以本身尚未有统一定义的文化概念来定义文化专有项，似有循环定义之嫌。这正是文化翻译令人困惑之源。蔡平（2005：76－77）概括文化翻译令人困惑者有三：

其一，文化翻译是文化转换还是文化保留？其二，文化翻译是指一种以内容划分的翻译类型，还是指一种翻译方法？其三，文化翻译的方法是以源语文化为标准，还是以译语文化为标准？有没有办法解决这一困惑？有，就是运用“文化翻译实践背后可辨的逻辑”（Conway，2012：264）。

文化逻辑是诠释者运用自然逻辑法则，并依据特定文化语境所提供的且为该文化语境所特有的逻辑前提对所处世界做出的诠释（Enfield，2000：40）。文化逻辑之所以能够产生作用是因为社会世界是一个生态复合体。在这个复合体中，由个体体现的文化意义和文化知识（语言的和非语言的）通过大家普遍可以理解的符号结构互相印证。这种人际生态复合体通过一般环境和/或特定语境下个体之间彼此互明的假设和反假设系统（a system of assumptions and counter-assumptions）在人类学和语言学的主题领域之间架起了沟通的桥梁。对于特定文化概念的共享的假设使人类群体有共同的逻辑前提可以做出预料中的可以趋集于一点的推理过程（Enfield，2000：36）。这表明：文化逻辑是基于自然逻辑法则的思维方式和认知方式，其方式是人们以基于事实的同一的假设诠释彼此的行为。实际上，以文化逻辑来指导文化翻译的研究并不鲜见，如黄海翔（2009）、徐珺（2008）、谢建平（2001）。这些论文有一个共同的特征，即均以基于事实的共享的假设为文章推演的逻辑前提。同理，要厘清文化翻译实践背后的文化逻辑，就是要首先厘清不同人类群体对于文化翻译这一概念共享的假设。而文化翻译又由文化与翻译两个概念组合而成，故我们必须厘清：首先，文化究竟指什么？在文化翻译实践中，什么被翻译了？其次，翻译描述的是何种操作？当翻译的概念不再局限于语言的重述时，发生了什么？

文化指什么？现有的各家定义见仁见智，莫衷一是。但对其逻辑意义进行梳理后，文化至少可以指三个截然不同但相互关联的观点：首先，文化指一系列被社会成员共享且被社会成员认为是理所当然的假设，这些假设建构了社会成员感知世界的方式；其次，文化指被社会赋予了特定符号意义的对象或人工制品，这些特定的符号意义清晰地体现出全体社会成员共享的假设；最后，文化指社会本身，这些社会的成员分享（或感到他们分享）着人类学意义上的共同的文化以及该文化所有的外部标志

(Conway, 2012: 265)。而“翻译”这一概念又指何种操作?就词源而言,翻译(translation)源于拉丁语 transferre 的过去分词 translātus,意为“carry across(运过来)”。这个“carry across”采取了何种形式?著名文化人类学家格尔茨(Clifford Geertz)(1973: 3 – 30)指出:文化即文本。文化人类学家把异域文化以文本形式运过来给本国读者。所谓文本形式,即文章和专著的形式。文化人类学家以书面形式对于他族文化的诠释是基于他族文化持有者诠释基础之上的诠释,是第二层次和第三层次的诠释,只有他族文化的当地人才有资格做出第一层次的诠释,因为这是他的文化。译者的身份与文化人类学家类似,其翻译操作也是基于源语文化持有者诠释基础之上的再诠释。通过再诠释,译者把源语文化与目的语文化的差异重新表达出来。故在此逻辑意义上,翻译即重写。

明晰了对于“文化”与“翻译”这两个概念共享的假设,我们就可以把“文化”与“翻译”的逻辑意义组合成对,形成一个概念矩阵,从而得出文化翻译的三种模式,如下表所示:

文化翻译的三种模式

翻译概念	人类学意义上的文化	作为符号的文化	作为社会的文化
翻译即重写	对异域诠释视域之诠释	对另一社会成员诠释某一对象或事件的方式之诠释	对把社会凝聚在一起的文化惯约之诠释

(本表引自 Conway, 2012: 266)

上表清晰地反映出在文化翻译实践中“文化翻译”这个概念实际使用的三种逻辑模式及其相互关联。作为重写的文化翻译于 20 世纪 50 年代发端于英国文化人类学,尽管当时英国人类学家们并没有普遍采用“文化翻译”这一术语。林哈德(Lienhardt)(1956: 97)曾对文化人类学家的任务这样阐述:向他者描述边远部落的成员如何思考很大程度上是翻译的问题,即通过翻译使原始思想在其存在的语言中所具有的逻辑连贯性尽可能清晰地在我们的语言中体现出来。格尔茨(1973: 5)则从符号学的角度进行了描述：文化的概念本质上是一个符号学的概念。人类处在自己结成的意义之网内。文化就好比那些网，对文化的分析不是寻求规律的实验科学而是寻求意义的阐释科学。林哈德在使用“原始（primitive）”这一术语时隐含着西方文明的先进性，而格尔茨则更具自反性（reflexive）。但两者都强调文化翻译是向一文化共同体的成员诠释另一文化共同体的成员如何诠释他们关于这个世界的体验。那么，什么被重写了呢？对于林哈德而言，是文化人类学意义上的文化本身。要理解一个社会的成员如何思考，人类学家不得不进入这个社会，通过由这个社会的信仰、风俗等提供的诠释视域来观察这个世界。但这种观点与语言学意义上的翻译发生了冲突。就语言学而言，我们之所以能理解词的意义，是因为我们以被称为文化（人类学意义上的文化）的诠释性假设的视域为背景，词为前景，文化为背景。这种关系对于翻译概念而言至关重要。翻译的意图就是在不同的语言中选词，选出的词语以不同的诠释性假设的视域为背景，以大致相同的方式在读者中产生共鸣。如果“文化翻译”指试图翻译整个诠释性假设的视域，那么我们就会遇到一个概念问题——以什么更大的视域为背景来诠释我们试图翻译的视域？换言之，语言学意义上的翻译体现了前景和背景的区分，而人类学意义上的文化重写却把前景除去了（Conway，2012：267）。如何解决这一冲突呢？方法有二：一种方法是设想不同的重写对象，另一种方法是从被观察社会的某个外部位置进行观察。第一种方法把文化翻译设想为作为符号的文化的重写，即对一个社会的成员诠释某一特定的事件、仪式、风俗、观点等的方式做出解释（Geertz，1973：9）。第二种方法是以西方现代性为诠释背景对被观察社会的诠释视域进行诠释。Ingold（1993：217－223）认为：观察和描述他者文化的能力意味着观察者能够从某个外部的位置观察它们，这就解决了前景和背景的悖论。尽管文化人类学家们努力克服种族中心主义的影响，但观察和推理以超越有限的文化视域正是以西方现代性为背景的方法。人类学家们通过诠释某一特定的对象缩小了他们试图诠释的范围，他们对这一特定对象的诠释以所谓的“普遍前提（universal reason）”为标准，而这“普遍前提”其实正是基于西方现代性的视域，只不过换了种说法而已。

综上所述，文化人类学意义上的重写在理论上有两种变通方法：一是等同于作为符号的文化重写，一是从被观察社会的某个外部位置对被观察社会的诠释视域进行的重写。而后一种方法在操作中实际上是以西方现代性为诠释背景。这其实是种族中心主义的体现，与文化人类学提倡的多元文化主义是相悖的。这就促使文化人类学家们在文化翻译的具体操作方法上由采取标准化（normalizing）和疏远（estranging）的方法转向自反性的方法。美国文化人类学家阿萨德（Talal Asad）（1986：157）提出：文化翻译应当采用能测试人类学家自身语言体现异域文化相异形式包容度的方法，以颠覆其自身文化的权威。具体表现为：标准化的方法和疏远的方法让位于自反性的方法。所谓标准化的方法就是译者对源语文化的诠释应能使目的语读者完全理解；所谓疏远的方法就是译者的诠释应能满足目的语读者对源语与目的语文化差异的预期；所谓自反性的方法，即译者应认识到：文化翻译的探讨之所以成为可能，不仅由于源语的异质性，而且由于目的语的异质性以及两者之间历史的关联（Sturge，1997：26 – 34）。可见，采用自反性的方法来从事文化翻译对译者的诠释观有着潜移默化的影响。译者不只处于目的语文化或源语文化，而是处于这两种文化交汇的部分。译者不仅是文化的协调者，而且是文化的创造者。正如美国文化人类学家 Jordan（2002：98）所言：文化翻译不是一个用文本替代文本的过程，而是与源语文化持有者共同创造文本，把活生生的现实用书面文本的形式表达出来，文化翻译正是在这种意义上对那些参与者有强烈的改造作用。

作为社会的文化的重写即对于把一个社会凝聚在一起的文化惯约的故事的重写，这些故事构成了文化惯约体系的基础。这些故事和作为符号的文化之间的区分不甚明显，只是分析抽象的程度不同而已。调查作为符号的文化意味着调查人工制品是如何被赋予意义，这些意义体现了社会成员感知世界的共享的假设；调查一个社会的文化惯约体系意味着调查作为人工制品的故事如何互文构成一个整体，换言之，即调查作为符号的文化和人类学意义上的文化之间的关系（Conway，2012：268）。

6.2 文化翻译困惑释疑：以《孙子兵法》文化专有项英译中的文化逻辑为例

理论上厘清了文化翻译背后的文化逻辑以及文化翻译的三种模式，我们就可以从文化翻译的实践层面来验证文化逻辑的解释力和建构力。那么，从哪一种模式入手呢？从作为符号的文化翻译实践入手乃最理想的选择。因为通过上文对文化翻译三种模式的分析，我们不难发现：无论是人类学意义上的文化重写，还是作为社会的文化重写，均不能脱离作为符号的文化重写而独立运作。如果说文化人类学意义上的文化重写和作为社会的文化重写提供了文化翻译抽象的指导原则，那么作为符号的文化重写则提供了文化翻译的具体操作对象。作为符号的文化重写是指对另一社会成员诠释某一对象或事件的方式之诠释。而这“某一对象或事件”实质上就是艾克西拉所言的“文化专有项”。至此，我们可以首先解决上文中提及的第一个问题，即文化专有项之循环定义的问题。如果我们基于文化逻辑的角度，问题便迎刃而解。文化专有项是指被社会赋予了特定符号意义的对象或人工制品，这些特定的符号意义清晰地体现出全体社会成员共享的假设。基于此定义，我们以《孙子兵法》文化专有项英译中的文化逻辑为例，对上文所提及的文化翻译之困惑逐一释疑。

6.2.1 保留源语文化逻辑基础上之语言形式转换

困惑之一：文化翻译是文化转换，还是文化保留？有学者认为文化翻译是指文化转换——以译语文化习惯的表达方式替换源语文化的表达方式。而在有些学者的心目中，文化翻译是指保留原文的文化形象（蔡平，2005：76）。蔡平则提出，可以把文化翻译描述为“文化形式的转换，文化意义的保留”。但他也承认，以什么方式保留原文的文化意义以及在改变语言形式后是否还能保留原有的文化意义，观点尚不一致（蔡平，2005：76）。

文化翻译这一令人困惑之现象在文化专有项的英译中普遍存在。罗建平（1998：77－79）曾撰文指出《孙子兵法》翟林奈译本诸多误译之处，其中就涉及这一现象。以《孙子兵法·形篇》“举秋毫不为多力”的英译为例。翟林奈（2008：15）译为：“To lift an autumn hair is no sign of great strength.”罗建平认为：“秋毫”本义指鸟兽在秋天新长的细毛，这时可译为“autumn hair”。但汉语“秋毫”一词很少用其本义，一般用来比喻微小的事物，如“明察秋毫”；或用来形容军队纪律严明、丝毫不侵害群众的利益，如“秋毫无犯”。英语表示重量轻多用“as light as a feather”等说法。故译文这里用“autumn hair”与“秋毫”直接对译，不合两种语言各自的表达习惯。拟改译为“to lift a feather is no sign of strength”，或“to lift a hair is no sign of strength”，即足以传达原文的含义。罗建平以英语习惯的表达方式改译固然不错，但他也承认可译为“autumn hair”，故据“秋毫”一词很少用其本义就说“autumn hair”是误译理由不免牵强。我们认为：“autumn hair”英译是否恰当，关键在于它是否保留了源语文化逻辑。西方思维传统注重科学、理性，重视分析、实证，因而必然借助逻辑，在论证、推演中认识事物的本质（连淑能，2002：44）。“举秋毫不为多力”在源语读者看来是理所当然的假设，但翟林奈之英译对于不了解中国文化的英文读者而言，则会产生逻辑上的困惑：难道举“spring hair”“summer hair”或“winter hair”就为多力吗？这就导致了逻辑悖论。也就是说，以“to lift an autumn hair”为前提可以直接推导出“no sign of great strength”的结论，这与源语文化逻辑是一致的。不一致的是“举秋毫”在源语文化中不会产生逻辑悖论，而“to lift an autumn hair”则会产生逻辑悖论。翟林奈注意到了这一不同，他加了注以化解可能产生的逻辑悖论，其注曰：“秋毫 is explained as the fur of a hare, which is finest in autumn, when it begins to grow afresh.”《孙子兵法》另一经典译本的译者格里菲斯也注意到了这一点，他译为：“... to lift an autumn down requires no great strength.”（1963：86）其译与翟林奈之译并无不同。格里菲斯英译张预之注释作为补充：“Chang Yü：By ‘autumn down’ Sun Tzu means rabbits’ down, which on the coming of autumn is extremely light.”两译者都通过加注保留了源语的文化逻辑，即无论举“spring hair”“summer hair”“autumn hair”或“winter hair”均不为多力，而“autumn hair”为一年四季中最细最轻者，故举其就最不为多力。

当然，化解的前提是读者必须阅读该注。有时，会出现由于注释过多过长而使普通读者丧失了阅读的兴趣从而放弃阅读的情况，故译者加注须考虑读者的接受心理。加注的目的首先是要保留源语的文化逻辑。所以，对于典籍英译的普及本而言，注释并不是越多越好，越长越好，而是看所加注释是否有效地与译文相结合达到保留源语文化逻辑之目的。请比较本土著名译家林戊荪之英译：“It is like lifting a strand of animal hair in autumn (tr.: *animal hair is very fine and light in autumn*), which is no sign of strength.”（1999：27）上述两位译家把注释单独列出，而林戊荪通过文内加注实现不打扰读者的目的，其注也最短，但读者却能以最小的认知努力获得源语的文化逻辑。基于上述分析，我们认为：文化翻译是在保留源语文化逻辑基础之上的语言形式转换。

6.2.2 对源语文化专有项诠释方式之诠释

困惑之二：文化翻译是指一种以内容划分的翻译类型，还是一种翻译方法？欲解答此困惑，我们须首先基于文化逻辑之分析厘清文化翻译翻译了什么内容，采用了何种方法。学界对这个问题的讨论之所以不能达成一致，是因为缺乏一个基于事实的大家均能认同的假设作为讨论的前提。文化逻辑概念的引入解决了这一困惑。文化逻辑的核心是特定文化语境所提供的且为该文化语境所特有的逻辑前提。这些逻辑前提就是被社会成员共享且被社会成员认为是理所当然的假设。这些假设体现了社会成员的思维方式和认知方式，同时也构成了把社会凝聚在一起的文化惯约的基础。那么，这些假设体现在哪里呢？如上文所述，文化翻译是在保留源语文化逻辑基础上的语言形式转换。这些假设就体现在文化专有项被赋予的特定的符号意义当中，而这些符号意义又通过语言形式表达出来。故源语中文化专有项之诠释方式乃文化翻译的内容。为什么不说“文化专有项”而说“文化专有项之诠释方式”呢？因为译者以书面形式对于他族文化的诠释是基于他族文化持有者诠释的再诠释，是第二层次和第三层次的阐释。只有他族文化的当地人才有资格做出第一层次的阐释，因为这是他的文化。明白了文化翻译之内容，我们就明白文化翻译应采取自反的方法。自反的方法并不是具体的操作方法，而是指导原则。它强调的是源语异质性和目的语异质性之间的历史关联。译者通过对源语诠释视域之诠释来反观、诠释和重构目的语诠释视域。具体到操作对象，即通过对源语文化专有项诠释方式之诠释来达到反观、诠释和重构目的语诠释视域之目的。诸多英译中的逻辑错误正是由于译者没有厘清文化翻译之内容和文化翻译之方法而造成的。罗建平（1998：79）所指出的《孙子兵法》翟林奈译本对“分数”之误译就说明了这一点。

“分数”源自《孙子兵法·势篇》，原句如下：“孙子曰：凡治众如治寡，分数是也。”翟林奈译：“Sun Tzŭ said：The control of a large force is the same in principle as the control of a few men：it is merely a question of dividing up their numbers.”（2008：17）他译“分数”为“dividing up their numbers”。罗建平评曰：如此直译，意思也能表达出来，但不够直接准确。孙子这里所说的“分数”是指军队之编制、组织。就是说，治理千军万马和管理几个士卒一样，关键在于把他们分编组织起来。他认为后一句拟另译为“it is a matter of organization”。我们认为：无论是译为“dividing up their numbers”，还是译为“organization”，其背后的文化逻辑是什么，罗建平没有阐明。“dividing up their numbers”回译为中文即“分割他们的人数”，但“分割他们的人数”就可以达到“治众如治寡”的效果吗？无论是源语读者还是目的语读者，无论身处何种文化语境，读者都知道不可能。因为源语读者和目的语读者尽管语言不同，但逻辑思维是相通的，所使用的自然逻辑法则是相同的。以分割人数为逻辑前提是不能得出“治众如治寡”的结论的。翟林奈本人也意识到其译之逻辑问题，但其目的就是要让目的语读者充分预计到源语文化之反常，这一点在他所加的注中清晰地体现出来。其注曰：“That is，cutting up the army into regiments，companies，etc.，with subordinate officers in command of each... Zhang Yu gives the following curious table of the subdivisions of an army：5 men make a 列；2 列 make a 火；5 火 make a 队；2 队 make a 官；2 官 make a 曲；2 曲 make a 部；2 部 make a 校；2 校 make a 裨；2 裨 make a 军．”（2008：86）翟林奈之注表明他完全明白“分数”之逻辑内涵。其注以西方军事编制单位为标准，同时引用了张预所注的中国古代军事单位为参照，还特地加按语“令人感到古怪（curious）的军事编制单位”以凸显源语文化之反常。为彰显此意图，翟林奈只引张预之注中间一部分，却略去了首尾关键之内容。张预之注首尾略去的部分如下：“统众既多，必先分偏裨之任，定行伍之数，使不相乱，然后可用。故治兵之法：……递相统属，各加训练，虽治百万之众，如治寡也。”（孙星衍，1985：81）张预之注清晰地体现出“分数”背后的文化逻辑，如翟林奈把张预之注全部译出，相信读者并不会有“古怪”之感。与翟林奈之译疏远的方法不同，格里菲斯采取了自反的方法，其译如下：“Sun Tzu said：Generally，management of many is the same as management of few. It is a matter of organization.”站在西方现代性的立场看中国古代军事编制的术语有古怪的感觉，但反之岂不亦然？格里菲斯摒弃了两者表象上的差异，抓住了两者内在逻辑的历史关联，使其译体现出源语读者和目的语读者均能理解的共享的假设。两位译者在英译时也许并没有文化翻译的概念，但还是可以从其注释中对其英译时的逻辑推演过程一窥端倪。格里菲斯注曰：“*Fen shu*（分数）is literally ‘division of（or by）numbers’（or ‘division and numbering’）. Here translated ‘organization’.”从逻辑上来看，无论“division of（or by）numbers”还是“division and numbering”均是“organization”的外延之一，但格里菲斯却强调译为“organization”，体现了良好的文化逻辑意识。由此我们不难发现：源语文化专有项的诠释方式体现出源语的文化逻辑，但直译并不能保证保留源语的文化逻辑。故自反的方法体现在语言形式上，是以该语言形式蕴含的符号意义是否保留了源语的文化逻辑为准。请比较林戊荪英译：“There is no difference between administering many troops and few troops. It is a matter of organization，of instituting layers of control.”林译没有加注，但其译文本身已然清晰地体现出源语的文化逻辑。至此，我们可以对困惑之二做出回答：文化翻译的翻译内容是文化专有项之诠释方式，在此意义上，文化翻译可以被看作以内容划分的翻译类型；但在对文化专有项诠释方式之诠释的过程中，文化翻译又表现为自反的方法。故笔者认为：文化翻译乃一体两面，其翻译内容与翻译方法互为表里，不能割裂开来讨论。

6.2.3 以源语文化诠释视域为标准的诠释

困惑之三：文化翻译的方法是以源语文化为标准，还是以译语文化为标准？正如上文所述，文化翻译应采取自反的方法。所谓自反的方法，其本质就是把源语文化专有项之诠释方式以源语文化逻辑展示，用译语表达方式表达。而文化专有项是被社会赋予了特定符号意义的对象或人工制品。这些特定的符号意义往往是根据社会惯习的发展而约定俗成的，这就将解释者的意图驱逐出符号学现象（王丽娜，2009：20）。以上述“秋毫”“分数”英译为例，我们观察到一个有趣的现象：不考虑注释，凡直译字面意义就导致逻辑错误。这是因为直译所译出的是直接意指，而非引申意指。“秋毫”比喻细微的事物，这在源语社会大家都觉得理所当然；“分数”引申为组织编制，没有人会认为是切割数目或分开来数。在这两例中，引申意指已成文化惯约。引申意指成为文化惯约的过程就形成了构成文化惯约基础的故事，正是这些故事之互文构成了文化惯约之体系。译者的身份如同撰写民族志的文化人类学家，必须深入源语文化内部，在源语文化诠释者所写就的故事基础上做出合乎源语文化逻辑之诠释。译者如果以自己认为合理的解释代替文化惯约，就会导致误译。《孙子兵法·军争篇》中“是故朝气锐，昼气惰，暮气归”之英译就说明了这点。翟林奈译：“Now a soldier's spirit is keenest in the morning; by noonday it has begun to flag; and in the evening, his mind is bent only on returning to camp.”（2008：30）句中“朝”“昼”“暮”均直译，其表达的逻辑内涵是：早上士兵士气高昂，中午就逐渐懈怠，晚上就一心想着归营。这就让读者产生了疑惑。不要说现代战争经常发生在夜间，即便在孙子所处的时代，夜战也是经常的事。孙子在《孙子兵法·军争篇》中曰：“故夜战多火鼓，昼战多旌旗，所以变人耳目也。”依翟林奈之英译，晚上士兵想着归营，如何夜战？这岂非自相矛盾？那么，翟林奈英译时是如何考虑的呢？他加了一条注来说明当时的心理，其注曰：“Always provided, I suppose, that he has had breakfast. At the battle of the Trebia, the Romans were foolishly allowed to fight fasting, whereas Hannibal's men had breakfasted at their leisure. ”（2008：109）这是典型的以自己的主观假设来代替文化惯约的例子，而且只解释了“朝气锐”，没有解释“昼气惰”“暮气归”。格里菲斯英译与翟林奈近似，其英译如下：“During the early morning spirits are keen, during the day they flag, and in the evening thoughts turn toward home. ”（1963：108）但他引梅尧臣之注解释“朝”“昼”“暮”之引申意指，其注如下：“Mei Yao-ch'en says that “morning”, “day”, “evening” represent the phases of a long campaign. ”（1963：108）林戊荪译为：“At the beginning of a campaign, the soldiers' morale is high, after a while it begins to flag and in the end it is gone. ”（1999：51）该译清晰地表达出“朝”“昼”“暮”已成为文化惯约的引申意指。

西方译者以自己的解释来代替源语文化的文化惯约，还体现在以西方思维方式来思考源语文化专有项之诠释方式，具体表现在以思维的分析性、对象性和精确性来代替源语诠释方式的整体性、意向性和模糊性。整体性思维把天、地、人和自然、社会、人生放在关系网中，从整体上考察其有机联系，注重整体的关联性，而非把整体分解为部分逐一加以分析研究；注重结构、功能，而非实体、元素；注重用辩证的方法去认识多样性的和谐和对立面的统一（连淑能，2002：42）。《孙子兵法》包含着朴素的唯物辩证法思想，堪称中国古代辩证法的集大成之作，故对其文化专有项诠释方式之诠释，必须采取整体性思维的方式。以《孙子兵法・行军篇》之英译为例，原句如下：“凡军好高而恶下，贵阳而贱阴，养生而处实，军无百疾，是谓必胜。”翟林奈译为：“All armies prefer high ground to low, and sunny places to dark. If you are careful of your men, and camp on hard ground, the army will be free from disease of every kind, and this will spell victory. ”（2008：36）翟林奈译“养生而处实”为条件句，回译为中文是“如果你爱惜你的部属并扎营于坚固之地”。我们不禁要追问：以此为前提条件，就能推出“军无百疾，是谓必胜”之结果吗？此译文与上句“好高而恶下，贵阳而贱阴”又有何关联？查《孙子十家注》，曹操曰：“恃满实也。养生向水草，可放牧养畜乘。实，犹高也。”梅尧臣曰：“养生便水草，处实利粮道。”王晳曰：“养生谓水草粮糒之属，处实者倚固之谓。”张预曰：“养生谓就善水草放牧也。处实谓倚隆高之地以居也。”（孙星衍，1985：187）两相对照，我们发现翟林奈对于“养生”之译并没有以《孙子十家注》注家阐释为基础，他对此并不讳言，他在注释中写道：“Cao Gong says：‘Make for fresh water and pasture，where you can turn out animals to graze’向水草可放牧养畜. And the other commentators follow him，apparently taking 生 as = 牲. Cf. Mencius，V. 1. ix. 1，where 养牲者 means a cattle-keeper. But here 养生 surely has reference to the health of the troops. It is the title of Zhuangzi's third chapter，where it denotes moral rather than physical well being.”（2008：122）在其注中翟林奈提出了自己的观点，即此处“养生”与《庄子》第三篇标题“养生主”互文，揭示的是精神健康而非身体健康。在此，翟林奈采取了整体性思维的方法对“养生”这一文化专有项所处的文化惯约体系进行考察，这个思路无疑是正确的。《庄子·养生主》乃道家思想名篇，它被赋予的特定符号意义早已成为中华文化惯约体系的重要组成部分。其主旨观点之一“依乎天理，因其固然”（祝军，2007：71）就是一种辩证思维之体现，与孙子的阴阳观是相通的。在此句中，“养生”即顺应事物发展的自然规律，如孙子上文所提“好高而恶下，贵阳而贱阴”。那么，何为“处实”？翟林奈注曰：“实 must mean dry and solid，as opposed to damp and marshy ground. This is to be found as a rule in high places，so the commentators explain 实 as practically equivalent to 高.”（2008：122）“处实”源于《道德经》第三十八章，原句如下：“是以大丈夫处其厚，不居其薄；处其实，不居其华。故去彼取此。”可见“实”与“华”相对，“华”者，虚华也，即虚假、华而不实。据此可见，翟林奈理解正确，但如何用译语表达方式把上述源语文化逻辑展示出来呢？翟林奈之译不可谓不具体，但不合逻辑，原因就在于他在英译中把“养生而处实”对象化、具体化了。格里菲斯注意到了这一问题，他借鉴了源语文化中意向化和模糊化的思维方式，其译如下：“An army prefers high ground to low；esteems sunlight and dislikes shade. Thus，while nourishing its health， the army occupies a firm position. An army that does not suffer from countless diseases is said to be certain of victory.”我们把其“养生而处实”之英译回译为中文：如此，只要军队滋养它的健康，就会处于稳固的位置。其译整句逻辑可以推演如下：驻军好高而恶下，贵阳而贱阴；只要驻军采取像这样的方式滋养健康，就会处于稳固的位置；驻军无百疾，是谓必胜。与翟林奈之译相比，格里菲斯之译展示出了源语的文化逻辑。但格里菲斯之译并不是唯一的表达方式，请比较林戊荪之译：“Generally speaking，a manoeuvring army prefers high，dry ground to low，wet ground；it prizes the sunny side and shuns the shady side，so that food and water would be readily available and remain in ample supply and men and horses may rest and restore their strength and be free of diseases. These conditions will guarantee victory.”林戊荪“养生而处实”之英译回译为中文为“食物和水可以随时获得且供应充足，人和马可以休息并恢复体力不得病”。其译整句逻辑可以推演如下：总的来说，机动部队好高而恶下，贵阳而贱阴；机动部队这样做的目的是使食物和水可以随时获得且供应充足，人和马可以休息并恢复体力不得病；这两个条件会保证胜利。他取“养生”的文化惯约意义“休养生息”译出，而“处实”依梅尧臣“处实利粮道”之解，并把“处实”之译放在“养生”之译前，“处实”方可“养生”，使逻辑更加严密，同样清晰地展示了源语文化逻辑。在此意义上，我们认为：源语文化专有项之诠释方式在译语中可有多种表达方式，而无论采取何种表达方式，都必须清晰展示出源语之文化逻辑；而源语文化逻辑展示之过程，也正是典籍复译超越之过程。

6.3　小　结

文化翻译这一概念之所以在实际使用中存在诸多困惑是因为诠释文化翻译的视角各不相同，其核心是文化概念定义的不统一。而文化逻辑概念的引入则解决了这一问题。文化逻辑之应用首先是将对某一特定文化概念共享的假设确定为推演的前提。这一共享的假设由某一特定文化语境所提供且为该文化语境所特有，故欲确定这一假设就须深入该文化语境之文化惯约体系中。另外，推演是依据自然逻辑法则来进行，而自然逻辑法则之运用在人们思维中普遍存在。这就使得文化逻辑之应用具备了方法论的性质，演化为一种便于操作的思维方式和认知方式。本章从文化逻辑入手，对文化翻译的属性和应用进行了初步的探讨，这是一个全新的视角，很多方面还有待进一步深入研究，如文化惯约体系之分析，本章仅为抛砖引玉。

第7章　《孙子兵法》英译的文化心理

7.1　文化心理及其表现

文化心理体现在个体/群体的心理过程中，即认识过程、情感过程和意志过程（刘宓庆，2005：218）。心理过程影响文化，文化也影响心理过程。个体的思维和行为会随着时间的推移对文化规范和实践产生影响。文化规范同样也会对个体的思维和行为产生影响。此外，个体的思维与行为又会影响文化的流传与演变（Lehman，2004：703）。文化与心理这种相互建构的过程是以人造物为中介的，由于人造物是由人来创造和使用的，因而它必然具有对人来说的意义。人造物实际上是文化的构成要素，它既是人的文化活动的结果，体现出人的文化活动水平，同时又是文化活动的始点，人以此为基础进一步进行文化活动（李炳全，2004：35）。故“基于符号学的视角，文化心理学广义上可被定义为心理学学科领域内的一种方法，该方法探讨意义产生的行为和过程，通过意义产生的行为和过程与其所处的社会和文化环境彼此建构。这是一个不固定的理论场域，包含多重视角以及认识论和方法论的多种选择”（Salvatore & Zittoun，2011：4）。文化心理的根本前提是没有任何一种社会文化环境能独立地存在于人类获取意义和资源的方式之外。每个人的精神生活是通过从这一环境中领会意义和获得资源的过程构成的。文化心理意图发展一种意向性行为，该行为是精神生活的外在表现，导致了文化构建的现实（意向性世界）与真实世界的冲突、意向性的人与现实中的人的冲突。比如，《孙子兵法》闵福德译本中对孙子思想违背“人本主义价值观”的批评与《孙子兵法》原文本所洋溢的人本主义思想的冲突这一矛盾就凸显了文化心理分析的复杂性。

对文化心理的分析可以从文化心理系统入手，分别是：文化价值系统，包括人生价值观、自然价值观、道德价值观、知识价值观、经济价值观、审美价值观；文化行为系统，包括非意向行为、意向性行为；文化表现系统，包括言语表现、非言语表现。密切联系文化心理来观照作品，是我们在翻译实践中很薄弱的环节。一般而言，有经验的译者也往往只将他的解析工作做到语义层面，而忽视了心理层面（刘宓庆，2005：248）。由于忽视心理层面而导致文化简化主义的发生在典籍英译中并不鲜见。笔者感兴趣的是：译者究竟忽视了哪些心理层面从而导致文化简化主义的发生？译者为什么会忽视这些心理层面？

西方译者英译中国典籍时常犯的错误之一就是文化简化主义。美国中西哲学比较研究专家安乐哲（Roger T. Ames）对此给予了清晰的描述：对于任何西方人文学者，如果他们试图使用“翻译过来的”中国材料，无论是文本的还是观念的，最大的障碍不是译文的句法结构，而是那些赋予它意义的特殊词意。在这类译文里，那些关键的哲学词汇的语义内容未被充分理解；更严重的是，由于不加分析地套用渗透西方内涵的语言，这些人本主义者为一种外来的世界观所倾倒，以为自己是在熟悉的世界中，虽然事实远非如此。简单地说，我们翻译中国哲学的核心词汇所用的现存的常规术语，充满了不属于中国世界观的东西，因而强化了上述一些有害的文化简化主义（安乐哲，2002：17－18）。以《孙子兵法·计篇》“天”的英译为例。原句如下：“天者，阴阳、寒暑、时制也。”翟林奈译为“Heaven signifies night and day，cold and heat，times and seasons”（2008：2）；闵福德译为“Heaven is Yin and Yang，cold and hot，the cycle of seasons”（2002：4）；美国当代著名中国军事专家索耶尔（Ralph D. Sawyer）译为“Heaven encompasses yin and yang，cold and heat，and the constraints of the seasons”（2007：157）；梅维恒译为“Heaven comprises yin and yang，cold and heat，the ordering of time”（2007：77）。安乐哲对此评价道：当我们把“天”译为带大写“H”的“Heaven”时，无论你愿不愿意，在西方读者头脑里出现的是超越现世的造物主形象，以及灵魂、罪孽、来世等概念

（安乐哲，2002：17－18）。而这些文化内涵是原文“天”所没有的。从跨文化交际的视角来看，翻译是通过转换作为文化载体的语言来传递意义、移植文化的交流活动。这个定义可以用一个翻译三元素来概括：转换语言—传递意义—移植文化。转换语言是真正意义上的翻译，其初始目的是传递意义，其最终目的是移植文化（周志培，2013：前言）。就文化学的视角而言，我们可以把意义之内涵概括为两个方面：语言意义和文化意义（周志培，2013：3）。陈建民（1999：171）认为：现代汉语词汇系统中，有的词语只有语言意义，如“山”“鱼”“桌布”“茶杯”“电视机”“前后”等。有的词语只有文化意义，需联系当时出现的社会文化背景才能解释清楚，如“下海”“上山下乡”“包产到户”等。有的词语则蕴含语言意义和文化意义。例如“后门”，《现代汉语词典》的释义是：①房子、院子等后面的门；②比喻通融或舞弊的途径。显然，义项①为语言意义（本义），义项②为文化意义。在对译者对原文文化心理认同性的考察中，应以其译文对原文文化表现内容，即原文语言意义和文化意义之忠实性为核心和基本取向。而“Heaven”与孙子所定义之“天”表面上语言意义一致，但实质上文化意义却大相径庭。斯内尔—霍恩比认为：这种对等“以语言间的对称为先决条件”，却“歪曲了翻译的基本问题”（Snell-Hornby，1995：16，22），因为它把翻译过程简化为纯粹的语言练习，忽视文化、文本以及其他语境因素，而现在人们普遍认为，这些因素在翻译中起着十分重要的作用（沙特尔沃思，2005）。笔者称这种徒具语言形式的对等为欺骗性对等。

这种欺骗性对等实质上是以译语文化诠释视域为标准。译者以自己认为合理的解释代替源语文化之文化惯约，这就导致了译文的杂合，即“两套语义与价值信仰系统的混合”（Bakhtin，1981：304）。译文杂合会使得译文读者在文化心理上陷入文化价值的冲突之中。以孙子对“天”的定义为例，当读者带着“Heaven”的文化内涵来理解定义“阴阳、寒暑、时制”时，出现由文化意义之内涵差异所导致的文化价值落差在所难免。沙夫娜（Christina Schäffner）和阿黛柏（Beverly Adab）认为：杂合是“当今跨文化交际的一个特征”，“是由翻译过程所产生的。这种文本显示出一些对于译语文化来说有些‘不正常/奇怪’的特点”；不过，这些特点并不是“译者能力不足的结果或是翻译腔，而是译者有意识的决定”，并断言，“从某种意义上说，所有的译文都是杂合体”。具体说来，这种文本主要有两个特点：一是保留原文中原文化的一些或所有特点，从而在目标文化中产生了一种新的文本类型；二是反映了与目标语规范相冲突的具体的（词汇、句法、风格等）文本特点（韩子满，2005：15－16）。

迄今为止，在《孙子兵法》英语译者中只有梅维恒明确提出以杂合策略为指导原则来指导翻译实践，尽管梅维恒并没有用“杂合”一词。梅维恒杂合策略以异化策略为基础，力图在异化与归化之间寻求一个理想的平衡（黄海翔，2011：121）。梅维恒在接受 Sonshi. com 采访时对其做了详细的阐述。他说：“我翻译中国典籍时，总是竭尽全力地做到尽可能地精确，同时还要传达出原文风格和结构的特征。换言之，与绝大多数《孙子兵法》英译本相比，我的译文对原文文学特征的把握更加敏锐、表达更加细致。事实上，在成为汉学家之前，我在大学学的是英语专业。英语专业知识的修养使我在翻译中国典籍时有能力精确且恰当地表达出原文的内容和形式。这一点在我翻译《孙子兵法》时如此，在我翻译其他中国典籍时也是如此。如果你看一下我的《孙子兵法》译本，再把它与业已发行的其他译本相比较，你立刻就会发现我的译本在页面排版上与其他译本迥然不同。当你开始阅读我的译本时，你马上就会注意到我的译本有一种特别的节奏和韵律。你可以明白无误地欣赏到中国典籍文本的独特性，而这种独特性你在其他任何一个《孙子兵法》的英译本中都不能欣赏到。我甚至努力用英语复制原文一些语音和韵文的特征。”以何种策略来做到“尽可能地精确”呢？梅维恒在其译本“翻译原则”一节中，对其杂合策略做了系统阐述，他说：“①过度直译并不能确保精确。《孙子兵法》中频频出现的一个表达是‘用兵 *yong bing*’。字面上，就最狭窄最原始的意义而言，其意为‘use weapons’。然而，在《孙子兵法》中，用兵却从来不是此意。相反，它传达出‘employ soldiers’‘conduct military operations’‘engage in warfare’或‘wage war’（我一直用最后一个英语对应词翻译‘用兵’）。②勿滥用意译。此原则与先前原则相反。几乎所有早期中国思想流派中最重要的术语之一是‘道 *dao*’。出于显而易见的秘而不宣的目的，一些近现代译者把道译为‘God’，严重扭曲了该术语的本意，以至于理解该术语在原文中所表达的意义变得不可能。③同样的字翻译要保持一致，但勿机械。④力求传达出原作形式和实质的内涵。当读者在阅读译文时，他至少潜意识里意识到他在阅读从异域语言和文化翻译过来的文本，异域语言和文化有鲜明典型的特征。消除这些特征，使译文读起来就如原本就是用通顺流畅的英文写就的英文原创作品一般，就等于未能传达出原作的本质特征。然而，这不是鼓吹异化中国风格或其他复杂难懂的行为（或言语等）。相反，我认为译者应当绝对尊重原作，竭尽全力给原作的本质以应有的尊重与荣誉。⑤译文不依赖于注释或其他补充材料也应能读懂。本译本附有内容涉及广泛的介绍、大量的注释、附录和其他补充材料。这些材料纯粹是为了充实和提高之用，以满足那些希望超越阅读译文本身体验的读者的好奇心。任何人都不应被强迫阅读所有这些介绍性的和评述性的补充材料。然而，要使这项翻译方针成功实施，就有必要在翻译时进行微调和详述，使初学者对于译文的任何部分都不会感到晦涩难解。当这样的微调和详述值得注意时，它们应当被标志出来以便译文对原文的忠实性能被保留。”（Mair，2007：77）

虽然梅维恒提出了系统的杂合翻译策略，但令人遗憾的是，在此翻译策略指导下，他的翻译未能达到预期的效果，相反却在诸多行文之处陷入了文化简化主义的误区。下面是梅译《孙子兵法·九地篇》中的一句译文：“If one does not know the advantages and disadvantages of even a single one of the four plus five，he cannot be the leader of the forces of a hegemon king.”（Mair，2007：123）试问：如果不借助注释，谁能读懂“a single one of the four plus five”所传达的语言意义和文化意义？其对应原句是“四五者，不知一，非霸王之兵也”。在“四五者”之译上，梅译确实传达出了原作形式，但其文化意义却彻底失去了。再以同一篇中梅译的另一句译文为例：“Generalship requires calmness and reserve，correctness and control. The general should stupefy the eyes and ears of his officers and troops，so that they will have no knowledge. Change your affairs，alter your plans，so that the people will have no recognition. Change your dwelling, make your path circuitous, so that people will not be concerned about them. If the commander has an agreement with his army, it is as though they climbed high up and he pulled the ladder out from under them. ”(Mair, 2007: 121)原句如下:“将军之事,静以幽,正以治,能愚士卒之耳目,使之无知。易其事,革其谋,使人无识;易其居,迂其途,使人不得虑。帅与之期,如登高而去其梯。”梅译尽力做到在保持原语内容不变的同时再现原语语言形式,也做到了在语言意义上几乎字字对译,但其是否准确传达出了原文兵学著作的文化意义呢?请比较安乐哲教授的译文,其译如下:“As for the urgent business of the commander: He is calm and remote, correct and disciplined. He is able to blinker the ears and eyes of his officers and men, and to keep people ignorant. He makes changes in his arrangements and alters his plans, keeping people in the dark. He changes his camp, and takes circuitous routes, keeping people from anticipating him. On the day he leads his troops into battle, it is like climbing up high and throwing away the ladder. ”(Bateson, 1972: 187)对照梅维恒与安乐哲之译文,我们不难发现:梅维恒之译遵循了线性原则,即首先按照原文顺序把原词语言意义翻译出来,再按照原文顺序把英译出的语言意义一一叠加。线性的特点是既可以叠加,也可以分解,意义基本不变。非线性叠加和分解后意义会产生变异。比如在词汇和语义领域,有时局部相加不等于整体。英语的内部曲折和词尾变化基本上是线性的,汉语以词序和形式词表示语法意义,基本上是非线性的(周志培,2013)。以此译为例,梅维恒译“使人不得虑”为“people will not be concerned about them”,此译虽忠实于所处时代之目的语和译文读者,却没有忠实于原文(及原作者),因为任何一个粗通训诂常识的原文读者都知道此处“虑”不是“担忧,发愁”之意。梅维恒作为美国当代著名汉学家,他不可能不知道“虑”的训诂义。笔者认为:这是由梅维恒以异化策略为基础的杂合翻译观所决定的,在忠实于原文形式的翻译观指导下,梅维恒宁可选择“担忧,发愁”之义以保证译文在形式上与原文达到最大限度的对应。安乐哲以训诂义“推测”译出,虽忠实于原文内容,却无法做到形式对应,这是梅维恒所不愿意看到的,所以他有时宁愿牺牲内容的忠实来换取形式的对应。但梅维恒似乎没有意识到：失去了内容的忠实，徒具形式对应，只能对译文读者产生误导，译者便失去了文化认同的根本。

7.2 文化表现中的文化逻辑：差异比较与沟通理解

西方译者为什么会以自己认为合理的解释来代替源语文化之文化惯约？从文化心理的角度来看，笔者认为：这是译者以自己的心理框架取代语境的结果。心理框架这一术语被神经语言程序学广泛应用，用来帮助阐明人类交流中的问题。英国人类学家贝特森把心理框架与语境作了对比，指出：心理框架是一种内在的心理状态，是我们内心世界图式的组成部分，而语境则是某种现实的外在体现；心理框架是非“真实”的，正如我们内心的世界图式并非它所代表的实际疆域一样，它更揭示了理解过程中的某种思维（Neubert & Gregory，1992：187）。“心理框架”这一概念在国际翻译界也被广泛应用。纽伯特（Albrecht Neubert）根据经验的积累和知识的总体结构定义道：“经验的积累过程可称为心理框架的构建，知识结构本身就可称为心理框架。”（Katan，2004）斯内尔—霍恩比将其定义为“读者/译者的个人经验”，这一定义与其他翻译理论家的观点完全吻合，即被文本激活的心理框架与正被讨论中的语言使用者的社会文化背景紧密相连（Bateson，1988：25）。心理框架与元信息紧密相关。元信息之“元”意为“关于”。贝特森指出：所有动物之交流都是关于它们已知信息的交流，这种关于“已知信息的交流”称为“元交流”（Tymoczko，2007：124）。“元”具体地指一位于较高等级的逻辑层次，它为解释位于其下一等级逻辑层次的意义提供了线索。意义逻辑层级理论的创始人是英国著名哲学家罗素，他引入了逻辑式理论，其根本原则是“所有集合之集合不可能包含它自己”。贝特森分析了罗素逻辑式的错误——“把名与实混为一体，如同吃了菜单而不是菜单上的菜”，指出语境必须附属于逻辑式。他说：“要么我们抛弃‘语境’这一概念，要么保持这一概念。如果保持这一概念，就必须接受层级系列——问题的提出，问题提出之语境，问题提出之语境之语境，依次类推。”（Bateson，1988：94－96）

语境必须附属于心理框架的逻辑层级这一论断以及元信息的概念为译者解决文化心理的差异提供了可资借鉴的清晰的思路，因为人通过意义产生的行为和过程与语境彼此建构，而文化心理学作为一种方法正是探讨意义产生的行为和过程。如果译者能以源语文化心理框架和译语文化心理框架共享的元信息为推理依据，则可为位于其下一等级逻辑层次的意义解释提供逻辑前提。而识别共享元信息的前提是译者须具备理解和分析文化差异之能力。译者如需具备理解和分析文化差异之能力，就必须以自我监控取代先前文化动因的非自律的监控，加强自我自反性（self-reflexivity），探究“导致形成自身惯习（包括关于文化翻译之禀性）某一功能之禀性（dispositions）、视角（perspectives）、预设（presuppositions）和实践（practices）之自我文化自然历史化的方式”（Enfield，2000）。而要探究这一方式，就必须厘清蕴含在文化表现系统中的文化逻辑。之所以要从文化表现系统入手，是因为文化表现是文化行为的结果，是文化价值的体现。文化行为是指人在一定的语境中具有的对一定的文化刺激所做出的该文化所规定的反应，即特定文化中的人内在固有的对刺激的解释和以此为基础表现出的行为模式或方式。所谓文化刺激，是指某一种（族）群在其进化和发展中根据自己的需要或一定的目的而赋予一定意义或价值的刺激，即对该种（族）群的人具有特定意义或价值的刺激。例如，数字 13 对于西方人来说是不吉利的，猪对信仰伊斯兰教的人来说具有与其他信仰的人不同的意义。由此可以说，文化行为是人依据赋予刺激的特定意义或价值所表现出的行为（李炳全，2004：38）。文化逻辑是诠释者运用自然逻辑法则并依据特定文化语境所提供的、为该文化语境所特有的逻辑前提对所处世界作出的诠释。文化逻辑之所以能够产生作用，是因为社会世界是一个生态复合体。在这个复合体中，由个体体现的文化意义和文化知识（语言的和非语言的）通过大家普遍可以理解的符号结构互相印证。这种人际生态复合体通过一般环境和/或特定语境下个体之间彼此互明的假设和反假设系统，在人类学和语言学的主题领域之间架起了沟通的桥梁。对于特定文化概念的共享的假设使人类群体有共同的逻辑前提，可以做出预料中的可趋集于一点的推理过程（罗建平，1998：77－79）。这表明：文化逻辑是基于自然逻辑法则的思维方式和认知方式，其方式是人们以基于事实的同一的假设诠释彼此的行为。

从文化逻辑的视角重新审视杂合策略下典籍英译的差异比较，会有一种豁然开朗的理解效果。上述梅译之所以陷入文化简化主义之误区，与其说是杂合策略拿捏不准所致，倒不如说是译者缺乏文化逻辑意识使然。笔者再以《孙子兵法·形篇》“举秋毫不为多力”的英译为例来说明文化逻辑之阐释力。翟林奈译为：“to lift an autumn hair is no sign of great strength”（Giles，2008：15）。罗建平认为：“秋毫”本义指鸟兽在秋天新长的细毛，这时可译为“autumn hair”。但汉语“秋毫”一词很少用其本义，一般用来比喻微小的事物，形容军队纪律严明丝毫不侵害群众的利益。英语表示重量轻多用“as light as a feather”等说法。故译文这里用“autumn hair”与“秋毫”直接对译，不合两种语言各自的表达习惯。拟改译为“to lift a feather is no sign of strength”，或“to lift a hair is no sign of strength”，即足以传达原文的含义（连淑能，2002：44）。笔者认为：“autumn hair”之译是否恰当，关键在于是否保留了源语文化逻辑。西方思维传统注重科学、理性，重视分析、实证，因而必然借助逻辑，在论证、推演中认识事物的本质。“举秋毫不为多力”在源语读者看来是理所当然的假设。在译语中，以“to lift an autumn hair”为前提同样可以直接推导出“no sign of great strength”之结论，这与源语文化逻辑是一致的。不一致的是，“举秋毫”在源语文化中不会产生逻辑悖论；而“to lift an autumn hair”之译对于不了解中国文化的英文读者而言，则会产生逻辑上的困惑：难道举“spring hair”“summer hair”或“winter hair”就为多力吗？这就导致了逻辑悖论。翟林奈注意到了这一不同，他加了注以化解可能产生的逻辑悖论，其注曰：“秋毫 is explained as the fur of a hare，which is finest in autumn，when it begins to grow afresh.”（Giles，2008：84）翟林奈以译文加注的形式保留了源语文化逻辑。但也有译者选择直接译出不加注。如享誉中西哲学比较研究界的安乐哲就没有加注，直接译为“to lift an autumn hair is no mark of strength”（Bateson，1972：115）。安乐哲译文与翟林奈译文无本质区别，这说明安乐哲认为：即便不加注，美国当代读者也能清晰地理解源语的文化逻辑且不会引发逻辑悖论。这从一个侧面说明：文化的差异性有着共同的抽象基础。随着全球化语境下中英文化交流的频繁与深入，原先为中华文化语境所特有的元信息逐渐为英语文化语境中的成员所理解、接纳，乃至最终有可能为英语文化语境所吸收、消融，成为英语文化语境中的元信息。《孙子兵法》一百多年的英译史表明：不同文化语境中的元信息（或逻辑前提）之共享是完全有可能的。在欧美，《孙子兵法》的相关论述在有关企业战略、组织和竞争的不计其数的书籍、论文中被广泛引用就雄辩地说明了这点。

上述译者以直译保留源语文化逻辑，但直译并不能保证保留源语文化逻辑。梅维恒在“翻译原则”中就曾警告说过度直译并不能确保精确；但他同时又警告说勿滥用意译。但梅维恒本人的实践表明：由于缺乏文化逻辑意识，他并未能在直译和意译之间达到理想的平衡。梅维恒在其“翻译原则”第四条中强调：力求传达出原作形式和实质的内涵。当读者在阅读译文时，他至少潜意识里意识到他在阅读从异域语言和文化翻译过来的文本，异域语言和文化有鲜明典型的特征。消除这些特征，使译文读起来就如原本就是用通顺流畅的英文写就的英文原创作品一般就等于未能传达出原作的本质特征。这表明：梅维恒具有一般译者所不具备的跨文化意识，他只是对于如何传达出原作的形式和内涵拿捏不准，他有的还只是一种感性的认识，还未上升到理性的高度。格尔茨指出：文化即文本。文化人类学家把异域文化以文本形式运过来给本国读者。所谓文本形式，即文章和专著的形式。文化人类学家以书面形式对于他族文化的诠释是基于他族文化持有者诠释的诠释，是第二层次和第三层次的诠释。只有他族文化的当地人才有资格做出第一层次的诠释，因为这是他的文化。译者的身份与文化人类学家类似，其翻译操作也是基于源语文化持有者诠释的再诠释。通过再诠释，译者把源语文化与目的语文化的差异重新表达出来。那么，采用何种方法进行再诠释呢？阿萨德提出：文化翻译应当采用能测试人类学家自身语言体现异域文化相异形式包容度的方法以颠覆其自身文化的权威。具体表现为：标准化的方法和疏远的方法让位于自反性的方法（Sturge，1997：157）。可见，采用自反性的方法来从事文化翻译对译者的诠释观有着潜移默化的影响。译者不只处于目的语文化或源语文化，而是处于这两种文化交汇的部分。译者不仅是文化的协调者，而且是文化的创造者。

从文化逻辑的角度来看，所谓自反性的方法，其本质就是把源语文化专有项之诠释方式以源语文化逻辑展示，用目的语表达方式表达。而文化专有项是被社会赋予了特定符号意义的对象或人造物。这些特定的符号意义往往是根据社会惯习的发展而约定俗成的，这就将解释者的意图驱逐出符号学现象（王丽娜，2009）。罗建平所指出的《孙子兵法》翟林奈译本对“分数”之误译就说明了这一点。“分数”源自《孙子兵法・势篇》，原句如下：“孙子曰：凡治众如治寡，分数是也。”翟林奈译：“Sun Tzǔ said：The control of a large force is the same in principle as the control of a few men：it is merely a question of dividing up their numbers.”翟林奈译“分数”为“dividing up their numbers”。罗建平评曰：如此直译，意思也能表达出来，但不够直接准确。孙子这里所说的“分数”是指军队之编制、组织。就是说，治理千军万马和管理几个士卒一样，关键在于把他们分编组织起来。后一句拟另译为“it is a matter of organization”。笔者认为：无论是译为“dividing up their numbers”，还是译为“organization”，都没有阐明其背后的文化逻辑是什么。“dividing up their numbers”回译为中文即“分割他们的人数”，但“分割他们的人数”就可以达到“治众如治寡”的效果吗？无论是源语读者还是目的语读者，无论身处何种文化语境，都知道不可能。源语读者和目的语读者尽管语言不同，但逻辑思维是相通的，所使用的自然逻辑法则是相同的。以“分割人数”为逻辑前提是不能得出“治众如治寡”的结论的。翟林奈本人也意识到其译逻辑之问题，但其目的就是要让目的语读者充分预计到源语文化之异质性，这一点在他所加的注中清晰地体现出来，其注曰：“That is，cutting up the army into regiments，companies，etc.，with subordinate officers in command of each... Zhang Yu gives the following curious table of the subdivisions of an army：5 men make a 列；2 列 make a 火；5 火 make a 队；2 队 make a 官；2 官 make a 曲；2 曲 make a 部；2 部 make a 校；2 校 make a 裨；2 裨 make a 军.”（Giles，2008：86）翟林奈之注表明他完全领悟“分数”之逻辑内涵。其注以西方军事编制单位为标准，同时引用了注家张预所注的中国古代军事单位为参照，他特地加按语“令人感到古怪（curious）的军事编制单位”以凸显源语文化之古怪。为彰显此意图，翟林奈只引张预之注中间一部分，首尾关键之内容“统众既多，必先分偏裨之任，定行伍之数，使不相乱，然后可用。故治兵之法：……递相统属，各加训练，虽治百万之众，如治寡也”（孙星衍，1985：81）却略去了。张预之注清晰地体现出“分数”背后的文化逻辑，如翟林奈把张预之注全部译出，相信读者并不会有“古怪”之感。与翟林奈之译疏远的方法不同，安乐哲采取了自反的方法，其译为：“In general，it is organization that makes managing many soldiers the same as managing a few.”（Bateson，1972：119）站在西方现代性的立场看中国古代军事编制的术语有古怪的感觉，但反之岂不亦然？安乐哲摒弃了两者表象上的差异，抓住了两者内在逻辑的历史关联，使其译体现出源语读者和译语读者均能理解的共享的元信息。两位译者在英译时也许并没有文化翻译的概念，但其英译时的逻辑推演过程还是可以从其注释中一窥端倪。安乐哲注曰：“This passage reads literally：... it is the dividing and counting of numbers that makes managing many soldiers the same as managing a few.”（Bateson，1972：286）无论“dividing of numbers”还是“counting of numbers”均是“organization”的外延之一，但安乐哲却仍译为“organization”，体现了良好的文化逻辑意识。由此我们不难发现：源语文化专有项的诠释方式体现出源语的文化逻辑，但直译并不能保证保留源语的文化逻辑。故自反的方法体现在语言形式上是以该语言形式蕴含的符号意义是否保留了源语的文化逻辑为准，与直译、意译无涉。

7.3 小　结

《孙子兵法》英译的文化心理与其英译所采取的策略是紧密相连的。

杂合策略在《孙子兵法》英译中的运用体现了译者的跨文化意识，但基于杂合策略下《孙子兵法》英译的经验分析，我们发现：如何运用杂合策略还停留在感性认识的经验总结层面，缺乏一个有效的文化批评标准。英译之所以会陷入文化简化主义的误区就在于忽视了文化心理的作用。文化心理体现在文化价值、文化行为与文化表现三个方面。译者忽视文化心理的直接后果就是以自己的心理框架取代实际的语境，体现在文化表现上，就是以自己认为合理的解释取代源语文化之文化惯约。这就违背了特定文化语境成员对所处世界做出诠释时所依据的文化逻辑。文化逻辑作为一种基于自然逻辑法则的思维方式和认知方式，为不同文化间的差异比较与沟通理解提供了可资借鉴的文化批评标准。文化逻辑之核心是特定文化语境所提供的且为该文化语境所特有的逻辑前提，对逻辑前提的探讨就不可避免地涉及元信息和心理框架与语境之间的关系，本章对这一关系做了初步的探讨。

第 8 章　《孙子兵法》英译的文化空缺

8.1　文化空缺与补偿

空缺指原语中存在某种异族文化接受者不明白的、莫名其妙的、易于误解的东西，造成异族文化的空白（王秉钦，2007：119）。本定义中所提及的“东西”，具体而言，即指某个民族所具有的语言、文化现象，它在另一民族中并不存在（何秋和，1997：48）。这些独具特色的语言、文化现象体现出不同民族所特有的历史背景、文化传统、宗教信仰、意识形态等方面的差异。这种差异反映在语言中，会形成大量的“一种文化中有，但在另一种文化中没有的文化空缺现象”（张小雨，2012：145）。文化空缺在典籍英译中显得尤为突出，因为中华典籍中蕴含着诸多中华文化特有的语言、文化现象。这些语言、文化现象的空缺不可避免地会造成翻译的损失乃至误读。具体表现在：不同语言间某些文化概念的空缺导致目的语缺乏准确表达的手段；相同的逻辑命题以不同的文化形式呈现，造成所指意义相同而联想意义不同（夏廷德，2009：147）。为了尽可能减少翻译带来的损失并避免误读的发生，译者须采取相应的补偿手段在目的语文本中对源文本所造成的文化空缺进行补偿。而在诸多西方译者中，深度翻译无疑是使用最为广泛的补偿手段之一，以笔者手头搜集的《孙子兵法》英译本为例，极少有译者不采用深度翻译的。笔者想要追问：深度翻译一定能达到相应的补偿效果吗？深度翻译是典籍英译必须采取的策略吗？

深度翻译这一术语，由美国翻译理论家夸梅·阿皮亚（Kwame Anthony Appiah）提出。深度翻译，亦称厚语境化（thicker contextulization），是指在翻译文本中，添加各种注释、评注和长篇序言，将翻译文本置于丰富的文化和语言环境中，以促使被文字遮蔽的意义与翻译者的意图相结合（夏廷德，2009）。阿皮亚提出的这一术语源自文化人类学家格尔茨提出的深度描写理论。格尔茨认为：文化的概念本质上是一个符号学的概念。人类处在自己结成的意义之网内。文化就好比那些网，对文化的分析不是寻求规律的实验科学而是寻求意义的阐释科学（Geertz，1973：5）。深度描写这一术语与传统人类学的浅度描写相对。浅度描写认为：只要列举出他族文化的规则系统，然后遵循这些规则系统，就有可能融入当地文化并被当作当地人（排除外表因素）。格尔茨指出：这种描写方式是极端主观主义和极端形式主义的结合，其可预见的结果是，以分类、示例、图表或其他设计新颖的人类学调查方法所做的特定分析不一定反映了他族文化当地人的真正想法，或只是反映了他族文化当地人聪明的假装（clever simulations），即逻辑上与当地人所想的相同，但本质上完全不同。这势必引发激烈的争论（Geertz，1973：11）。深度描写摒弃了这种形式化的方法，强调“描写和观察方式的特定化、情景化、具体化，确定长期的、小范围的、定性在上下文背景中的理论前提要求”（王海龙，2004：22）。首先，深度描写的理论基础是把文化当作一个符号学的概念，即认为文化是各种符号的集合，生活在特定文化中的人从小就理解和习得了这些文化符号。人生活在文化的符号中，而不是生活在具体的文化事件中。人们使用这些符号来交流思想感情，表达对世界的看法和抒发对生活的感受（段峰，2008：173）。其次，深度描写的阐释观是基于他族文化当地人阐释的再阐释，即文化人类学家以书面形式对于他族文化的阐释是基于他族文化持有者阐释的阐释，是第二层次和第三层次的阐释。只有他族文化的当地人才有资格做出第一层次的阐释，因为这是他的文化（Geertz，1973：15）。故深度描写的目的就是去除他族文化当地人聪明的假装，即“去除无意义的文化表象，寻找真正的意义关联”（段峰，2008：173）。

基于上述深度描写理论的分析，我们不难发现，深度描写的过程实质上就是一个厚语境化的过程。语境指上下文或人、事、物存在于其中的各种有关情况、来龙去脉、背景、环境。基于认知语言学的视角，Georgakopoulou 认为：语境可分为情境语境、文化语境、语言语境和认知语境。情境语境强调交际过程中所涉及的交际参与者、交际目的、交际者的社会地位、具体场合与社会场景等；文化语境指交际主题、言语行为之类型及语言社区规范；语言语境指上下文；认知语境则指共享假设、推知过程及有关习俗、制度和规范的知识（李运兴，2010：63）。其中，语言语境包含在情境语境中，而情境语境又包含在文化语境中，但无论是语言语境、情境语境、文化语境均不能存在于交际参与者的认知语境之外，因为首先，就共享假设而言，“与其说语境是世界和上下文本身，不如说它是世界和上下文中的有关特征在交际者头脑中形成的知识积累”（李运兴，2010：70）。其次，就推知过程而言，理解是与语境紧密结合在一起的，交际过程中离开了所依据语境的背景假设，交际参与者就不能明白对方言语的意义。故从认知的角度来看，语境是一种心理构念，是听话人对世界系列假设的一个子集。正是这些假设而不是世界的真实状态影响着对于话语的诠释（Sperber & Wilson，2001：15）。在此意义上，我们说语境是动态的，而不是静态的；语境是选择的，而不是给定的。就典籍英译中的文化空缺而言，译者深度翻译的过程实质就是通过添加情境语境、文化语境和语言语境来建构认知语境的过程。因为无论是情境语境、文化语境还是语言语境，其特征均可通过在交际双方大脑中形成的认知积累相互关联。但笔者发现一个值得注意的文化现象：深度翻译的本意是达到文化的正迁移。阿皮亚认为：作为一种经常同直译法配合使用的翻译方法，深度翻译为目的语读者了解源语文化提供了一条新的路径，即在翻译文本中列举各种注释和评注，并竭力以此重构原著产生时的历史氛围，帮助目的语读者更好地理解源语文化，并由此产生对他族文化的敬意。在阿皮亚眼里，深度翻译是捍卫边缘文学、文化真实性和合法性的有力手段（段峰，2008：176）。但在一些西方译者英译的《孙子兵法》中，笔者却发现深度翻译并没能帮助目的语读者更好地理解源语文化中的文化空缺，相反却产生了文化负迁移。原因何在？

8.2 深度翻译导致的文化负迁移

文化空缺通常包含以下三种类别：一是语言类文化空缺，即在语言层面上词汇有文化内涵差别；二是交际层面文化空缺，主要指一个民族与另一个民族在文化结构特征方面的差异，如民族性格、思维方式、价值观、行为规范的差异等；三是语篇层面文化空缺，主要指由于不同文化思维方式的差异所致的语篇组织结构方面的不对应（刘越莲，2008：132）。笔者据此分类对西方译者深度翻译所引发的文化负迁移进行举例说明。首先，就语言类文化空缺的深度翻译而言，典型例子为典籍中文化词语的英译。以《孙子兵法》中“阴阳”的英译为例，卡尔思罗普译为“*Yin* and *Yang*”（Calthrop，2010：9）。“阴阳”的概念何时传入西方已经无从考证。兰凤利以 Ilza Veith 女士 1949 年《黄帝内经素问》译本中“阴阳”的英译为例，指出：在 Veith 那个时代，西方人还没有透彻地理解“阴阳”，除了偶尔直接把“阴阳”翻译为“the element of darkness”和“the element of light”等之外，大多采用音译，同时给予具体的解释；而实际上，“阴阳”在该语境中的含义早已超越了具体意义而成为具有广泛意义的抽象的哲学概念（兰凤利，2007：40）。西方译者在翻译实践中逐渐认识到：无论怎样翻译，均不能穷尽“阴阳”之内涵，因为“无论宽泛或具体，都不能穷尽阴阳之所指，这不能不说是语言的历史性所造成的遗憾”（黄海翔，2008a：37）。卡尔思罗普英译本发行于 1905 年，于 1908 年出重译本，其以“*Yin* and *Yang*”音译符合当时西方学术界对于“阴阳”的认知，但其为“阴阳”添加的脚注所产生的语境假设却误导了读者。卡尔思罗普脚注如下：“The *Yin* and *Yang* are the two principles into which natural phenomena are divided in Chinese philosophy. *Yin* is the masculine, active, or light principle, and *Yang* is the feminine, passive, or dark principle. In this connection, day and night, rain, mist and wind are designated.”卡尔思罗普把“阴阳”的内涵颠倒了。如果说由于卡尔思罗普 1905 年英译所依据的日文《孙子兵法》底本似乎存在着讹误（Griffith，1963：182），故卡尔思罗普英译也是以讹传讹尚可理解，但1908年卡尔思罗普重译本仍然对此不做改动，则令人费解。重译本的书名表明该译本译自中文底本。不管这是不是真的，至少孙子的名字已经从日文的 Sonshi 变成中文的 Sun Tzu（Ion，1990：33）。卡尔思罗普为什么没做改动？他的重译本是否以中文《孙子兵法》为底本？这一切都随着卡尔思罗普的故去而尘封于历史之中。但卡尔思罗普的深度翻译所产生的认知语境效果直接导致了误读确是不争的事实，因为"*Yin* and *Yang*"已经成为英语词典的词条。《朗文当代高级英语辞典》定义其内涵为："*Yin*，the female principle in Chinese Philosophy which is inactive，dark，negative，etc. and which combines with *Yang*（= the male principle）to form the whole world；*Yang*，the male principle in Chinese Philosophy which is active，light，positive，etc. and which combines with *Yin*（= the female principle）to form the whole world."该定义与中文语境下的"阴阳"内涵相互契合。卡尔思罗普为《孙子兵法》英译第一人，其译本仍在重印。Capstone Publishing 于2010年再次出版了卡尔思罗普1908年译本，相信阅读过此译本的英文读者如果查阅词典会大吃一惊。

就交际层面文化空缺的深度翻译而言，典型例子为典籍所涉及价值观的深度翻译。《孙子兵法》中"诡道"的英译最能说明问题。西方译者绝大多数将其译为"deception"，这本身没有问题，但如何对"deception"进行深度翻译却左右着读者的认知。闵福德的译者注为："Translator：As François Jullien points out，this is more than a trite piece of advice to be tricky for the sake of it. On this basis of deception，of dissimulation and concealment，is built the whole principle of 'manipulation' of the enemy，which lies at the heart of Master Sun's strategic thinking. It is a question of unsettling the enemy，getting him into a weak situation，or of getting him to get himself into such a situation，rather than of directly confronting him and 'fighting it out'（the heroism of action）. By these means we gradually erode the enemy's capacity to resist."（Minford，2002：113）闵福德的语境假设使读者误以为"基于诡诈的操纵"是孙子思想的核心，但孙子兵学的核心其实有两点：一是慎

战；二是知道，即探索战争规律（吴如嵩，2007：20）。非但如此，闵福德又在导论中进行了先入为主的定性："孙子主张以诡诈为其战略基石，他放弃价值标准，崇尚利己、算计、诡诈与高深莫测。这一点必须看到。"（Minford，2002：xxix）闵福德以两节——"Cunning Plans，Popular Culture""The Way of Cunning and Deceit，the Tao of Power and Expediency"的篇幅对"诡道"思想进行了概念转换的文化解读，把"诈术"思想等同于中国流行文化。闵福德之深度翻译"实质上重复了历史上东方主义者所宣扬的'狡诈是中国人的文化传统'这一观点，只是手法更加隐蔽，解读的载体变成了《孙子兵法》而已"（黄海翔，2009：68－69）。闵福德之深度翻译虽属极端个案，但其事实足以说明：深度翻译并不总是捍卫文化真实性的有效手段，在这一英译个案中，闵福德添加的文化语境所达到的语境效果更无法让目的语读者对源语文化产生敬意。更有甚者，就语篇层面文化空缺的深度翻译而言，有时译者添加的情境语境与语言语境在语境效果上竟相互冲突。梅维恒英译《孙子兵法》就是一个典型的例子。

梅维恒在译本"翻译原则"一节第五条阐述道：译文不依赖于注释或其他补充材料也应能读懂。本译本附有内容广博的介绍、数量众多的注释、附录和其他补充材料。这些是纯粹用来丰富、提高以满足读完译本正文之后仍意犹未尽的读者的好奇心。读者不应感到非得读这些介绍性和评述性的注解不可。然而，为让这一方针成功实施，就有必要对译文进行微调和扩充，以使译文的任何部分对于初学者而言均无晦涩之处。当这样的微调和扩充很重要时，它们应当被标记出来以使忠实性得到保持（Mair，2007：xxxviii）。关联理论认为：语境是动态的，对语境的选择与认定可能因人而异；语境是推理的依据，又是推理的结果，从而建立起语境设想、语境效果的概念。某一语境以命题形式作为语境设想，它可以作下一步推理的依据；作为语境效果，它又是推理一定阶段达至的理解（徐盛桓，2002：6）。梅维恒对这一翻译原则的阐述恐怕无人不能理解，其语境效果是清晰的。但当读者带着这样的语境假设去阅读译文时，还能获得这样的语境效果吗？请看梅维恒对《孙子兵法·九地篇》中一句的英译。原句如下："四五者，不知一，非霸王之并也。"梅译："If one does not know the advantages and disadvantages of even a single one of the four plus five, he cannot be the leader of the forces of a hegemon king.” 面对“the four plus five”所传递出的语境设想，读者能做出怎样的推理，又能达到怎样的语境效果呢？“四五者”属于典型的语篇层面文化空缺之案例。中国人受“天人合一”及“直觉”“关系”取向影响，语篇表达大多采用层层递进、起承转合、渐入佳境的“归纳式”；而西方人更倾向理性、逻辑演绎，或开门见山，或先果后因，直入主题。那么，“四五者”是对上文什么内容的归纳呢？既然深度描写的阐释观是基于他族文化当地人阐释的再阐释，而梅维恒英译又是以中华书局上海编辑所 1961 年《宋本十一家注孙子》影印本为底本，且看各位语内翻译注家如何评述。查《宋本十一家注孙子》，曹操曰：“谓九地之利害。或曰：上四五事也。”张预曰：“谓九地之利害，有一不知，未能全胜。”基于曹操、张预之阐释，梅维恒以“the four plus five”直译“四五者”违背了其在翻译原则中所阐述的“译文不依赖于注释或其他补充材料也应能读懂”的承诺。而事实上，梅维恒也确实加了注释来说明“the four plus five”的语义内涵，其注如下：“According to Cao Cao, this is merely another way to refer to the nine varieties of terrain discussed several times elsewhere in the text.”（Mair, 2007: 158）但曹注还有一说：“或曰：上四五事也。”梅维恒则直接省略未在其注中列出。这就把曹注人为地割裂了。梅维恒为什么没有把曹注完整地译出？唯一的解释就是其本身对“四五者”所归纳的内容并不理解，这也从一个侧面说明译者在不理解原文的基础上所做的深度翻译是不能促使被文字遮蔽的意义与翻译者的意图相结合的。基于上述事实，我们不难发现：深度翻译并不能保证目的语读者对源语文化的理解，不能保证捍卫文化的合法性和真实性，也不能保证被文字遮蔽的意义与翻译者的意图相结合。笔者想要追问的是：什么原因使这些西方译者的深度翻译与深度翻译定义的效果大相径庭呢？问题不在于深度翻译定义本身，而在于深度翻译过程中认知语境的建构。

8.3　深度翻译与认知语境之建构

深度描写理论认为：人处于由文化符号编织的意义之网内。对文化的分析是寻求意义的阐释科学。语言乃文化的载体。Verschueren（2000：76）把语言的表达者和解释者置于语境框架的中心。由于人在认知语境的建构整合过程中起着核心作用，那么从人的视点，就形成了三个不同的建构视角：主体性、主体间性、主客体间性。主体性指认知主体从自己的信念、态度、知识等出发建构整合认知语境；主体间性指认知主体从主体之间的关系出发建构整合认知语境；主客体间性指认知主体从主体自身与当前客观的物理环境之间的关系出发建构整合认知语境（胡霞，2005：69－71）。然而，翻译本质上是以语言符号转换为形式，以意义再生为任务的跨文化交流活动（许钧，2003：196）。跨文化交际必然涉及明示及推理两个方面。明示即说话人把信息意图明白无误地展现出来，推理即听话人依据说话人的话语，结合语境假设，求得语境效果，获知说话人的交际意图。无论是信息意图还是交际意图，均需借助言语形式的明示刺激产生的语境化所达到的语境效果来实现。个人所实现的语境效果就是认知效果。语境效果体现在：新信息加强了现时的语境假设；新信息与现时的语境假设出现相互矛盾或抵触；新信息与现时的语境假设相结合，产生了语境隐忍（何自然，2001：F26）。就典籍英译的深度翻译而言，也就是说：只有当译者添加的注释、评注或长篇序言所提供的新信息加强了原作者的语境假设或与原作者的语境假设相结合产生语境隐忍，才有可能达到深度翻译定义中所要求的语境效果。而要达到这一点，译者的翻译意图须不悖原作者的信息意图。那么，译者如何才能做到不悖原作者的信息意图呢？

译者英译典籍之过程经历了两次不同的语内交际过程：第一次是作为原作者之意向读者的译者与原作者发生的原语语内交际活动；第二次是作为译文作者的译者与意向中的译文读者发生的译语语内交际行为。从跨文化交际的角度来看，理想的忠实应当是译语交际行为忠实于原语交际行为，即译者的信息意图忠实于原作者的信息意图。译者之理解乃译者识别原作者信息意图之过程，同时也是译者推理至一定阶段所达到的语境效果。信息意图中要显现或更加显现的系列设想才是原作者要交际的内容，这些设想是思想，是概念表征，也是信息。由于思想即设想不会转移，这些设想会被译者选择，并在推理中扩展、充实成言语表达之意义。故在关联理论视角下，“意义不再是一成不变的常量了，而成了变量，是因人而异的。同样一句话，或者说同样一个语义表达式，只有每个人根据自己各自不同的认知环境进行推理后，才能产生意义；而这个最终的意义是随着每个人不同的认知环境而发生变化的”（林克难，2006：116）。相对于意义而言，原作者通过信息意图显现给意向读者的系列设想即原作者的思想是不变的，而传递原作者思想的交际方式即信息意图也是不变的。因此，我们可以把忠实原交际简化为忠实原作者信息意图。意图的稳定性让译者在翻译时找到了稳定的忠实参照物，原作者信息意图中的系列设想则为再现原作者的信息意图提供了参数（王建国，2009：44）。根据 Sperber 和 Wilson 对信息意图与交际意图之定义，意图乃“一种做事的趋势”（王建国，2009：12）。《孙子兵法》的信息意图可以概括为“把关于孙子军事思想的一系列设想显现或更加显现给意向读者的一种趋势”。只要译者英译之语言选择所体现出的语境效果不违背这一趋势，我们就认为译者的翻译意图不悖原作者的信息意图。这与格尔茨关于深度翻译阐释资格的论述是一致的。

格尔茨认为：深度翻译是基于他族文化持有者阐释的再阐释。就典籍英译而言，由于典籍原作者已故去，译者只能通过原文明示刺激与原作者间接交流；而译者对原作者背景信息和原文语言语境之研究则不可避免地涉及典籍之语内翻译，即译者首先须将典籍原本由古汉语译成现代汉语，再由现代汉语译成现代英语。但实际情况是，绝少有译者能身兼两任，即便是以汉语为母语的中文专业人士，不经过长期的专业训练，想要直接读懂典籍原本也非常困难。故明智的方法是以译者认同的该典籍的某一权威注释本或现代汉语译本进行翻译，综观当世影响最大的一些典籍英译本，莫不如此（黄海翔，2008b：144）。以《孙子兵法》英译为例，西方汉学界诸多译本均以同一传本系统的《十一家注孙子》或《孙子十家注》为底本来翻译。故从跨文化交际的视角来看，深度翻译的语境建构本身就体现出主体—客体—主体相互制约的特征。单纯从主体性、主体间性或主客体间性出发来建构认知语境均不能达到深度翻译定义的效果。单纯从主体性的视角出发，其结果必然是使主体的个体意识失去约束而成为相对主义的东西，客观性的尺度也就消失了（吕俊，2006：132），以上“阴阳”之深度翻译便是一例。单纯从主体间性的视角出发建构语境也面临着相同的问题。主体间性是一种从主体间的关系来定位客观性的理论。但是主体之间的对话是否有普遍有效性，是否就是正确的，都成了无法衡量的东西。因为在人的认识中，人的概念是否包括真理性，是否与对象的本来面目相符合，都不是一种十分清楚的事实，因为仅在认识范围之内，意识是无法超出自身去切中在它之外的对象的（吕俊，2006：132）。以上文闵福德对“诡道”的深度翻译为例，闵福德在导论中英译法国传教士阿米奥特的评论作为理据，其英译如下：“In the eighteenth century Father Amiot did not hesitate to challenge them：‘It is not necessary to say here that I disapprove of all the author has to say on this occasion about the use of artifice and ruse... Most of the maxims in this section are reprehensible，as contrary to honesty and other virtues held in esteem by the Chinese themselves.’”（Minford，2002：xxix）但阿米奥特作为《孙子兵法》第一个西方译本的译者，他本人对“诡道”认知语境的构建完全基于自身的信念，完全忽视了“诡道”产生的历史文化背景。故闵福德与阿米奥特之间的主体间对话看似达成了共识，实际上是与对象的本来面目不相吻合的，而单纯从主客体间性的视角出发建构语境似乎避免了上述缺陷。尽管我们说认知语境是一种已经内在化了的语用知识，但主体对自身与当前环境之间的识别是其客观环境内在化的前提，没有对这一关系的识别，或对这一关系的识别产生了误差，那么主体的内在化语用知识就无从激活或激活错误，从而导致所建构的认知语境产生巨大的差异，甚至相悖。上述梅维恒在“四五者”上所做的深度翻译就充分说明了这一点。

综上所述，作为文化空缺补偿手段的深度翻译并不都能达到相应的补偿效果。要达到其定义的语境效果，也不是非要采取深度翻译不可。因为如果添加的注释、评注和长篇序言非但不能帮助目的语读者理解源语文化，反而会对目的语读者产生误导或破坏源语文化的真实性，则这样的深度翻译已经背离了文化正迁移的初衷。

8.4 小 结

《孙子兵法》英译中的文化空缺是在典籍英译中常见的。深度翻译作为一种被西方译者广为采用的补偿原文文化空缺的厚语境化翻译策略，在实际操作中并不总是能达到其定义的翻译效果，原因就在于一些西方译者在建构认知语境的过程中忽视了深度翻译必须遵循的一条核心原则：基于他族文化当地人阐释的再阐释，从而导致了文化负迁移的发生。上述三位西方译者在处理《孙子兵法》文化空缺时所采取的深度翻译实践表明：无论是基于主体性的语境建构视角，还是基于主体间性抑或主客体间性的语境建构视角，如果译者背离了这一核心原则，则其深度翻译势必会陷入个人意识的操控之中，所提供的新信息与源语文化当地人现时的语境假设难免发生矛盾或冲突。

第9章 《孙子兵法》英译的文化杂合

9.1 文化杂合与自我建构

杂合（Hybrid）指“在基因遗传特质上迥异的两种动物或植物的后代”（Pappas，2008：795）。19世纪以后，这个词得到了越来越广泛的运用，不仅频频出现在人们的日常用语中，而且进入了学术研究的许多领域，成为一些学科中的重要概念。它先是主要用于自然科学领域，后来又逐渐渗透到社会科学各学科之中（韩子满，2005：3）。巴赫金认为：“杂合”指的是“两套语义和价值信仰系统的混合”与“两种民族语言的交融混合”（Bakhtin，1981：304，358）。目前势头正盛的全球化浪潮极大地加快了各文化之间的交流与互动，文化的杂合其实已成为一种普遍现象。后殖民学者罗特曼（Yuri Lotman）就认为，文化就像是一条裹挟着许多速度和强度各不相同的水流的河流一样，处于不断的“克里奥尔化”（杂合）状态之中（Papastergiadis，1997：268；韩子满，2005：11）。语言是文化的表征。文化杂合亦以语言杂合为其主要表征。文化不但决定着语言指称的内容和方式，还规定着人们的语言观念。语言建立在“感觉同一性”的心理基础上，能够超越主体之间的界限，使一些人的内部世界转换成另一些人的内部世界，帮助人们建构认识的异中之同，形成文化共识。而且，语言是文化的符号，与文化结成能指与所指的关系（顾嘉祖，2009：123）。就西方译者的中华典籍英译而言，文化杂合客观上导致了译文的杂合，而译文的杂合反过来也促成了杂合文化的产生。典籍翻译的性质决定了典籍翻译须经过语内翻译和语际翻译两个阶段。在语内翻译阶段，译者的诠释受制于汉语诠释传统——训诂学，其主体性是有限的；在语际翻译阶段，译者的诠释体现出强烈的为我性，其主体性表现为目的性、历史忠实性和选择性（黄海翔，2008b：144）。译者的主体能动性在很多时候都是译文杂合性最直接的决定因素。原文中的异质性成分能否得到保留，决定权通常还是在译者手里。正如列维指出的那样，翻译活动其实也是一个译者“作决定的过程”（1989：38）。在这一过程中，译者本身的审美情趣、翻译观念及倾向，以及翻译目标都会对译文产生很大的影响，有时甚至是决定性的影响。对于那些来自原文的异质性成分，译者既可以在译文中保留，也可以用具有译入语语言、文化、文学特点的成分加以替代，或是全部删除。译者的每一种选择都对译文的杂合性具有决定性的影响（韩子满，2005：103）。故译者作决定的过程亦是译者主体自我建构之过程。换言之，译者主体之自我建构决定了译文杂合度。那么，笔者想要追问的是：在译者主体自我建构与译文杂合度之间，存在着怎样的互动关联呢？笔者拟以《孙子兵法》英译的经验分析为例，对此做一探讨。

当今美国著名文化学家 Ting-Toomey 指出：要和不同文化的人进行有效交际，我们必须留意自己和他人的身份认同，特别是对价值观和自我观念的理解（顾力行，2007：xii）。自我观念即我们对自身的看法。我们对自身的看法源自我们在特定情况下如何感知自己及我们作为不同团体（比如文化的、种族的、性别的团体）成员对自身的看法。自我观念通过下列特征与个人主义—集体主义的核心价值观维度相关：独立的与相互依赖的自我建构，个人的与集体的自我尊重，广义基础上的与内集团基础上的互动。自我建构与文化价值观、规范和交际相关联。最新研究所提供的来自经验的证据表明在每个个体中有两种维度的自我，一为独立的自我建构，另一为依赖型自我建构，不管他的文化认同如何（Ting-Toomey，2007：76）。独立的自我建构和依赖型自我建构分别指人们设想他们自己独立的或与他人联系的程度。独立的自我建构包含个人是具有个性化情感、认知和行动方式的独一无二的实体的观点。依赖型自我建构则强调相互关联的重要性（Markus & Kitayama，1991：224－253）。具有高度的独立自我建构的个体倾向于视他们自身与他人截然不同且在所处语境中是独一无二的。

他们运用自身的能力、个性和观点而不是他人的想法和情感作为动机的基础，视自身为独立建构型的人，尊重个体主义、个人成就、自主和竞争。当与他人交流时，独立建构型的人信奉要为个人目标而奋斗，控制自身外在的环境，自信地表达他们的需要。依赖型我建构的人想适应他人，举止恰当，促进他人目标的实现，重视一致与合作。与他者相关的自我主导着社会语境下依赖型自我建构者的行为。独立的自我建构在个人主义文化或民族团体中占优势，在交际风格上体现为公开的、直接的低语境交际风格。依赖型自我建构在集体主义文化或民族团体中占优势，在交际风格上体现为巧妙、间接的高语境交际风格（Ting-Toomey，2007：76－77）。

从认知的角度来看，建构之本质是当我们体验新事物时，我们会根据自己先前已经证实的经验或知识结构内化新事物。内化过程表现为同化与顺应两种形式。同化是把外界刺激引入原图式，顺应是主体在受到外界刺激后，改造旧图式以适应外物，形成新图式。图式指一种内化的或简化的心理组织或结构，是认识结构的单元。皮亚杰认为，认识发展过程是一个内在结构连续的组织和再组织的过程，这种过程经常进行，但又是不连续、有阶段的，前一阶段为后一阶段结构的基础。从前一结构到后一结构的变化有两种方式，一为同化，另一为顺应。同化与顺应都达到平衡状态，形成一个稳定的图式，即人的认识（冯契，2000：304）。Brewer 等（1996：83－93）进一步发展了自我建构理论，主要有两方面的重要推进。首先，独立和依存同为人类的两种基本需求，个人取向和人际关系取向的自我建构应当同时共存于每个人身上；而人际关系取向的自我建构仍可做进一步划分，即是从亲密关系，从自我和团体之间的关系来定义自我。Brewer 等认为，每个个体的自我建构都包含三个组成部分：从自身独特性定义自我、从自己与亲密他人的关系中定义自我、从自己和所从属团体的关系中定义自我。他们将这三种建构倾向分别命名为个体自我、关系自我和集体自我。这一思想被 Sedikides 等人命名为三重自我建构理论（刘艳，2011：427）。Markus 等（1991：224－253）认为：自我观念深刻地影响着人的交流。具有强烈的独立自我意识的个体往往把他们自身看作自主的、自力更生的、不受妨碍的理性的选择者，而具有强烈的相互依赖自我意识的个体往往把他们自身看作与内团体黏合在一起的（in-group-bound）义务代理人与和谐探索者。两种类型的自我建构都存在于同一种文化中。然而，总的说来，独立的自我观念在个人主义文化中更加普遍，相互依赖的自我观念在集体主义文化中更加普遍。总体而言，中华文化属于集体主义文化，西方文化属于个体主义文化。译者英译中华典籍时无法回避的一个问题就是如何从依赖型自我建构占优势的高语境交际风格转换为独立的自我建构占优势的低语境交际风格。这就不可避免地涉及译者文化心理的转换和译者的自我建构。

9.2 文化杂合与译者的自我建构

文化心理是指人在一定的语境中具有的对一定的文化刺激做出的该文化所规定的反应，即特定文化中的人内在固有的对刺激的解释和以此为基础表现出的行为模式或方式。所谓文化刺激，是指某一种（族）群在其进化和发展中根据自己的需要或一定的目的而赋予一定意义或价值的刺激，即对该种（族）群的人具有特定意义或价值的刺激。由此可以说，文化心理是人依据赋予刺激的特定意义或价值所表现出的心理（李炳全，2004：38）。以《孙子兵法·计篇》“天”的英译为例。原句如下：“天者，阴阳、寒暑、时制也。”翟林奈译为“Heaven signifies night and day，cold and heat，times and seasons”（2008：2）；闵福德译为“Heaven is *Yin* and *Yang*，cold and hot，the cycle of seasons”（2002：4）；索耶尔译为“Heaven encompasses *yin* and *yang*，cold and heat，and the constraints of the seasons”（2007：157）；梅维恒译为“Heaven comprises *yin* and *yang*，cold and heat，the ordering of time”（2007：77）。上述几位知名译家均把“天”译为“Heaven”，据《牛津现代高级英汉双解词典（简化汉字版）》，“Heaven”意为“God，Providence”（上帝）。从跨文化交际的视角来看，以“Heaven”译“天”，只是传递出了语言意义，而没有传递出文化意义，移植文化的交际目的并没有达成。因为，“现代汉语词汇系统中，有的词语只有语言意义。有的词语只有文化意义，需联系当时出现的社会文化背景才能解释。有的词语则蕴含语言意义和文化意义”（陈建民，1999：171）。以“天”为例，孙子所定义的“天”与“Heaven”所传达的文化内涵毫不相关。我们所说的信息包括的语言意义就是本义，而文化意义除陈建民指出的意义外，还应包括语言结构所包含的文化意义、语义包含的文化意义和语用所包含的文化意义。比如：英语词“freeze”的语言意义是“to be formed into ice; be hardened or solidified by cold”（冰冻）。它的语用文化意义是“Don't move, or kill you”（不许动，动就打死你）（周志培，2013：3）。上述译者以“Heaven”译孙子所定义的“天”，非但文化意义大相径庭，语言意义也完全不同。即便考虑到句首首字母大写的因素，“Heaven”与“天”也只能是表面上语言意义一致，而文化意义则风马牛不相及。斯内尔—霍恩比认为：这种表面上的语言意义一致“以语言间的对称为先决条件”，却“歪曲了翻译的基本问题”，因为它把翻译过程简化为纯粹的语言练习，忽视文化、文本以及其他语境因素，而现在人们普遍认为，这些因素在翻译中起着十分重要的作用（沙特尔沃思，2005：67）。

这种表面上的语言意义一致实质上是译者以译语文化心理为诠释标准，以自己认为合理的解释代替源语文化之文化惯约，这就导致了译文的杂合，即“两套语义与价值信仰系统的混合”。以译语文化心理为诠释标准的译文杂合，有时会使得译文读者在文化心理上陷入文化价值的冲突之中。以孙子对“天”的定义为例，当读者带着“Heaven”的文化内涵来理解定义“阴阳、寒暑、时制”时，产生由文化意义之内涵差异所导致的文化价值落差在所难免。沙夫娜和阿黛柏认为：杂合是“当今跨文化交际的一个特征”，“是由翻译过程所产生的。这种文本显示出一些对于译语文化来说有些‘不正常/奇怪’的特点”。不过，这些特点并不是“译者能力不足的结果或是翻译腔，而是译者有意识的决定”，并断言，“从某种意义上说，所有的译文都是杂合体”。具体说来，这种文本主要有两个特点：一是保留原文化的一些或所有特点，从而在目标文化中产生了一种新的文本类型；二是反映了与目标语规范相冲突的具体的（词汇、句法、风格等）文本特点（韩子满，2005：15－16）。译者是以译语文化心理为诠释标准，还是以源语文化心理为诠释标准体现了译者的自我建构倾向。再以《孙子兵法·计篇》“法”的英译为例，原句如下：“法者，曲制、官道、主用也。”翟林奈译为：“By method and discipline are to be understood the marshalling of the army in its proper subdivisions, the gradations of rank among the officers, the maintenance of roads by which supplies may reach the army, and the control of military expenditure.”（2008：3）闵福德译为：“Discipline is organization, chain of command, control of expenditure.”（2002：107）索耶尔译为：“The laws（for military organization and discipline）encompass organization and regulations, the Tao of command, and the management of logistics.”（2007：157）梅维恒译为：“Method comprises organization of units, official channels, control of materiel.”（2007：77）据《牛津现代高级英汉双解词典（简化汉字版）》，“method”意为：①system, orderliness（规律，秩序）；②way of doing something（方法，办法）。“discipline”意为：①training, esp. of the mind and character, to produce self-control, habits of obedience, etc.。②the result of such training order kept（eg. among school-children, soldiers）（学生、士兵等之纪律，风纪）。③set rules for conduct; method by which training may be given（戒律，训练方法）。④punishment（惩罚）。⑤branch of knowledge; subject of instruction（学科，科目）。“law”意为：rule made by authority for the proper regulation of a community or society or for correct conduct in life（法律，法令）。我们不难发现，上述各知名译家的英译实质上都是基于翟林奈的英译演化而来。翟译本作为《孙子兵法》的第一个权威译本，其影响力历经百年而不衰，至今仍不断地重印发行。后续译者要想在《孙子兵法》的英译这一文化生产场域内占据一席之地并力求有所突破，则不得不对先前译者的译作进行研读，故不管后续译者愿不愿意，其实质上与先前译者构成了《孙子兵法》复译生产场域中的“亲密”关系。就上述译家对“法”的英译而言，其自我建构体现出鲜明的“关系自我”的特征。但也有译者自成一体，独辟蹊径。以上述“法”之英译为例，《孙子兵法》另一权威译家格里菲斯译为：“By doctrine I mean organization, control, assignment of appropriate ranks to officers, regulation of supply routes, and the provision of principal items by the army."(1963: 65) 格里菲斯以脚注阐释他如此翻译的理由："The character 'fa'(法), here rendered 'doctrine', has as a primary meaning 'law' or 'method'. In the title of the work it is translated 'Art'. But in v. 8 Sun Tzu makes it clear that here he is talking about what we call doctrine."(1963: 64) 格里菲斯把"法"译为"doctrine"，别有新意，因为就孙子对法的定义而言，确实与西方现代意义上的"法"的概念有相当距离。孙子所处的时代中国处于高度人治的状态，以一人一家的学说为古军法制定的基础并不鲜见，如著名的《司马法》就不仅是专门的军事理论著作，还包括军法、军礼、军事条例等典章制度。故笔者认为：格里菲斯之英译考虑到了《孙子兵法》产生时的历史语境，以源语文化心理为诠释依据，依靠自己先前已经证实的知识结构来做出自己的选择，其自我建构体现出鲜明的"个体自我"的特征。格译本之所以能够入选联合国中国代表作丛书，成为与翟译本并驾齐驱的又一权威译本，与其译作具有鲜明的个体自我的建构特征是分不开的。基于上述自我建构倾向的分析，我们不难发现：无论译者内化过程采用的是同化还是顺应，都与译者的心理图式紧密相关。译者既已做出自己的选择，便认为自己的选择形成了一个稳定的心理图式，同化或顺应达到了平衡状态。从这个意义上说，译者英译时业已潜意识地把自己内化新事物时所依据的经验或知识结构等同于认知语境了。从认知的角度来看，语境是一种心理构念，是听话人对世界系列假设的一个子集。正是这些假设而不是世界的真实状态影响着对于话语的诠释（Sperber & Wilson, 2001: 15）。译者在英译时如果把自己所依据的经验或知识结构简单地等同于认知语境，就会导致文化简化主义现象的发生。对于所谓文化简化主义，安乐哲认为：任何西方人文学者如果试图使用"翻译过来的"中国材料，无论是文本的还是观念的，最大的障碍不是译文的句法结构，而是那些赋予它意义的特殊词意。在这类译文里，那些关键的哲学词汇的语义内容未被充分理解，更严重的是，由于不加分析地套用渗透西方内涵的语言，使得这些人本主义者为一种外来的世界观所倾倒，以为自己是在熟悉的世界中，虽然事实远非如此。简单地说，他们翻译中国哲学的核心词汇所用的现存的常规术语，充满了不属于中国世界观的东西，因而强化了上述一些有害的文化简化主义（2002：17－18）。上述西方知名译者对“天”“法”的英译就落入了文化简化主义的窠臼。

9.3 小　结

纽伯特把译者内化新事物时所依据的经验或知识结构称为心理框架，他定义道：经验的积累过程可称为心理框架的构建，知识结构本身就可称为心理框架（1992：60）。斯内尔—霍恩比定义“心理框架”为“读者/译者的个人经验”，这一定义与其他翻译理论家的观点完全吻合，即被文本激活的心理框架与正被讨论中的语言使用者的社会文化背景紧密相连（Katan，2004：25）。心理框架在文化杂合中的作用在某种程度上也是通过语言使用者的社会文化背景来实现的。在认知心理学中，心理框架这一概念被用来阐明人类交流中存在的问题。首先是心理框架与语境的关系。心理框架是一种内在的心理状态，是我们内心世界图式的组成部分，而语境则是某种现实的外在体现。心理框架所揭示的是理解过程中的某种思维，是非真实的，正如我们内心的世界图式并非它所代表的实际疆域一样（Bateson，1972：187）。其次是心理框架与元信息的关系。心理框架与元信息紧密相关。跨文化交流实际上是建立在元信息之上的交流。“元”具体地指一位于较高等级的逻辑层次，它为解释位于其下一等级逻辑层次的意义提供了线索。基于此，认知语境必须附属于心理框架的逻辑层级，方能为译者解决文化心理的差异提供可资借鉴的思路。因为如果译者能以源语文化心理框架和译语文化心理框架共享的元信息为推理依据，则可为位于其下一等级逻辑层次的意义解释提供逻辑前提。而识别共享元信息的前提是译者须具备理解和分析文化差异之能力。而译者要具备这种能力，就须借助于文化逻辑。文化逻辑之所以能够产生作用，是因为交际者赖以生存的社会世界是一个人际生态复合体。这种人际生态复合体通过一般环境和/或特定语境下个体之间互明的假设和反假设系统，在人类学和语言学的主题领域之间架起了沟通的桥梁。对于特定文化概念的共享的假设使人类群体有共同的逻辑前提，可以做出预料中的趋集于一点的推理过程（Enfield，2000：36）。这表明：文化逻辑是基于自然逻辑法则的思维方式和认知方式，其方式是人们以基于事实的同一的假设诠释彼此的行为。以文化逻辑为思维方式和认知方式来探讨文化心理的差异是因为文化的差异性有着共同的抽象基础。随着全球化语境下中英文化交流的频繁与深入，原先为中华文化语境所特有的元信息也逐渐被英语文化语境中的成员理解、接纳，最终有可能为英语文化语境所吸收、消融，成为英语文化语境中的元信息。《孙子兵法》一百多年的英译史表明：不同文化语境中的元信息（或逻辑前提）之共享是完全有可能的。在欧美，《孙子兵法》的相关论述在有关企业战略、组织和竞争的书籍、论文中被广泛引用就说明了这点。在全球化的语境下，译者不只处于目的语文化或源语文化，而是处于这两种文化交汇的部分。译者应认识到：文化翻译的探讨之所以成为可能，不仅由于源语的异质性，而且也由于目的语的异质性以及两者之间历史的关联（Sturge，1997：34）。以《孙子兵法・军争篇》中“是故朝气锐，昼气惰，暮气归”之英译为例。翟林奈译：“Now a soldier's spirit is keenest in the morning；by noonday it has begun to flag；and in the evening，his mind is bent only on returning to camp.”（2008：30）句中“朝”“昼”“暮”均直译，其表达的逻辑内涵与孙子在《孙子兵法・军争篇》中阐述的内容“故夜战多火鼓，昼战多旌旗，所以变人耳目也”自相矛盾。那么，翟林奈英译时是如何考虑的呢？他加了一条注来说明当时的心理，其注曰：“Always provided，I suppose，that he has had breakfast. At the battle of the Trebia，the Romans were foolishly allowed to fight fasting，whereas Hannibal's men had breakfasted at their leisure.”（2008：109）这是典型的以自己的主观假设来代替文化惯约的例子。格里菲斯英译与翟林奈的近似，其英译如下：“During the early morning spirits are keen，during the day they flag，and in the evening thoughts turn toward home.”（1963：108）但他引梅尧臣之注解释“朝”“昼”“暮”之引申意指，其注为“Mei Yao-ch'en says that ‘morning’，‘day’，‘evening’ represent the phases of a long campaign”

（1963：108），该注弥补了译文的文化空缺，清晰地表达出“朝”“昼”“暮”已成为文化惯约的引申意指。

基于上述分析，典籍翻译中的文化杂合与译者的自我建构紧密相关，建构之实质在于：当我们体验新事物时，会根据自己先前已经证实的经验或知识结构内化新事物。这就不可避免地涉及高低文化语境下文化心理的转换。而文化心理的转换又涉及译者心理框架与认知语境之关联。译者首先须具备理解和分析文化差异之能力，这就要求译者借助文化逻辑来探讨文化心理之差异及存在于文化心理差异下的共同的抽象基础。文化逻辑之核心是特定文化语境所提供的且为该文化语境所特有的逻辑前提，对逻辑前提的探讨就不可避免地涉及元信息和心理框架与语境之间的关系，本章对这一关系做了初步的探讨。

第10章　《孙子兵法》英译的文化资本

10.1　文化资本、惯习和差异

《孙子兵法》是中国现存最早的最有价值的军事典籍，被世界各国公认为是最富哲理性和发生着深远影响的兵法（张文儒，1997：3）。以《孙子兵法》英译而论，据笔者统计，自1905年卡尔思罗普译本始，至2008年Thomas Huynh译本止，西方已出版了22个英语译者翻译的英译本。国内外学者对《孙子兵法》英译的文化研究主要集中于文化的文本特征，即把文化的研究等同于通过"像语言一样"发生作用的指谓系统（signifying system）产生的意义的探索，而相对忽视了译者的翻译不但是符号转换的产物，也是社会实践的产物。翻译永远都是可重复的、暂时的，每一个特定的译本都使其他译本的出现成为可能（Hermans，2007：62）。翻译的这一社会属性注定了《孙子兵法》之复译是一种必然。复译本译者在"对于原文的理解与翻译方法以及追求的效果等方面要有所超越"（王宏印，2006：175），在复译的文化生产场域内占有一席之地，则竞争不可避免。法国社会学家布迪厄（Pierre Bourdieu）认为，决定竞争的是资本的运作逻辑。资本与场域相互依存。资本既是场域内行动者竞争的目标，同时又是场域内行动者竞争的手段。因为资本既是一种社会关系，也是一种能量，它只在其产生和再生的领域里存在和发挥作用，每一种依附于阶层的财富的价值和效用是由各个领域特定的规律所赋予的（Bourdieu，1984：113）。西方译者以文化资本作为手段来竞争构成中华文明文化资本的典籍复译话语权，在《孙子兵法》英译史上并不鲜见，如翟林奈与格里菲斯。他们是如何以文化资本作为竞争手段已有学者做过论述，笔者无须赘述。笔者感兴趣的是：在翟译本与格译本已成经典之历史语境下，西方又有一位译者以独特的文化资本运作手段向经典发起挑战，并在英语文化语境中取得空前成功，这不能不说是《孙子兵法》西传中文化地域性的又一典型案例。这位译者就是2003年美国“独立出版商多元文化非小说类奖”得主加葛里亚蒂（Gary Gagliardi）。使用社会学的方法对加葛里亚蒂的案例进行分析可以使我们“不局限于把典籍复译定位在语言框架内，通过互文比较对错误进行评估；而是将其定位于更加复杂、更加动态化的社会环境之中，在这种社会环境之中，典籍复译可被看作社会实践。为达此目的，就有必要把所有的行动者——参与到这一社会实践中的个人和公共机构——融入分析中去”（Heilbron & Sapiro，2007：104）。在《孙子兵法》复译的文化生产场域中，加葛里亚蒂是如何颠覆现存的价值观体系，超越先前译者的呢？通过关注译者本人并运用布迪厄的社会学理论对作为社会行动者和文化实践者的译者在文本生产和话语实践中所扮演的角色进行批判性分析（Inghilleri，2005：125），笔者试图阐明加葛里亚蒂在不同的历史和社会文化语境中是如何运用文化资本在文本实践和非文本实践的竞争中脱颖而出的。

资本是行动者累积的劳动（以物化的形式、实质化的形式或身体化的形式）。当行动者或行动者团体在私有的即独占的基础上占有资本时，他们就能够以物化劳动或活劳动的形式来占有社会能量。资本是物质固有的力，蕴含在客观结构和主观结构之中，但它也是固有的法则，隐藏在社会世界内在规律性下。它使得社会游戏（尤其是经济游戏）不同于简单的彩票游戏（Bourdieu，1986：24）。文化资本以三种形式存在，即身体化、客观化和制度化的形式。所谓身体化的形式，即肉体和感性的特殊秉性和气质；所谓客观化的形式，即以文化商品的形式存在，如绘画、书、字典等；所谓制度化的形式，即受到国家体制控制和核实的资本，如学历、学术头衔、学术奖励等（Bourdieu，1986：242）。布迪厄认为，身体化形式的文化资本是其他两种形式文化资本的基础，这种特殊秉性和气质是先天遗传和后天习得之结果。它不但源自投入大量时间接受教育，也源自惯习的熏陶。这些已经化为身体和感觉的秉性成为行动者相互区别的惯习的重要组成部分，它们的存在和运用决定着行动者在场域中所制定和采用的策略（宫留记，2010：137）。惯习是促使行动者运用资本的性情倾向，根据布迪厄的定义，惯习是已内化的且已被转化成性情倾向的必要性和必然性，这种性情倾向产生富有意义的实践和赋予意义的感知；它是一种普遍的、可转换的性情倾向，超出了直接习得的范围，实现了对内含在学习条件中的必要性和必然性的系统的、普遍的运用（Bourdieu，1984：170）。基于惯习的本质是“已内化的且已被转化成能产生富有意义的实践和赋予意义的感知的性情倾向的必要性和必然性”，惯习构成了“主观性中的客观性”，这种客观性在某种程度上反映了“个人对社会世界所做的设想和表述所塑造的社会现实”（Bourdieu，1993）。惯习的作用在于，它将这种必要性和必然性内化成了人们的偏好，从而将直白的现实掩盖了起来。也就是说，由于惯习的存在，人们认识不到他们的哪些区分性特征是社会世界现实的直接反映，而只会认为那是出于他们的秉性，以及他们的品位。对社会现实的认识被转化成了一种潜意识或无意识（张欢华，2008：237）。在翻译中，译者总是希望能与原作者的惯习达成共鸣，从而能给读者留下感同身受的印象。加葛里亚蒂在接受 Sonshi. com 采访时说道：“我姐姐在我过生日时送我一本《孙子兵法》作为生日礼物。其时我是一个无目标的大学辍学生，四年中做了四份工，被两家公司辞退。当时我做销售，几乎立刻就明白如何运用孙子的观点来纠正我正在销售中犯的错误。当我运用孙子的原则时，我的命运开始改变。”（Gagliardi，2014）加葛里亚蒂之言让读者觉得译者与孙子惯习相通，而译者越是表现出与原作者惯习相通，则越容易被读者接受，因为身体化文化资本“是一种知识形式，一种内化的编码或一种认知的获得，这种认知的获得使得社会行动者对文化关系和文化产品具有了移情、欣赏或解释的能力”（Bourdieu，1993）。

与身体化文化资本的符号本质不同，客观化文化资本指实体产品，而实体产品的物质性通过销售可以传递。比如，《孙子兵法》原著及其英译本以及相关书籍都是以客观化形式存在的文化资本，一旦被传递，就可以直接转换成经济资本。

与劳动力市场交换价值紧密相连的是制度化文化资本，它包括社会承认的学术资格和学术头衔，这些学术资格和学术头衔是“一种文化能力的凭证，它给予持有者传统的、恒定的受到法律保护的文化价值”。加葛里亚蒂在其译本封面赫然以烫金字体标出“唯一获奖译本”，就是意在确立其作为译本持有人的价值。

综上所述，文化资本是资本持有者知识、技能、经历、能力和决定了持有者在特定社会能够拥有多大社会和经济地位的世界观的总和（Song，2012）。与经济资本相同，文化资本也是一种投资，也能产生利润（De Graff，2000：92－111）。译者要想通过竞争成功占有文化生产场域中的文化资本，则本身需要有作为竞争手段的足够的文化资本。加葛里亚蒂在复译《孙子兵法》前，就仔细评估了自己所拥有的文化资本，其个人网站（www. garygagliardi. com）从培训背景、商场胜利、顾客褒奖、图书奖励、孙子战略教学史、独特的家庭背景、身体怪癖、个人哲学、孙子战略与癌症、商业奖项、技术书籍十一个方面详细列出了加葛里亚蒂所拥有的三种形式的文化资本。但译者除了足够的文化资本，还需要运作文化资本的策略和技巧。布迪厄解释了在文化生产场域的竞争中脱颖而出的意义：成名意味着出人头地，意味着与其他文化生产者尤其是享有盛誉的文化生产者之间的差异获得了承认；同时，成名也意味着在目前被占据的位置之外创造了一个新的位置，该位置处于领先地位（Bourdieu，1993：106）。这种所谓的差异是译者身体化文化资本的重要组成部分，它表现为译者的创造力以及为获市场承认而在翻译过程中采用的策略与技巧（Song，2012：181）。要获市场认可，仅在文本生产上体现策略和风格的差异还不够，因为翻译的回报很低，译者社会地位低下且不被重视，尽管翻译需要高超的技巧（Bassnett & Lefevere，1998：10）。勒弗维尔评价道：“文化资本是一种知识分子宣称拥有，甚至在某种程度上可以控制的资本，与绝大多数知识分子不能宣称拥有的经济资本相对。”（Lefevere，1998：42）“占有文化资本并不总是意味着占有经济资本。”（Bourdieu，1993：7）这一事实表明：译者是否能在《孙子兵法》复译的文化生产场域中胜出，“不但取决于投资在文本世界中文化资本的差异，而且取决于这些差异的推销。在此意义上，创造富有成效的文化资本的差异的最终目的是获得、控制、分配、再分配文化资本并且最终把文化资本转化为经济资本”（Song，2012：182）。

10.2 加葛里亚蒂文化资本运作的策略、技巧与创造性

没有翻译是对原作单纯的、透明的翻译。翻译总是特定历史文化语境下权力关系的产物。权力关系反映了特定文化语境下的权力结构（Bassnett，1996：21）。加葛里亚蒂要想脱颖而出，势必要打破先前的权力结构，重建权力秩序。这就意味着要控制更多的文化资本，因为控制的文化资本越多，社会地位就越高，权力也就越大，而权力越大，可支配的文化资本也就越多。加葛里亚蒂要打破先前的权力结构，势必要消解先前译者的影响，与先前译者展开权力的争夺。在《孙子兵法》英译史上，成功消解先前译者影响的译者不乏其人，最有名的当属翟林奈。他通过成功地否定《孙子兵法》第一位英译者卡尔思罗普而树立起自己的权威，其策略是针对卡尔思罗普翻译中的讹误进行猛烈的抨击。而加葛里亚蒂对先前译者的抨击亦不逊色于翟林奈。Sonshi. com 评价道：加葛里亚蒂是一个充满争议的人，我们很难把对他的采访与他在个人网站上针对我们先前采访过的一些译者所说的不友善的话吻合起来。在这些先前的译者中，加葛里亚蒂抨击最猛烈的是享有盛誉的格里菲斯。

格里菲斯认为“孙子著作之目的是写出一篇自成体系的论文以引导统治者和将军们聪明地打一场成功的战争”（Griffith，1963：x），他的目的是要把孙子思想介绍给美国军方和战略决策者，因为“《孙子兵法》在中国军事典籍中占据着独一无二的地位”（Griffith，1963：viii）。他阐述道：《孙子兵法》对中国历史和日本军事思想有深远的影响，它是毛泽东战略思想和中国军队战术条例的源泉。孙子的思想通过蒙古鞑靼人传入俄国，成为其东方遗产的重要组成部分。《孙子兵法》因而成为了解这两个国家的必读之书（Griffith，1963：xi）。为表明自己与孙子惯习相通，从而让

读者相信自己可以真实地表达出孙子思想，格里菲斯补充了大量信息以增加译文的文化资本，这些增加的信息是先前译者的译本所没有的。它们均为格里菲斯多年研究孙子的成果，包括导论6篇，分别是《孙子其人》《版本考证》《中国的战国时期》《孙子时代的战争》《孙子论战争》《孙子与毛泽东》；附录4篇，分别是《吴起兵法》《孙子对日本军事思想的影响》《西方语言中的孙子》《注家简介》。为强化自身权力符号，格里菲斯邀请了英国著名战略家哈特为其作序。哈特在序中写道：早就需要对《孙子兵法》进行新的、全面的翻译，以便更准确地诠释他的思想。这种需要随着核武器的发展以及潜在的自杀和种族屠杀的出现显得更为迫切。所以，这项工作能够由通晓军事、精通中文和中式思维的格里菲斯将军来完成再恰当不过（Griffith，1963：ⅵ）。为凸显其所拥有的独一无二的制度化文化资本，格译本封面页印有“联合国教科文组织中国系列代表作”字样，并标明“该译本已获联合国教科文组织承认并入选中国系列代表作翻译丛书”。格里菲斯的文化资本运作手段无论在文本实践之内还是在文本实践之外均取得了空前的成功，就文本实践之内而言，“其简单易懂、行文流畅而不失精髓”；就文本实践之外而言，“本书使人更容易将《孙子兵法》与现实联系起来”，“也正因为如此，本书才能在西方成为影响最大、流传最广的读本”（育委，2003：3）。而格里菲斯也借此成为冷战时期和冷战后受人尊敬的译者之一。

一、加葛里亚蒂的策略

格里菲斯译本的权威地位直至1983年格里菲斯去世后方被打破。其后的译者为了在复译的文化生产场域内占有一席之地，必须挑战格里菲斯的权威。然而格里菲斯作为军事学权威的地位却无法撼动，故只能从翻译观上另辟蹊径。他们认为《孙子兵法》不应被简单地看作一系列军事作战原则，而应看作一本哲学著作、一种生活和思维方式（Ames，2014）。这种翻译观的转变与经济全球化的世界潮流不谋而合，“预示着为满足新兴读者的要求把《孙子兵法》重新包装、重新翻译的必要性”（Song，2012）。加葛里亚蒂的攻击目的就是要侵蚀格里菲斯的客观化和身体化文化资本。

就体现格里菲斯客观化文化资本的译文方面，加葛里亚蒂批评格里菲斯英译有随意删节和挪移现象，认为“格里菲斯有时把孙子没有合并的短语合并起来”，且选词古怪，超出了普通读者的使用范围，如“gobble”“thwart”“at bay”；就体现格里菲斯身体化文化资本的军人气质方面，加葛里亚蒂贬低道：“格里菲斯译本的唯一长处就是译者本身是一位将军。”为暗示格译本业已过时，加葛里亚蒂特地标明格译本完成于 20 世纪中期，他宣称：“格译本是一本杰作，如果读者要的是基于 20 世纪军人视角的《孙子兵法》。”（Gagliardi，2014）

为了凸显与格译本之差异，加葛里亚蒂没有采取与格里菲斯相同的文化资本运作策略，而是采取了他称为“独特的创新”的策略。在文本设计上，他融合了两种翻译形式，“左侧页是与原文汉字一一对照的字对字翻译，右侧页则是把每个汉语短语译成英语句子的行对行翻译”。加葛里亚蒂解释了如此翻译的理念，他写道：“《孙子兵法》实质上是处理战略挑战的一系列公式。不幸的是，原文这种公式化的本质在英语中却翻译得不好。绝大多数译者完全忽略了这一点。结果就是不同的翻译在关键概念上彼此不一致。更严重的是，许多译本甚至出现了孙子自相矛盾的例子。研究《孙子兵法》各种译本 30 年，我意识到：解决这些问题的唯一方法就是把读者归还给中国古文。结果就是，我的译文无论在概念翻译还是文本设计均很新颖，与别的译本迥然不同。”（Gagliardi，2007）

针对格译本随意删节和挪移的现象，加葛里亚蒂宣称他没有删节，也没有挪移。他表示他的翻译保留了原文的格式，章章有主题，每章分为 5 至 8 段，段段有焦点，每段用大写阿拉伯数字标出，每段再分成表述个人观点的节，节与节用空行分开，节前用小写字母标出首行在本段中的位置（Gagliardi，2007：11 – 12）。就句子结构而言，格里菲斯译文复杂句占 60%，简单句占 40%；而加葛里亚蒂译文复杂句占 25%，简单句占 75%。这意味着对于普通读者而言，加葛里亚蒂的译文更容易理解。就每句平均单词数而言，格译为 10.33，加译为 6.56，比格译要短得多。此外，加葛里亚蒂往往用“you”而不是“he”或“one”与读者建立更加亲密的关系（Song，2012：186）。由是观之，加葛里亚蒂的文本设计采用了体用合一的策略，目的是让不熟悉学术话语的普通读者轻松地理解文本内容。加葛里亚蒂解释道："先前译者经常使用模糊的、过时的、不自然的语言或学术语言，从而遮蔽了孙子原文的本质；他们经常把译者的观点或解释与孙子所写混为一谈；他们经常选择错误的意思来解释一个汉字，导致语义不一致和冲突；他们无视孙子原文的结构，把文本按自己的意愿分成段落，混淆了上下文语境，而上下文语境对翻译中文古文至关重要。我们想避免这些错误，把原文的文本设计清晰地展示在英文读者面前。"（Gagliardi，2007：10）

二、加葛里亚蒂的技巧

体用乃中国古典哲学中的两个基本概念。体用二词的意义，到唐代才明确起来。唐代经学家崔憬给予体用清晰的解释，他说："凡天地万物，皆有形质。就形质之中，有体有用。体者，即形质也。用者即形质上之妙用也。"（张岱年，1957：67）于体，加葛里亚蒂"通过并排提供完整的中英对照，消除译文自相矛盾之处，保留原文形式，尽可能再现原文风格"（Gagliardi，2007：12）。但加葛里亚蒂也认识到保留原文的体不等于就保留了原文的用，他说："没有译文能够再现原文的全部意义。作为一种尝试，我采取了意译和中英文直译并排对照的方法，这样读者就可以一边看原文，一边体会我是如何改编原文的。依我看，任何对孙子原文的翻译或改编都只是一个范例，仅仅显示一种对孙子思想可能的诠释而非精确的诠释。"（Gagliardi，2014）加葛里亚蒂的逻辑是：要想对孙子思想进行尽可能全面的诠释，就需要尽可能多的译本或改编本。他写道："读我的译本仅是运用孙子战略体系的第一步。为了使运用孙子战略更加简单，我们在《掌握孙子思想系列丛书》中又研发了另外两本重要的书。《孙子兵法与令人震惊的秘密：战略的诀窍》通过解释原文的隐含意义与孙子概念之内涵浓缩了我多年研究之心得；而《孙子兵法与武士阶层：战略 306 课》是一本学习指南，它把我译本中的每一节都转换成竞争战略的一节课。这本书是关于孙子思想的最全面的英文培训手册。"（Gagliardi，2007：12）加葛里亚蒂以自己的译本为体，以自己的改编本为用，在《孙子兵法》复译的文化生产场域里独树一帜，形成了自己鲜明的特色。加葛里亚蒂所提供的孙子思想系列改编本和音频课程涵盖了生活的各个方面。在这些改编本中，孙子的军事术语被转换成了日常生活用语。加葛里亚蒂的改编本之多，实用范围之广，可以说在西方译者中绝无仅有。除上述他重点推荐的两本外，还有诸如《反恐战略：以古代智慧应对今日战争》《孙子兵法与职业发展》《孙子兵法与营销艺术》《孙子兵法与销售艺术》《孙子兵法与小企业发展》《育子之道》《孙子兵法与创业之道》《孙子兵法与古代中国人》等，而且这一类书目仍然在不断增加之中。加葛里亚蒂有效地增强了自己的客观化文化资本，从而抵消了格里菲斯作为一个多产作家的影响力。

加葛里亚蒂的体用合一不但体现在客观化文化资本之运用上，也同样体现在身体化和制度化文化资本之运用上。针对英国战略家哈特对格里菲斯的褒奖，加葛里亚蒂也不遗余力地让读者相信：他在家庭的熏陶下天生就有军事头脑。他在其个人网站上以及在接受 Sonshi. com 访谈时对此进行了详细的描述。他出生于阿拉斯加的一个军事基地，父母当时均为现役军人。他叔叔是日本进攻菲律宾时阵亡的第一位美国军人，与他叔叔同在菲律宾服役的父亲是巴丹死亡行军的少数幸存者之一。父亲和叔叔被授予银星和铜星勋章。而他母亲是陆军护理队的一名军官。据加葛里亚蒂回忆，儿时他就梦想在军中服役，然而由于眼睛近视，他未能如愿。加葛里亚蒂反复宣扬的家庭背景赋予加葛里亚蒂一种特殊的惯习，使读者觉得他无论是翻译还是研究《孙子兵法》都有着家庭遗传基因的影响，这无形之中增强了他作为译者的竞争力。同样，加葛里亚蒂也非常擅于运用制度化文化资本巩固自身在文化生产场域中的地位。针对格译本入选“联合国教科文组织中国系列代表作”，加葛里亚蒂通过各种媒介向读者宣传自己的译本是唯一获奖的译本，并反复强调自己所获奖项的含金量之高。他很煽情地写道：“短短数年，加葛里亚蒂已有十本书获奖，奖项分别是前言杂志奖、本·富兰克林奖、独立出版商奖，获奖图书涵盖七个范畴：商业、职业发展、体育、心理、跨文化、哲学、青年非小说类。你可知道获奖有多难？每年在美国有 500 000 本新书发行，约 10 000 本书（百分之二）获得颁奖提名。在这百分之二中，只有几百本获奖（百分之一中的十分之一）。而在这几百本书中，又只有不到百分之一的书获得本范畴的最高奖项。”（Gagliardi，2014）

三、加葛里亚蒂的创造性

加葛里亚蒂不同于其他译者之处在于：通过把对《孙子兵法》的英译与研究产业化，把累积的文化资本迅速转化为经济资本，又把累积的经济资本投入文化资本再生产中，形成了文化生产场域内文化资本与经济资本的良性循环。这在《孙子兵法》复译史上是绝无仅有的成功案例。在把文化资本转化为经济资本的资本运作方面，加葛里亚蒂的成功的确是格里菲斯所无法比拟的。加葛里亚蒂文化资本的运作能力得益于他丰富的人生阅历及在多个领域的成功经历。这也是他敢于与格里菲斯展开竞争的资本所在。加葛里亚蒂介绍自己是哈佛商学院的毕业生、战略分析家、身家百万的企业家。他广为宣传自己的《孙子兵法》译本是唯一获奖译本。他把自己商业上的成功与迄今为止所取得的成就归因于对《孙子兵法》30 年的研究与应用。他认为选择购买他的译本也就是选择通往成功。

为帮助读者领悟和运用《孙子兵法》，他成立了一家名为“战略科学学院”的跨国公司（公司网址 http：//scienceofstrategy. org）。该公司提供几种级别的会员资格，其宗旨是“让掌握《孙子兵法》提供的竞争谋略变得更加容易”。公司业务是向学员提供有关孙子战略的在线培训和线下培训课程。学员只要完成了所选培训课程，就可获得公司颁发的结业证书。加葛里亚蒂通过这种方式把自己掌握的有关孙子战略的文化资本传授给学员，而他在给学员培训的同时也将自身的文化资本转化为经济资本。加葛里亚蒂还成立了一家名叫 Clearbridge Publishing 的出版公司专门出版他撰写的孙子战略培训用书，包括了从高端培训市场到低端培训市场的所有系列。他通常建议读者不但购买他的译本，而且要购买与所选择培训课程相关的所有培训用书。这样，加葛里亚蒂就建立起集研发、培训、销售于一体的文化资本运作体系。

10.3 小 结

格里菲斯和加葛里亚蒂都是通过《孙子兵法》的复译来获得新的文化资本和实现自身文化资本的增值。他们都先后达到了自己的目的，在《孙子兵法》复译的文化生产场域中占据了优势地位。加葛里亚蒂以格里菲斯为挑战对象，在身体化文化资本、客观化文化资本与制度化文化资本三个方面与格里菲斯展开竞争，并以事实证明自己在这三个方面均不逊色于格里菲斯。与格里菲斯不同的是，加葛里亚蒂更擅长利用这三种形式的文化资本去获取经济资本。为实现读者人数的最大化，以保证把文化资本成功地转化为经济资本，加葛里亚蒂把孙子从高雅、严肃的文化领域转移到了通俗、流行的文化领域（Song，2012）。格里菲斯毫无疑问仍然是当世最优秀的《孙子兵法》译家之一，但加葛里亚蒂体用合一的策略，即根据当代人的需求来重新包装过去（Corbett，2001：157），可以让孙子通过翻译获得永生。

通过把布迪厄的文化资本、惯习与差异之概念运用于加葛里亚蒂复译个案之分析，我们不难发现：《孙子兵法》之复译作为一有利可图的文化生产场域，见证了译者之间围绕权力和权威而展开的斗争。这场斗争表面是围绕体，即谁的译文更忠实于孙子的内容与形式，实质上是围绕用，即谁的译文更能满足读者的需求。读者的需求直接决定着文化资本的再分配，而文化资本的再分配又在译者将其转换成经济资本的翻译行为中得以实现。

第 11 章　《孙子兵法》英译的文化改变

11.1　文化功能对等与意识形态的翻译

本节讨论意识形态的翻译与文化功能对等之间的关系，指出在典籍翻译中翻译的意识形态是否起到了与原文中意识形态相同的文化功能可以作为翻译批评的标准之一。笔者以《孙子兵法》两个英译本意识形态的翻译为例，认为译者对源文本中意识形态的理解与翻译，在译文中表现为文本内部和文本与副文本之间诠释的一致性。如译文在意识形态的翻译上没有达到文本内部和文本与副文本之间诠释的一致性，则译文与原文的文化功能对等也就无从谈起。典籍中意识形态的翻译与文化功能对等是典籍英译中无法回避的问题，对此展开的翻译批评研究尚属空白。

何谓文化功能对等？在解构主义多元范式的译学研究中，翻译研究的文化转向构成了其多元中的一元。翻译研究的文化学派代表人物巴斯奈特认为：翻译绝不是纯粹的语言行为，而是植根于有关文化深处的一种行为；翻译就是文化内部的和文化之间的交流；翻译对等就是原语与译语在文化功能上的对等。这种翻译文化观的具体含义是：①翻译应以文化为单位，而不应把翻译单位局限在语言的范围里；②翻译不只是简单的“译码—重组”过程，更重要的是一个交流过程；③翻译不应局限于对源文本进行描述，而应着眼于源文本在目标语文化里的功能对等；④翻译在不同的历史时期有不同的原则和规范，不同时期的翻译也都是为了满足不同时期的文化需要以及满足特定文化里不同群体的需要（谭载喜，2004：221－222）。这里，巴斯奈特提出了一个重要的观点：翻译对等就是原语与译语在文化功能上的对等。这就为翻译批评提供了一个全新的视角。巴斯奈特认为：翻译的评判标准与文化是密不可分的。同时翻译的评判还应根据译者服务的对象来定，服务对象不同，翻译的标准就不一样，因为文化翻译的功能等值关键在于，译语读者在译语文化中所获得的效果要与原语读者在原语文化中的效果对等（李文革，2004：226）。

据《辞海》（1989）定义，文化，从广义上说，指人类社会历史实践过程中所创造的物质财富和精神财富的总和；从狭义上来说，指社会的意识形态，以及与之相适应的制度和组织机构。意识形态的翻译，焦点在于“意识形态”在原文中是如何表达的，以及在译文中如何最恰当地把它传达出来。从这一角度来看，应对文本中所运用的各种话语形式予以重点分析。制约意识形态翻译的因素多与社会有关，包括为某一特定社会群体所共享的价值体系（Hatim，2005：126－127）。意识形态指代表某一社会阶级或文化集团的利益而发挥作用的观念、信仰、习俗和表达体系（Luke，1998：366）。Luke（1998：366－367）从社会批判理论的角度对意识形态与语言之关系作了梳理：法国大革命后，马克思与恩格斯重新定义“意识形态”为社会和经济联系观念的系统扭曲。这一定义核心之处在于解释了“虚假意识”，即误认自身的阶级地位并接受服务于统治阶级利益的特殊观念和理解体系。对马克思和恩格斯而言，语言是“实践意识”，源自具体社会和经济联系的功能必要性。巴赫金（Bakhtin）与麦德维杰夫（Medvedev）也认为：语言和指号过程植根于“由实现了的、物质化的、外在表现的社会意识组成的‘意识形态环境中’”。沃洛希诺夫（Voloshinov）认为，意识形态不是对精神的占有，不是存在于意识中的错觉和抽象观点的集合；它在语言、文本和话语中表现为物质的社会存在。因此，语言的使用仅参考具有创造性的自主的作家/演说家本人是解释不清的。主体的理解受制于处境、记号、文本和文本类型。意识形态也不能根据主观的不可避免的意义来解释。因为与制度化的确定的意识形态相比，主观的、经验的“行为意识形态”较少受到形式上的制约，主体保留了“部分或完全重构意识形态体系”之能动性。在此背景下，特定文本不是主流意识形态的单义表达。所有文本都是他者声音和文本、文本样式和社会语境之“异质”表达。那么，意识形态如何通过语言构造与定位主体？主体如何把语言作为进入历史、接触社会之手段呢？结构主义指号学把经过文本编码的意识形态作为定位主体与赋予主体权力之手段。Barthes 认为，文本指号学的主要意识形态效果是使社会和历史构造变得自然清晰。文本意识形态隐藏自身及其倾向，隔离自身以免识别与批判。因此，艾柯认为，意识形态不能被解释为有独立指称对象的独立观念，而的确由存在于指谓与表象系统之间和指谓与表象系统之中的差异游戏构成。不同符号的游戏能够达到可能意义和理解的闭合，使文本和对文本的解释达到一致。因此仅根据话语或文本外现存的经济条件或社会关系来确定某一话语或文本具有某种意识形态是困难的。同样，脱离话语的对社会和物质现实的感知，脱离语言、文本和文本间性的基于主体自身经验的意识或概念也不应认定具有某种意识形态。这标志着意识形态批评从社会结构分析到文本结构分析的重大转变。

艾柯的“意识形态差异游戏构成说”对我们评估典籍中翻译的意识形态是否起到了与原文中意识形态相同的文化功能具有现实的指导意义，这是因为典籍翻译的译者面临两大困境：源文本作者的缺席与源文本创作语境的缺乏（Balmer，2006：185）。故“典籍翻译译者的工作严重依赖典籍研究学者们的辛勤劳动”（Balmer，2006：187）。问题是，学者们的观点并不一致。因为“翻译绝不是一个纯语言的行为，它深深根植于语言所处的文化之中。翻译就是文化内部与文化之间的交流”（Bassnett & Lefevere，1990：8）。从符号学的视角来解释，“典籍翻译的性质决定了典籍翻译须经过语内翻译和语际翻译两个阶段”（黄海翔，2008b：144）。雅各布森（Jakobson）在符号学框架内把语内翻译过程界定为“用同一语言的符号对其他符号进行的解释”（谭载喜，2005：118），把语际翻译定义为“借助某种其他语言来对言语符号所进行的解读”（谭载喜，2005：112）。《孙子兵法》自成书至今，跨越了漫长的时空，历代注家的注释很多，而且往往各不相同，其中以清孙星衍校之《孙子十家注》最为权威。注家注释的过程即是语内翻译的过程（黄海翔，2008a：36）。语际翻译的译者通过对“源文本注释的思考、判断、选择与认同”，译出“译文引为理据的注解”

（黄海翔，2008a：38）。此外，译者涉及源文本历史文化背景及源文本理解与阐释的观点，也通过导论、附录、译者注等彰显出来。《孙子兵法》克利里译本和闵福德译本即是如此。从这种意义上说，“翻译是意识形态的生产”（王晓元，2002：576）。它包含两层含义：由于不同的译者对源文本指谓与表象之间和指谓与表象之中的差异游戏的理解不同，其对意识形态的翻译必然存在差异，体现在翻译意图与翻译策略的选择中；译者对源文本中意识形态的理解与翻译，体现在译文中表现为文本内部和文本与副文本之间诠释的一致性。下面，笔者拟从这两个方面对《孙子兵法》克利里译本和闵福德译本进行分析。

11.2 翻译意图与意识形态翻译之结果：同与异

笔者之所以选择《孙子兵法》克利里译本和闵福德译本进行比较，是由于这两个译本在翻译意图上是一致的，即通过翻译《孙子兵法》揭示蕴含在其中的道家思想。克利里在前言中写道：“我的翻译以道家学说伟大的精神传统为背景来揭示这部经典的内涵。道家学说不仅是东亚心理之源，也是东亚科技之源，同样也是洞察构成这本最受人推崇的成功之书的人性之源。……这部战略经典不但吸收了诸如《易经》和《道德经》这样伟大道家著作的思想，而且揭示了道家的基本原理是中国所有传统武学兵经的本源。”（1988：viii）闵福德在接受 Sonshi. com 采访时坦言：“我既非军人，也非企业家。我个人关注的是蕴含在该书中的道家思想，而绝非我所理解的诡诈与欺骗的思想……而这是我尤为警惕的。我相当怀疑这本书在某些方面应用的目的。”（http：//www. sonshi. com/minford. html，笔者注：参见其对问题 2 的回答）“我不是孙子迷。我翻译这本书完全是客观因素使然。实际上，我是在出版公司的建议下翻译这本书的。我认为这本书在某些方面见解异常深刻，这些深刻的见解源自中国传统智慧。这种智慧在这本书中以一种难忘的方式表达了出来。在这方面，它使我想起了《道德经》。”（http：//www. sonshi. com/minford. html，笔者注：参见其对问题5的回答）George Steiner认为：理解，便是解释；领悟一种意义，便是翻译（许钧，2003：96）。令笔者感到困惑的是，两译者有相同的翻译意图，对原作意识形态的翻译却截然相反。

克利里认为："传统上与道家精神修炼之运用联系在一起的个人力量的提高，就其本身而言是《孙子兵法》所传授的与大众心理理解之运用联系在一起的集体力量的一部分。《孙子兵法》之所以时至今日仍能为读者所喜爱，与其所具有的典型的道家思维方式是分不开的，在此思维方式支配下，《孙子兵法》认为力量的使用持续地受到潜在的人本主义思想的制约。"（1988：viii）"作为道家思想的经典，《孙子兵法》不仅是战争之书，也是和平之书，最重要的是它是理解冲突根源和解决冲突的工具。"（1988：ix）"不战而胜的理想战略，以最小的代价获得最大的成果，带有道家思想的鲜明印记。""与包括《道德经》在内的一些伟大的中国人本主义经典一样，《孙子兵法》成书于两千多年前的春秋战国时期。孙子采取理性的而不是情绪化的方法来对待冲突，表明如何理解冲突可以导致冲突的解决，甚至避免冲突的发生。"（1988：xiii）由上可知，克利里认为《孙子兵法》是蕴含道家思想的人本主义经典。孙子"不战而胜"的战略直接源自道家学说，克利里写道："《道德经》把孙子归功于古代武士把'不战而胜'的战略运用于社会。"（1988：xiii）与克利里相反，闵福德认为："道家主要关注协调人类微观世界及自身能量与宇宙的和谐。对道教徒而言，所有战争和暴力都与'道'相对立。与'道'相对立的必将灭亡。"（2002：xxii）在关于"不战而胜"的诠释上，闵福德持直接否定态度，他认为，"在我们阅读《孙子兵法》时，我们发现与解决冲突所采用的非暴力的精妙手段相伴随的是对他人的精心算计"（2002：xxix），"坦率地说，书中的很多观点我不能接受。其主张对人际关系阴险算计的方法直接违背了我所赞成的人本主义价值观的根本原则。该书所论皆是操纵和利用每一于己有利之形势达到壮大自身力量和心理上操纵对手之目的"（http：//www. sonshi. com/minford. html，笔者注：参见其对第5个问题的回答）。"孙子主张以诡诈为其战略基石，他放弃价值标准，崇尚利己、算计、诡诈与高深莫测。这一点必须看到。"（2002：xxix）

通过上述对元话语的比较，我们不难发现，他们虽然同是出于关注《孙子兵法》中道家思想的翻译意图，对《孙子兵法》中意识形态的翻译却截然相反。克利里认为《孙子兵法》是人本主义之经典，而闵福德认为《孙子兵法》违背了人本主义价值观。对同一意识形态的翻译却产生了不同的意识形态，这证明了艾柯所论述的“意识形态由存在于指谓与表象系统之间和指谓与表象系统之中的差异游戏构成”之正确性。那么，从翻译批评的角度来看，如何从文本内部和文本与副文本之间诠释的一致性对此进行评估呢？下面，笔者拟以两译者对《孙子兵法》中最具道家思想特征的“道”的观念之翻译作一微观分析。

11.3　意识形态的翻译：文本翻译与副文本诠释的一致与背离

“道”是《道德经》一书的中心概念和最高范畴。在《道德经》81 章中就有 37 章提到了“道”，共出现了 74 次，是使用频率最高的一个关键词。“道”落实到现实世界和人生方面称为“德”，“德”是“道”之用。老子的“道”不仅是他的宇宙论和本体论建立的根基，也是他的认识论和辩证论得以展开的基础，同时是他的人生论和政治论、语言论和审美论的重要理论支柱。《道德经》第三十章论述了“道”在战争中的作用，老子曰：“以道佐人主者，不以兵强天下。其事好还。师之所处，荆棘生焉；大军之后，必有凶年。善有果而已，不敢以取强。果而勿矜，果而勿伐，果而勿骄，果而不得已，果而勿强。”这里的“道”包含政治与军事两个方面，即仁道与诡道。《道德经》在下述各章作了经典论述。第三十一章曰：“夫佳兵者，不祥之器，物或恶之，故有道者不处。……兵者不祥之器，非君子之器，不得已而用之，恬淡为上。胜而不美，而美之者，是乐杀人。夫乐杀人者，则不可以得志于下矣。”第六十七章曰：“天下皆谓我道大，似不肖。夫唯大，故似不肖。若肖，久矣其细也夫。……夫慈，以战则胜，以守则固。”第六十八章曰：“善为士者不武，善战者不怒，善胜敌者不与，善用人者为之下。是谓不争之德，是谓用人之力，是谓配天，古之极。”以上老子所论为“仁道”。就“诡道”而言，第五十七章曰：“以正治国，以奇用兵。”第三十六章曰：“将欲翕之，必固张之；将欲弱之，必固强之；将欲废之，必固兴之；将欲夺之，必固与之。是谓微明，柔弱胜刚强。”第四十三章曰：“天下之至柔，驰骋天下之至坚。”第七十八章曰：“弱之胜强，柔之胜刚，天下莫不知，莫能行。”故曾广开（1999：68）认为：“《道德经》充满了人生的智慧，孙武论兵，自然会从中汲取营养，特别是老子的军事思想，对孙武更是多有启迪。如果我们把《老子》也当作一部兵书的话，它无疑可以说是《孙子兵法》的先驱。”此论与克利里和闵福德的翻译意图何其相似。《孙子兵法》蕴含着深刻的道家思想，在这一点上，中外学者并无异议。那么，克利里与闵福德是如何对“道”进行翻译的呢？笔者拟从文本的翻译与副文本的诠释入手对此作一综合分析。

11.3.1 文本与副文本：翻译与诠释

斯内尔—霍恩比（2001：2）认为：不应把文本看作静止的语言标本，而应看作被作为读者的译者理解的作者意图的言语表达，译者把其所理解的作者意图重新创造以便于另一文化中的读者理解。但在典籍翻译中，由于源文本作者的缺席，“每一次阅读行为都是读者的语言能力（读者的世界知识）与特定文本要求的语言能力之间的一次艰难交易，以便使文本以一种经济的方式被阅读”（Eco，1992：68），“在这一复杂的互动过程中，我（读者）思考的不是作者的意图，而是文本的意图”（Eco，1992：69）。由于作为读者的译者的世界知识之差异，其对源文本中意识形态的理解也必然存在差异，从而导致诠释的不同。那么，译者的诠释是否如解构主义者所宣称的那样没有“度”的约束呢？既然不同的读者（译者）对源文本的意识形态有不同的诠释，那么还有没有客观有效的标准对译者的理解和译文进行评估呢？即对于翻译批评者而言，如何对译者的过度诠释作出判断呢？

艾柯认为：要防止译者过度阐释的发生，关键是处理好文本的权利与诠释者的权利之间的辩证关系，也就是要处理好作者所创造的文本提供的阐释空间和参与文本创造的诠释者的阐释自由之间的辩证关系。他指出：在“作者意图”与“读者（诠释者）意图”之间，还存在着第三种可能性，即“文本意图”。艾柯认为：作者意图是难以获得的，而读者意图又具有诸多可变的主观因素，“在不可获得的作者意图和可变的读者意图之间有一种明晰的文本意图，这种意图被用来反驳站不住的诠释”（Eco，1979：10）。文本意图表现为文本内部上下文互相印证的一致性，艾柯阐述道：“对于一个文本的任何阐释，如果它被同一文本内部的任一部分所印证，它都是可以被接受的。如果被同一文本内部的任一部分所挑战或质疑，对这个文本的任何诠释都应当拒绝接受。”（Eco，1992：65）。而要达到译文文本内部的一致性，艾柯认为，译者应充分了解源文本产生的历史背景，通过历史的考证与哲学的思辨建立证据和文献，在此基础上，产生合理的诠释。由此可知，译者如果在译文中的翻译自相矛盾，即译者的翻译如果在文本内部不能达成一致，势必遭到读者的质疑。故须将文本的翻译与副文本的诠释结合起来。

副文本是与文本相对的概念。文本指译文本身，副文本指伴随译文的描述性材料以及直接围绕译文的阐述译文文本特征的元话语。伴随译文的描述性材料包括前言、导论、译跋、标题、插图等，直接围绕译文的阐述译文文本特征的元话语包括注释、评论、访谈等（Tahir-Gürcağlar，2007：45－59）。

在副文本中发现的观点不但可以补充对译文的描述与分析，而且有助于对译文分析得出的一些结论作出修正（Tahir-Gürcağlar，2007：59）。Genette（1997：12）认为：无论译者以副文本为要素作何种美学的或意识形态的投资，无论译者在副文本中如何卖弄风情或颠倒是非，副文本始终从属于“它的”文本，这一功能特征决定了副文本的诉求和存在的本质。评估译者对源文本中意识形态的翻译，不但要看译文内部上下文是否一致，而且要看译文的翻译与围绕译文的副文本的诠释是否一致。

11.3.2 文本翻译与副文本诠释的一致与背离

下面，笔者将从文本与副文本两个方面对克利里与闵福德对“道”的翻译进行一描述性分析。如上所分析，《孙子兵法》中的“道”与《道德经》中的“道”一样，包含政治与军事两个方面，即仁道与诡道。且看译例：

原文：兵者，国之大事，死生之地，存亡之道，不可不察也。故经之以五事，校之以计，而索其情：一曰道，二曰天，三曰地，四曰将，五曰法。道者，令民与上同意也，故可以与之死，可以与之生，而不畏危。(《孙子兵法·计篇》)

克利里译文：Military action is important to the nation—it is the ground of death and life, the path of survival and destruction, so it is imperative to examine it. Therefore measure in terms of five things, use these assessments to make comparisons, and thus find out what the conditions are. The five things are the way, the weather, the terrain, the leadership, and discipline. The Way means inducing the people to have the same aim as the leadership, so that they will share death and share life, without fear of danger (1988: 1 –4) .

闵福德译文：War is/ A grave affair of state; / It is a place/Of life and death, /A road/To survival and extinction, /A matter/To be pondered carefully. /There are Five Fundamentals/For this deliberation, /For the making of comparisons/And the assessing of conditions; /The Way, /Heaven, /Earth, / Command, /Discipline. The Way/Causes men/To be of one mind/With their rulers, /To live or die with them, /And never to waver (2002: 3 –4) .

比较两译文，我们发现，正如闵福德本人所说：“我尽全力抓住《孙子兵法》的文学特征。尽可能再现原作警句式的，有时几乎是诗体的、半押韵的特征。我在语言上颇下了一番功夫，词的选择、格律、分段、译文的布局尽可能反映中文的结构。”（http://www.sonshi.com/minford.html，笔者注：参见其对问题3的回答）这反映了闵福德的诗学翻译观。正如Sonshi.com所分析的：“你（闵福德）的翻译非常简洁，甚至到了用词过度节省的地步。”（http://www.sonshi.com/minford.html，笔者注：参见问题4）这会妨碍目标语读者的理解吗？闵福德解释道：“原文行文精练，的确经常难以理解（这不仅仅是我的观点），这就是每位中国读者边读原文边看注解的缘故。所以我决定保持原文简练有时甚至费解的特征。把解释留给注解，注家复述的故事帮我们理解意义。这是中国传统的训诂方法之一。”（http：//www. sonshi. com/minford. html，笔者注：参见其对问题 4 的回答）这反映了闵福德的翻译策略。值得注意的是，闵福德并没有把他引为原本的孙星衍校之《孙子十家注》和郭化若今译之《十一家注孙子》中注家的注解一一译出或有选择地译出，而是加入了他认为对读者理解有帮助的注解，这些注解并不是针对《孙子兵法》而撰写的，闵福德本人也加入了注家的行列。

与闵福德的诗学翻译观相反，克利里认为：“我翻译《孙子兵法》的技术目的是使其内容明晰，结构凸显，像复制一张抽象的表格，表格中的色彩由读者个人的生活境遇来填充。……然而，观点的翻译不可避免地涉及广泛的文化差异问题和文化差异如何被理解的问题。”（Cleary，1988：x）“在比广义概括复杂得多的理解层面，典籍最具有挑战性和价值的用途之一是对基本概念细微差别和实践运用的心理探索。该探索之所以有挑战性是因为它需要沉浸在典籍本身的意识当中，之所以有价值是因为它打开了超越存有偏见的主观参数的思维领域。”（Cleary，1988：xii）由此可见，克利里的翻译策略是以文本意图为依归，以上下文对读者的阐释作出限定。下面我们从副文本的角度来分析两译者对“道”的诠释（黑体为笔者所加）：

克利里诠释：**The political basis** of military strength, or **the social basis** of the strength of any organization, is a teaching that is also rooted in the I Ching. **In *The Art of War* this is given premier importance**, **as the first item in the first chapter**, **on strategy**, involves examining the Way of an adversary group—**the moral fiber**, **the coherence of the social order**, **the popularity of the government**, **or the common morale. Under the right conditions**, according to Sun Tzu, a small group could prevail over a large group; and among the conditions that could make this possible were **justice**, **order**, **cohesion**, **and morale**. (1988: Translator's Introduction, xxi - xxi)

闵福德诠释: This is the first occurrence of the fundamental term *dao*, traditionally romanized as Tao, the Way. The word can have an almost infinite range of meanings. Every field of human endeavor (war, statesmanship, archery, calligraphy, to name the first four that leap to mind) has its Way. **But every particularized, limited Way is also encompassed within a greater, cosmic Way, the Way of Heaven and Earth**. So "**the Way that can be spoken of is not the true Way**" (the famous opening words of that wonderful Taoist work *The Way and Its Power*, Chapter 1). **Here it is clear that we are talking of the Way of Good Government, where subjects can relate to their rulers as "having the Way". Despite the frequently repeated charge that Master Sun is an opportunist, a proponent of the "dirtiest form of statecraft, with unspeakable depths of duplicity" [see Griffith, p. 172, quoting James Murdoch's *History of Japan* (London, 1949)], it is to be noted that here, at the very beginning of the treatise attributed to him, pride of place is given to the Way, to the importance of the value system of any body politic when it contemplates war**. It is debatable how much Master Sun's Way has in common with the mystical Way of *The Way and Its Power*. The great Qing-dynasty scholar Yu Yue (1821 - 1907) saw a close affinity between Master Sun and Taoism and affirmed the popular saying that the "**writers of Military Treatises all had their source in *The Way and Its Power***" (Wu, 1990, p. 5). **Master Sun is dealing with military success, and his Way of War is in a sense a knack, a skill, a "virtue" similar to the Taoist Way leading to spiritual "success". But here he is simply reminding his disciples that (empirically speaking) moral power bestows military power**. In this respect he is echoed by Napoleon: "In war, moral considerations make up three quarters of the game; the real balance of power accounts only for the remaining quarter." (2002: 102 - 103)

闵福德对孙子把“道”放在“五事”之首颇感意外，他把孙子所言之“道”诠释为“a knack, a skill, a ‘virtue’ similar to the Taoist Way leading to spiritual ‘success’”，与其上文“every particularized, limited Way is also encompassed within a greater, cosmic Way, the Way of Heaven and Earth”自相矛盾。《道德经》中老子强调“道”是万物的根源，是万物存在的根本。作为“道”的本体论，老子还把“道”从某一“具体之道”向“哲学之道”加以一种形而上的超越。他认为“道可道，非常道”，把“恒常之道”与具体“可言之道”区分开来，从而使“道”具有了形而上的性格。这种非言的“恒常之道”，是一个超越了相对的绝对本体，它不同于《左传》《国语》《论语》所说的先王之道、君子之道、人生之道，因为这些“道”都是“可言之道”，都属于“人间之道”。孙子把正义的战争称为有“道”之战。统治者发动战争，必须得到人民的拥护，符合人民的利益。这样，人民与统治者利益一致，人民才会英勇作战，为了维护自己的利益“而不畏危”。《孙子兵法·谋攻篇》云：“上下同欲者胜。”孙子在《孙子兵法·形篇》对“道”再次阐明曰：“善用兵者，修道而保法，故能为胜败之政。”郭化若将军（1984：40）注释道：修道，即修明政治。保法，即严守法制。能为胜败之政，即能掌握胜败的决定权。此处孙子所言之“道”，乃“人间之道”，即修明政治，施行“仁道”。“仁道”者，仁政也。闵福德也将郭化若“道”的注释译出，与其注并列，其英译郭注如下：“Guo Huaruo (1984): The Way here refers to **the politics of government** as practiced by the ruling landlord class. The “men” are the laboring masses, the serfs and slaves. **When the government is relatively enlightened, then the men and the government are of one mind and cooperate.**”（2002：102）这表明闵福德对孙子把“仁道”排在“五事”之首是理解其含义的。关于这一点，《孙子兵法》的代表性译作——格里菲斯的 1963 年译本第 39 页清晰地阐述道：国家上下团结一心被孙子认为是战争取得胜利的首要条件。而欲上下同心，则政府须致力于人民的福祉且不压迫他们。孙星衍评价“孙子的理论建立在‘仁义’之上”是非常公允的。闵福德却在其注中引格译本中第三方之言，仍将“诡道”视为“the heart of Master Sun’s strategic thinking”，而将“仁道”视为“he is **simply** reminding his disciples that（empirically speaking）moral power bestows military power”，显然是有意而为之。其译文与副文本的诠释之间形成了背离。

反观克利里对“道”的译文与诠释，它不但在译文内部上下文中达到了一致，在译文与副文本的诠释之间也达到了一致。由上述分析可知，克利里对《孙子兵法》中“道”的意识形态的翻译所产生的效果与源文本中“道”的意识形态所产生的效果是近似的，而闵福德对《孙子兵法》中“道”的意识形态的翻译所产生的效果与源文本中“道”的意识形态所产生的效果是相悖的，其译文本身和译文与副文本之间的诠释也不能达成一致。所以，就文化功能对等而言，闵福德译本不如克利里译本。

11.4 《孙子兵法》英译的意识形态误读

意识形态（ideology）概念由法国哲学家托拉西（Destutt de Tracy）引入西方哲学史。意识形态的法文词 idéologie 是由“idéo-”加上“-logie”构成的。“idéo-”即“理念”或“观念”；“-logie”直译为“逻各斯”，即“学说”。所以，按照托拉西自己的理解，idéologie 即“观念学”的意思。观念学的主要任务是研究认识的起源、界限和认识的可靠性程度。由于意识形态作为观念学从一开始就把认识论中的基础性问题作为自己研究的对象，所以意识形态概念从其降生的时候起就是一个哲学概念（俞吾金，2009：28）。而哲学研究通常是在以下三个不同的领域中展开的：一是主体和主体世界，二是客体和客体世界，三是主客体世界之间的媒介物。毋庸讳言，人们对这三个领域的研究最后也会聚焦在意识形态问题上。因为：①主体要成为社会生活中的一个合格的成员，不得不从小就开始接受教化。教化是通过语言来进行的。个人接受教化的过程也就是他学习语言的过程，而语言并不像人们通常所理解的那样，只是单纯的形式或空洞的外壳，语言在其实际运用中（包括在传授中）总是自觉地或不自觉地以一定的意识形态为导向的（俞吾金，2009：1－2）。马克思（1995：611）在谈到涵括着各种情感和观点的意识形态时说："通过传统和教育承受了这些情感和观点的个人，会以为这些情感和观点就是他的行为的真实动机和出发点。"李姆克（Jay L. Lemke）（1995：11）所总结的意识形态观指出：广义而言，"一切话语均关乎意识形态"；狭义而言，"基于常识的想当然恰恰协助确立或维护了种种不平等的权力关系"。个人的理性要对自己的意志做出合理的引导，就必须对自己置身于其中的意识形态具有批判意识。也就是说，如果人们要对客体和客体世界做出合理的、有效的"改变"或"转移"，就必须先行地获得对意识形态的批判意识（俞吾金，2009：5）。②主体为了使自己的实践活动顺利地进行，也为了使自己的实践经验可以传递下去，就不得不通过语言的形式，对主体世界，以及客体世界的一切事物进行命名。然而，为了确保主体之间沟通的有效性和主体对客体世界认识的连续性和可传递性，一旦语言被投入使用，它在形式上就必须符合一定的语法和逻辑，否则，与语言活动相伴随的理解和交流便是不可能的；同时，它在内容上必然会自觉地或不自觉地以一定的社会的意识形态为导向（俞吾金，2009：6）。

11.4.1 deception—诡道对等关系考："诡道"英译的意识形态误读

以语言为载体的意识形态翻译在中华典籍文化关键词英译语境中呈现出一种认知的复杂性。作为有目的的话语活动，翻译的意义生成过程无法摆脱意识形态的影响，终究要着力维护或质疑某些现存的权力关系（汤君，2008：73）。译者翻译行为同时涉及主体和主体世界、客体和客体世界与主客体世界之间的媒介物三个领域，即译者并不直接地与源文本打交道，而是通过意识形态的媒介去认识、理解并表达出中华文化专有项的文化内涵。问题在于：主体不得不通过意识形态的媒介与其他主体沟通，并与其他主体一起面对客体世界，所以在他对意识形态获得深刻的批判意识之前，对主体世界和客体世界都不可能获得正确的认识（俞吾金，2009：6）。以《孙子兵法》著名军语"兵者，诡道也"中文化关键词"诡道"的英译为例，西方译者的翻译呈现出一种意识形态的碰撞与价值转换，而在这种意识形态的碰撞与价值转换背后呈现出的是英译文化概念表现出的意向世界及其历史。譬如以 deception 译“诡道”，我们不能简单地判断其译语用词是否正确，而是应将两个概念还原到刚刚相遇、尚未等价翻译的特定历史文化语境中。那么，当“诡道”遭遇 deception 时，究竟发生了什么呢？下面我们从 deception—诡道对等关系考察“诡道”英译的意识形态误读。

最早用 deception 来解释“诡道”，把二者对等起来的，可以肯定是《孙子兵法》西方第一位译者阿米奥特神父 1772 年之译本。闵福德在其译本导论中英译阿米奥特之评论作为理据：“在 18 世纪阿米奥特神父对孙子主张的“诡道”思想毫不犹豫地予以抨击道：‘在此我不得不说，我反对作者关于‘诡道’使用的所有论述。在这一节（笔者注：指《计篇》诡道十二变一节）中，孙子所提倡的绝大多数行为准则应受到谴责，其与中国人所尊崇的诚实和其他美德相对立。’”（2002：xxix）阿米奥特之译一开始就将“诡道”概念纳入伦理道德的范畴，在西方文化语境中建立了“诡诈”的孙子文化意向，这不能不说是个历史遗憾。鉴于阿米奥特译本的广为传播（Griffith，1963：ix－x），其所创立的这一文化形象对西方民众的意识形态误导是不言而喻的，在某种意义上，它已成为“一种根据东方在欧洲西方经验中的位置而处理、协调东方的方式”（祝朝伟，2005：321－322）。1862 年，法国科学院曾为一部描写苏伊士运河的史诗颁奖。奖金得主 Henri de Bornier 写道：“干活去呀！法兰西的兄弟们，为全世界开辟这条新的道路！这里留下过你们先辈们的足迹；像他们一样，在金字塔下勇敢无畏地斗争，四千年的历史在凝视着你们！是的，为全世界！为亚洲和欧洲，为那些被黑夜笼罩的遥远国土，为狡诈的中国人和半裸的印度人……”（Said，1999：117）从这首诗中我们可以一窥这种处理方式给西方人留下的关于中国人的印象。而这种处理方式所基于的西方经验时至今日仍可以在当代英国著名汉学家闵福德处获得支持。闵福德在接受 Sonshi. com 采访时对阿米奥特译本评价道：“阿米奥特译本直指文本意义之核心，毫不犹豫地对违背‘人本主义价值观’的孙子思想进行批评。”（http：//www. sonshi. com/minford. html，笔者注：参见其对问题 6 的回答）闵福德译“诡道”之句为“the way of war is a way of deception”，非但继承了阿米奥特对“诡道”概念文化意向之解读，甚至连评判这一概念的意识形态标准也惊人地一致。他在接受采访时表明其观点：“我既非军人，也非企业家。我个人关注的是蕴含在该书中的道家思想，而绝非我所理解的诡诈与欺骗的思想……而这是我尤为警惕的。我相当怀疑这本书在某些方面应用的目的。”（http：//www. sonshi. com/minford. html，笔者注：参见其对问题 2 的回答）闵福德为何警惕“诡道”思想呢？他解释道：“坦率地说，书中的很多观点我不能接受。其主张的对人际关系阴险算计的方法直接违背了我所赞成的人本主义价值观的根本原则。该书所论皆是操纵和利用每一于己有利之形势达到壮大自身力量和心理上操纵对手之目的。”（http：//www. sonshi. com/minford. html，笔者注：参见其对问题 5 的回答）价值观是主体关于各种价值现象的观点中较为系统、稳定和深层的内容，或者说价值观是主体价值评价、价值导向和价值选择系统观念的总和（岳介先，1997：2）。人本主义价值观是西方影响最为深远和广泛的传统价值观之一。闵福德以此为标准评判“诡道”为“贬义的意识形态”，即承认意识形态的存在，但对它的内容和价值却采取否定的态度，认定它不可能正确地反映社会存在，而只能曲解社会存在，掩蔽社会存在的本质（Geuss，1981：12）。

然而，颇具讽刺意味的是：阿米奥特及继承其传统的闵福德以人本主义价值观为标准对“诡道”概念进行了批判与贬抑，但他们作为译者却违背了其引为批判理据的人本主义价值观。人本主义强调“以人为本、以人为目的和以人为尺度”（冯契，2000：10）。在典籍翻译中，作为主体的“人”指源文本作者、语内翻译的译者（注家）、语际翻译的译者及目的语读者。由于意识形态可以是个人的、群体的、社会的，在思想领域无处不在，文本就无疑是其生产者意识形态的体现（Hatim，1999：143）。意识形态以语言为载体，译者与原作者之意识形态均蕴含于文本之中。当代西方人本主义哲学的代表人物之一哈贝马斯从交往伦理学的角度出发，认为：主体间的对话具有两个方面的特点，一是参与对话的各方应是平等的，二是参与对话的各主体必须遵守被语言和生活共同体所承认和接受的准则与规范（许钧，2003：354）。对这一“准则与规范”哈贝马斯阐释道：一方面，主体一直都出现在一个由语言建构和阐释的世界里，并依赖着合乎语法的意义语境。就此而言，相对于语言主体，语言只是一种前提和客观存在。另一方面，由语言建构和阐释的生活世界的立足点在于语言共同体的交往实践。在交往过程中，语言建立起来的共识取决于交往参与者对待可以批判的有效性要求所持有的肯定或否定的立场（哈贝马斯，2001：42）。这里，“有效性要求”包括表达外部实存世界时，要有真实性；在人际交往中，语言使用要有恰当性（或正确性）；在个体主体表达主观精神时要有真诚性；对语言本身的要求则是可理解性。这样人们在交往中，就会创造出一种合理的交往环境。当人们通过交流和协商，克服彼此间的差异性而达成共识性见解时，他们就是获得了一种相当于“真理”的东西。哈贝马斯认为在社会交往中，这种共识是可以当作真理一样看待的（吕俊，2006：152－153）。这种共识真理观为翻译研究提供了一种新的评价标准：首先，尊重知识的客观性；其次，尊重理解的合理性与解释的普遍有效性；再次，尊重原文作品的定向性（吕俊，2006：157－159）。以阿米奥特译本为例，其译文没有遵循“尊重原文作品的定向性”之原则，对此《孙子兵法》经典译作——翟林奈1910年译本清晰阐述道：“在他的时代，阿米奥特作为一名汉学家享有盛誉，其著述颇丰。但他所谓的《孙子兵法》译本如与原文对照，简直就是欺世盗名。译文充斥着孙子根本没有写过的内容，且与孙子所写的内容无甚关系。”（2008：xxvii）闵福德2002年译本亦重蹈覆辙，其以语境之解构与重构为手段，以人本主义者之立场，对孙子“诡道”思想进行了曲解，但从其表达尤其是语言来分析，闵福德的人本主义者身份陷入了自相矛盾的误区。鉴于笔者对此已做过详尽分析，在此不再赘述。[①] 对于这类“不尊重原文作品定向性”之误读，我们不妨称之为“常识性误读”，因为原文是作者依据他的社会理解所进行的一种意义建构，译文是译者对这位作者理解的社会意义进行理解和解释，然后再用自己的语言表达，而这个表达又包括了他自己对社会理

① 参见：黄海翔．论文化翻译视角下典籍英译的人本主义价值观——以《孙子兵法》Minford译本中“诡道”的文化误读为例［J］．外语教学理论与实践，2009（1）：57－62，83.

解的意义在内，因此也是自我的建构成果。所以不以原文文本为依据，就谈不上翻译（吕俊，2006：159）。阿米奥特与闵福德的错误在于：译者主观地改变了“诡道”概念之文化内涵，从而改变了其所指的意向世界之性质，意识性质之扭曲导致了西方读者对源文本赖以产生的社会生活之误读。马克思指出：超越意识形态之成见绝非易事。他说：“对哲学家们来说，从思想世界降到现实世界是最困难的任务之一。语言是思想的直接现实。正像哲学家们把思维变成一种独立的力量那样，他们也一定要把语言变成某种独立的特殊的王国。这就是哲学语言的秘密，在哲学语言里，思想通过词的形式具有自己本身的内容。从思想世界降到现实世界的问题，变成了从语言降到生活中的问题。”（马克思，1960：525）要逾越意识形态成见，则须“走出既定的意识形态世界，首先要走出作为这种意识形态的灵魂的哲学语言的世界，要把这种语言还原为它从中抽象出来的日常语言，从而认清这种语言是被歪曲了的现实世界的语言”（俞吾金，2009：346）。脱离特定的历史文化语境谈论“诡道”的含义与有所指向的意识的性质毫无意义，我们须把它还原到它赖以产生的现实世界的社会生活中去，以一窥在“诡道”思想诞生的年代究竟发生了什么。

11.4.2 deception—诡道意识形态误读关系考：从理解性误读到功利性误读

1910 年翟林奈译本的出版标志着《孙子兵法》第一个经典译本的诞生，该译本历经百年而不衰，时至今日仍在重印。翟林奈对阿米奥特与卡尔思罗普[①]不尊重原文作品定向性之译文进行了严厉的批评，他评述道：“（卡尔思罗普）译文脱漏随处可见，难懂的段落被故意曲解或忽略。这样的过错不可原谅。它们在任何一个希腊文或拉丁文版本都是不可容忍的，相同的诚实标准也应在翻译中文时得到坚持。”（Giles，2008）翟林奈秉承了东方学“科学的准确性”的翻译传统，其译文“附有详尽的脚注、专业

---

① 卡尔思罗普是《孙子兵法》的第一位英译者，但其译本错误太多，故招致翟林奈的严厉批评，其译本也渐湮没无闻。参见：Calthrop，E. F. The Book of War：The Military Classic of the Far East［M］. London：John Murray，1908.

词汇表及评注”（Jacquemond，1992）。其英译“诡道”之句为“all warfare is based on deception”。翟林奈业已批评阿米奥特之译不尊重原文作品之定向性，为何他仍取 deception 为“诡道”之解？非但翟林奈如此，20 世纪另一经典译本——格里菲斯 1963 年译本亦译“诡道”之句为“all warfare is based on deception”（Griffith，1963：66），与翟译文别无二致，但格里菲斯对“诡道”概念起源之认识与翟林奈也无二致吗？首先让我们不妨浏览一下诸英文权威词典对 deception 之释义。*Oxford Advanced Learner's Dictionary*（Hornby，2010）释为：the act of deliberately making sb. believe sth. that is not true，a trick intended to make sb. to believe sth. that is not true。*Longman Dictionary of Contemporary English*（Quirk，1987）释为：①the act of deceiving；②something that deceives；a trick。*Cambridge Advanced Learner's Dictionary*（Walter，2008）释为：when people hide the truth，especially to get an advantage。*Macmillan English Dictionary for Advanced Learners*（Rundell，2007）释为：the act of tricking someone by telling them something that is not true。*Collins English Dictionary*（Anderson，2007）释为：①the act of deceiving or the state of being deceived；②something that deceives；trick。*Merriam Webster's Advanced Learner's English Dictionary*（Perrault，2008）释为：①the act of making someone believe something that is not true；②an act or statement intended to make people believe something that is not true。上述诸定义明白无误地告诉我们，在伦理道德层面，deception 在英语文化语境中是一个不折不扣的贬义词。笔者想要追问的是：在中文文化语境中，“诡道”亦是如此吗？

《辞源》引曹操注释“诡道”为“诡诈之道也”。曹操注：“兵无常形，以诡诈为道。”《辞源》取“欺诈”为“诡”之解。很明显，此处“诡”带有贬义。然而裘锡圭先生（1992）指出此解谬误之处：在古代，“诡”有“不同”“殊异”等义，本是个中性词。例如《吕氏春秋·淫辞》说：“言行相诡，不祥莫大焉。”“相诡”就是相异、相反的意思。言行相反是坏事，但是“诡”字本身却不包含不好的意思。汉代王充在《论衡·卜筮》一文中以“诡论”来赞美孔子异于众人的论断，此处“诡论”绝非现代汉语中“诡辩”之意。裘先生从经验语用学的视角出发把“诡”字用法还原到其产生的特定历史语境中来考察，契合历史文化语义学之要旨。的确，在“诡道”概念出现之前，即在孙子所生活的历史时期之前，“诡”字并无“欺诈”之义。有史可查的除上述《吕氏春秋》之例外，还有一例是《管子·法禁》中名句“行辟而坚，言诡而辩”。言诡者，言论诡异，犹今言奇谈怪论（赵守正，1989：29）。褚良才（1998）从文本内部上下文互相印证之一致性的视角论证了“诡道”之“诡”应取“殊异”之解：“诡，上古义多训为‘殊异’。参验《孙子》之文：‘道者，令民与上同意也。可与之死，可与之生，民弗诡也。’张预注：‘三军一心。’宋代叶适《潼川府修城记》：‘上下同意，誓必死守。’既‘一心’，民当然不会‘诡’（异心、二意）了。《孙子》‘兵者，诡道也’下文为‘能而示之不能，用而示之不用，近而示之远，远而示之近’。这些均与兵之‘常道’（孙子谓之为：正）相左，是属于‘奇’这一军事范畴的。’”

然自曹注后，唐李筌注“兵不厌诈”，后世学者皆从此解，以“诡”为“欺诈”之意（Huang，2008：136）。宋黄震为孙子辩诬道：“所异于先王之训者，惟‘诡道’一语，特自指其用兵变化而言，非俗情所事奸诈之比。且古人诡即言诡，皆其真情，非后世实诈而反谬言诚者比也。”（黄震，1984：666）然而黄震的呼声并未能阻止“诡道”含义由中性转向贬义并不可避免地卷入伦理道德的漩涡中。这是为何？语言学家塞尔（John Searle）之分析可为中的：“意义是派生的意向性的一种形式。说话人的思想的原初的或内在的意向性被转换成语词、语句、记号、符号等。这些语词、语句、记号和符号如果被有意义地说出来，它们就有了从说话人的思想中所派生出来的意向性。它们不仅具有传统的语言学意义，而且具有有意图的说话人的意义。一种语言的语词和语句的传统的意向性可以被说话人用来执行某个言语行为。当一个人执行一种言语行为时，他便将他的意向性赋予了这些符号。”（塞尔，2001：135）“诡道”意向性之变化正是如此。“仁义”和“诡道”概念表达了先秦两种不同的战争观念。“诡道”意味用兵方式在于变化莫测，行事与伦理道德无涉（吴九龙，2001）。班固对这一战争观念之变化深刻总结道：“下及汤武受命，以师克乱而济百姓，动之以仁义，行之以礼让，《司马法》是其遗事也。自春秋至于战国，出奇设伏，变诈之兵并作。”（班固，1990：63）郭化若将军以一位职业军人的敏感清晰地揭示了“诡道”之内涵：“诡，奇异，诡谲，诡计多端；与道德上的诡诈不同，但也确有欺骗敌人的意思在内。意思是说：用兵，是一种奇诡的行动。”由此可知，“诡道”在语言学意义上毫无贬义，是一军事学概念，但为何被不由自主地卷入了伦理道德之纠葛中呢？答案就在于使用“诡道”概念之言说者赋予它有意图的意义。意向性是心灵的一种特征，通过这种特征，心理状态指向或者关于、论及、针对世界上的状况（塞尔，2001：64）。意向性把外部实存世界、言说者的内心世界和社会世界通过言语行为这一中介紧密联系起来了，塞尔阐释道：“我的主观状态使我与世界的其他部分相联系，而这种关系的一般名称就是‘意向性’。这些主观状态包括信念和愿望、意图和感受以及爱和恨、恐惧和希望。”（塞尔，2001：64）“诡道”言说者意向世界之变化促成“诡道”含义之变化，而促成言说者意向世界变化之根本原因在于社会生活之变化。意向性不仅决定了语言的意义，同时也决定了语言的表达形式，因为意向性的形成与语言制度有密切关系。语言的表达形式并不像经验语用学所认为的那样是语言的使用和语言使用者的关系决定的，而是由制度与交际之间的关系所决定。这种制度性能的形成是人的长期社会交往实践的结果（吕俊，2001：201）。春秋时期，“由于社会变革的利益驱动，人们的观念由重信轻诈向以诈取利方面转化”（孙世民，1997：34），当孙子身后的言说者习惯以“诡道”表达“以诈取利”这种意向性时，这种习俗就成为人们社会生活中一种制度性的东西。

综上所述可知，以 deception 所蕴含的意向世界来理解“诡道”含义必然会导致读者对“诡道”文化意向之误读。但翟林奈之误读与阿米奥特和闵福德的有本质之不同，其虽以 deception 译“诡道”，却并没有对之进行伦理道德之挞伐。其注曰：“这句简练且深刻的格言的真理将被每位战士接受。亨德森上校告诉我们威灵顿公爵各方面军事素养均很突出，尤擅于隐藏自己的意图、欺骗朋友与敌人。”（Giles，2008：69）翟林奈如对“诡道”心存贬抑，则不会以威灵顿为例。翟林奈在其译本导论“Apologies for

War”一文中，基于历史文献把“诡道”意涵还原到中国春秋时期动荡的社会变革的特定历史文化语境中，他写道：“我们习惯认为中国是一个历史最悠久的爱好和平的国家，但我们千万不要忘了中国在其历史的各个阶段所经历的战争是任何一个现代国家所无法比拟的。中国哲学思想情操自老子以降，尤其是在儒家文献中，一直都是爱好和平、强烈反对任何形式的军国主义。鲜见有儒家文人依据自己的原则为战争辩护。但儒家学说也不是不惜任何代价地拥护和平。”（Giles，2008：ix - x）翟林奈引司马迁、杜牧、朱熹、孙星衍之论述为之证，追溯了“诡道”概念产生的历史文化语境（Giles，2008：x - xiv），即“传统的仁信观念已被无情的战争所粉碎，战争必须靠智谋取胜”（孙世民，1997：35）。照搬不适应时代发展的仁本思想去应付战争，必将自取灭亡。翟林奈对于“诡道”产生的这一社会生活剧变之描写意向是实事求是的，但交际意向之语旨却导致误读。塞尔认为：在语旨行为的完成中，意向性有双重层次，一层是在行为的完成中所表达的意向状态，一层是完成行为的意向。第一层次被称为“真诚条件”，第二层次被称为“意义意向”，在这两者之中，意义意向才是重要的，它表示心灵把自身的满足条件转移给所说出的话语，使它具有描述事态或对象的能力。意义意向区分“描写”与“交际”。如果一个言说者只想陈述或描写一个事实，它就只有描写意向，但是如果他说出这样一句话语的目的并非只停于此，而是想让对方知道这样一个事实，并产生相应的效果，这就产生了第二个意向，即交际意向。这两者之中，描写意向又是更重要的部分，是核心内容，因为我们很难想象没有内容的交际，所以交际意向是要靠描写内容来完成的（吕俊，2006：201）。翟林奈对“诡道”理解之描写合理，但用来交际之 deception 却缺乏解释的普遍有效性。故此，我们不妨称翟林奈这种误读为理解性误读。这对于崇尚“科学的准确性”之翻译传统、以文献考据为特色的翟译本来说不能不说是个遗憾。这一误读于 1993 年曾被另一以考据为特色的黄（J. H. Huang）译本纠正，黄氏把“诡”字还原到古汉语上古语境中训为“殊异”这一历史文化语义，以翔实的例证从宏观的社会生活语境与微观的文本上下文语境清晰地阐释了“诡道”的本初内涵，其英译为“military operations entail unconventional means"（Huang，2008：40－42，126，136－137），算是还“诡道”一个公道。但黄译并未在西方译界获得普遍认同，其后译本延续了以 deception 译“诡道”这一制度性习俗，直至今日。这在很大程度上是受格里菲斯权威译本影响。

格里菲斯之交际意向与翟林奈别无二致，但描写意向却大有不同。翟林奈遵循东方学的研究传统，其英译注重文献的梳理与考据；格里菲斯为一名职业军人，其英译在文献梳理与考据的基础上更注重从军事学视角进行分析。如果说翟译本作为学术著作是西方东方学学术传统之延续，格译本则作为军事学著作是美国传统的实用主义价值观之体现[①]，其实用性是不言而喻的。格里菲斯亦采用历史还原法在其译本导论中以三章之篇幅对“诡道”产生的特定历史文化语境进行了追溯，包括：《中国的战国时期》《孙子时代的战争》《孙子论战争》。在《中国的战国时期》一文中，格里菲斯以史实精辟概括了这一时期中国社会生活的特点：周王室衰落；诸侯之间的战争毫无道德是非标准；社会秩序混乱与经济繁荣并存；道德家无人理睬，谋略家大受欢迎。格里菲斯以类比的方式指出：战国时代君主们的愿望与普卢塔克（Plutarch）[②] 所说的那些对和平与战争的选择标准只是“哪一种对自己更有利”的人是一致的。当时中国的状况只能是谋略与战争。战争，作为实力政治的组成部分，已成为“国之大事，死生之地，存亡之道”。在《孙子时代的战争》一文中，格里菲斯以详尽的事实为读者解释了公元前 5 世纪和公元前 4 世纪的战争与该时期战争的本质区别。直到大约公元前 500 年，战争在某种意义上还是一种形式。格里菲斯引公元前楚宋之战中楚国军师子反与宋国军师华元之间的对话为例，生动说明了当时战争所带有的伦理道德上的上古仁义传统；而孙子时代的战争是用“正”与敌人交战，以“奇”来取得胜利的。在《孙子论战争》一文中，格里菲斯阐释道：孙子相信人的道德的力量以及智力的因素是战争的决定性因素，如果对其适当地运用，战争就可以取得一定的成功。国家上下团

---

① 关于格译本翻译意图、策略及译者价值观之论述，请参见：黄海翔．规范、个性与译者的价值观［J］．天津外国语学院学报，2009（2）：48－54.

② 活跃于罗马时代的希腊思想家及传记作家，《英雄传》的作者。

结一心被孙子认为是战争取得胜利的首要条件。而欲上下同心，则政府须致力于人民的福祉且不压迫他们。孙星衍评价“孙子的理论建立在‘仁义’之上”是非常公允的。所有的战事都应以诡诈为基础。“正”可以变为“奇”，“奇”也可以变为“正”。“奇”的实施总是出其不意、不可思议、非正统的，而“正”则是比较明显的。

格里菲斯虽用 deception 译“诡道”，却清晰地勾勒出此概念产生的社会生活背景，并明确说明“诡道”属于“奇”的军事学范畴。这与褚良才之考证一致。就伦理学层面而言，格里菲斯亦清晰地阐释出“‘诡道’思想是建立在仁义基础之上”，从而将其限定为军语范畴，与道德上的欺诈划清了界限。这与郭化若将军的解释亦一致。既然格里菲斯已然洞悉“诡道”本初之内涵，为何以 deception 译之？答案只有一个，即格里菲斯赋予“诡道”的有意图的意义即是 deception。格里菲斯之解释“欺骗敌人和出其不意是两个基本原则”明白无误地说明了其为我所用、解决问题的实用主义翻译观，这一点在其译本导论之六《孙子与毛泽东》中展现无遗。有此功利目的，格里菲斯之译有悖于“尊重知识的客观性”这一原则也就不难理解了。我们不妨称其误读为功利性误读。其译开功利性误读之先，自 20 世纪 80 年代孙子文化研究热在美国兴起，不管对《孙子兵法》之英译基于何种文化视角，这一误读仍鲜有改变，这也从侧面说明实用主义价值观作为一种“制度性习俗”对译者影响之深。

基于上述译者对“诡道”误读的不同类型，我们不难发现在其误读背后所具有的不同的文化意向与文化身份。社会生活之变化促成了“诡道”概念意向世界之变化，而意向世界之变化直接导致了其概念含义之变化。当“诡道”以 deception 的面貌在英语世界开始了长达百年的文化之旅时，其对英语文化之影响及英语民众对中华文化意向之“熏陶”恐怕也是译者始料不及的。

11.4.3　《孙子兵法》英译的意识形态与意识形态的翻译

本节探讨典籍英译的意识形态与典籍中意识形态的翻译之间的关系，指出：由于典籍英译的意识形态与典籍中意识形态的翻译都须以一定的语言为载体，而语言又是文化的表现形式，故可以基于文化心理的分析对典籍英译的意识形态与典籍中意识形态的翻译两者之间的关系进行分析。

“意识形态”这一概念由法国哲学家托拉西引入西方哲学史。在托拉西那里，意识形态作为观念学是有其确定的含义的。观念学的主要任务是研究认识的起源、界限和认识的可靠性的程度。意识形态理论不仅有着哲学认识论和语言学方面的含义，而且具有与人们的实际行动息息相关的、实践方面的意义，因为它也是托拉西希望建立起来的真正的经济学、政治学、伦理学和教育学的理论基础（俞吾金，2009）。就意识形态的语言学含义而言，一定的意识形态是以一定的语言为载体的，即不存在无语言载体的意识形态，也不存在无意识形态导向的空洞的语言形式。而语言乃文化之表征，故“意识形态”这一概念从其诞生之日起就与文化结下不解之缘。“意识形态”这一概念演变至今，有多种理解。本文仍以托拉西的原初定义为行文依据。

韩礼德（Halliday）认为：整个社会是个语义系统，语言也是语义系统，但它是社会语义系统的一部分。从符号学角度看，整个社会是一个符号系统，语言也是符号系统，而且是社会和文化这一大符号系统的一部分。不同之处在于语言同时又是社会语义系统的编码系统。这样，语言实质上就是文化符号（Halliday，1978：52 –53）。语言作为文化符号，是人类社会最重要的载储、交际和传递信息的工具。语言之所以能发挥这些功能，首要的是因为语言能承载社会信息和文化信息。语言的这一载储功能是其他两个功能的基础，因为只有语言载储了信息，才谈得上交际和传递。任何一个民族语言的形成、发展和变化过程都与该民族的文化休戚相关。语言是个音义结合的词汇和语法体系。这个音义结合的过程是个长期的、由千百代人集体创造和约定俗成的过程。开始时具有偶然性和任意性，但最终形成时具有约定俗成性。语言成了文化主要的载体、主要的符号，成了文化储存、传播和发展的重要手段。语言的变化与发展要受文化的制约。但同时，语言也是文化的模具，语言反过来要作文化的管轨，对文化产生影响，像模具管轨一样规约文化（周志培，2013：81 –82）。故“意识形态和社会、文化因素是紧密联系在一起的，有时是你中存我，我中有你，难以区分”（许钧，2003：213）。这就使我们从文化心理的角度对典籍英译的意识形态及典籍中意识形态的英译两者之间的关系进行探讨成为可能。我们认为：典籍英译的意识形态与文化心理体现出译者之认识与实践的背离。

既然意识形态作为观念学，主要研究认识的起源、界限和认识的可靠性的程度，那么，翻译的意识形态应该是研究翻译的观念学，即对于翻译的认识。基于此，庄柔玉（2000：125）界定典籍英译的意识形态为“翻译行为背后的思想和解释系统”。当今世界为广大翻译工作者所熟悉的翻译行为背后的思想和解释系统当属国际译联制定的指导原则《译者章程》。《译者章程》对翻译的社会功能、译者的权利和义务、译者的职业道德规范等做了详细的解释和说明。就译者须遵循的翻译原则而言，《译者章程》第一部分“译者通责”的第四条明确规定：译文必须忠实，必须准确传达原作的思想和形式——这种忠实既是译者的道德责任也是其法律义务。这实际是将“忠实”严格限定为译者必须遵守的行业规则。但“译者通责”的第五条又从翻译策略层面对“忠实”解释道：不应将忠实的译本与逐字对译混同，译本的忠实并不排斥为了使另一国家、另一语言接受原作的形式、风格和深层含义所作的改动。显然，《译者章程》在翻译策略层面对“忠实”的界定留有了余地。这样，翻译伦理的遵守就从规则功利主义转向“可能的规则”的功利主义，译者潜在的作用凸显，体现在翻译策略的选择上，则呈现出偏好功利主义的诠释形态：直译与意译、归化与异化之争。但正如列维指出的那样，翻译活动其实也是一个译者“作决定的过程”。在这一过程中，译者本身的审美情趣、翻译观念及倾向，以及翻译目标都会对译文产生很大的影响，有时甚至是决定性的影响。正是这种文化心理的不同决定了译者对于国际译联《译者章程》之翻译原则的认识和理解必然不同，而认识和理解的不同也必然导致了译者翻译实践的差异。文化心理体现在个体/群体的心理过程中，即认识过程、情感过程和意志过程（刘宓庆，2005：218）。文化影响心理过程。个体的思维和行为会随着时间的推移对文化规范和实践产生影响。文化规范同样也会对个体的思维和行为产生影响。而个体的思维与行为反过来又会影响文化的流传与演变（Lehman，2004：703）。对文化心理的分析可以从文化心理系统入手，分别是：文化价值系统，包括人生价值观、自然价值观、道德价值观、知识价值观、经济价值观、审美价值观；文化行为系统，包括非意向行为、意向性行为；文化表现系统，包括言语表现、非言语表现（刘宓庆，2005：219）。译者的言语表现体现了译者指导其翻译实践的意识形态，又体现了隐藏于其下的译者的文化行为和文化价值观。

以《孙子兵法》梅维恒英译本为例，梅维恒在接受 Sonshi. com 采访时对指导其翻译的意识形态做了详细的阐述。他说："我翻译中国典籍时，总是竭尽全力地做到尽可能地精确，同时还要传达出原文风格和结构的特征。换言之，与绝大多数《孙子兵法》英译本相比，我的译文对原文文学特征的把握更加敏锐、对原文文学特征的表达更加细致。事实上，在成为汉学家之前，我在大学学的是英语专业。英语专业知识的修养使我在翻译中国典籍时有能力精确且恰当地表达出原文的内容和形式。这一点在我翻译《孙子兵法》时如此，在我翻译其他中国典籍时也是如此。如果你看一下我的《孙子兵法》译本，再把它与业已发行的其他译本相比较，你立刻就会发现我的译本在页面排版上与其他译本迥然不同。当你开始阅读我的译本时，你马上就会注意到我的译本有一种特别的节奏和韵律。你可以明白无误地欣赏到中国典籍文本的独特性，而这种独特性你在其他任何一个《孙子兵法》的英译本中都不能欣赏到。我甚至努力用英语复制原文一些语音和韵文的特征。"（Mair，2014）以何种策略来做到"尽可能地精确"呢？在其译本"翻译原则"一节中，梅维恒对其杂合策略做了系统阐述，他分析了以下问题：①直译与意译在英译中的运用。②同样的字的翻译原则。③要如何才能传达出原作形式和实质的内涵。④注释及其他补充材料与译文之间的关系。他认为：过度直译并不能确保精确；滥用意译更会偏离原文所要表达的意义；同样的字的翻译应尽可能一致；译者只有绝对尊重异域语言和文化的鲜明特征，才能真正传达出原作形式和实质的内涵；译文不依赖于注释或其他补充材料也应能读懂。梅维恒虽说提出了指导翻译实践的意识形态，但正如前文所指出的那样，在此意识形态指导下，梅维恒的翻译却未能达到他预期的效果。如以《孙子兵法·计篇》中"天"

的英译为例，“天”的英译“Heaven”在西方读者头脑里出现的是超越现世的造物主形象，以及灵魂、罪孽、来世等概念（安乐哲，2002：18）。很明显，梅维恒把“天”译为“Heaven”没有达到移植文化的目的。再以梅译《孙子兵法·九地篇》中的一句译文为例：“If one does not know the advantages and disadvantages of even a single one of the four plus five，he cannot be the leader of the forces of a hegemon king.”（Mair，2007：125）如果不借助注释，谁能读懂“a single one of the four plus five”所传达的语言意义和文化意义？再以同一篇中梅译的另一句译文为例：“Generalship requires calmness and reserve，correctness and control. The general should stupefy the eyes and ears of his officers and troops，so that they will have no knowledge. Change your affairs，alter your plans，so that the people will have no recognition. Change your dwelling，make your path circuitous，so that people will not be concerned about them. If the commander has an agreement with his army，it is as though they climbed high up and he pulled the ladder out from under them.”（Mair，2007：121）此译中，梅维恒译“使人不得虑”为“people will not be concerned about them”，选择“担忧，发愁”之义来牺牲内容的忠实以换取形式的对应。这就导致了文化简化主义的发生。这说明探讨典籍中意识形态的翻译与文化心理的关系须基于文化逻辑来进行。

上述梅维恒之英译之所以会陷入文化简化主义的误区，笔者认为，其原因就在于译者以自己的思想和解释系统取代了源语文化的诠释视域。著名文化人类学家格尔茨（1973：3－30）指出：文化即文本。文化人类学家把异域文化以文本形式运过来给本国读者。所谓文本形式，即文章和专著的形式。文化人类学家以书面形式对于他族文化的诠释是基于他族文化持有者诠释基础之上的诠释，是第二层次和第三层次的诠释。只有他族文化的当地人才有资格做出第一层次的诠释，因为这是他的文化。译者的身份与文化人类学家类似，其翻译操作也是基于源语文化持有者诠释基础之上的再诠释。通过再诠释，译者把源语文化与目的语文化的差异重新表达出来。译者有权做出自己的决定与选择，也有权利以自己的思想和解释系统对翻译的意识形态以及以此意识形态为指导的翻译实践做出诠释，但这种诠释不是没有约束的。译者的诠释必须以源语文化持有者的诠释为基础，其个体的思想与解释系统不能凌驾于源语文化之文化惯约的诠释之上。换言之，不能以译语文化的文化心理取代源语文化的文化心理。故“基于符号学的视角，文化心理学广义上可被定义为心理学学科领域内的一种方法，该方法探讨意义产生的行为和过程，通过意义产生的行为和过程人与其所处的社会和文化环境彼此建构。这是一个不固定的理论场域，包含多重视角以及认识论和方法论的多种选择”（Salvatore，2011：4）。文化心理的根本前提是没有任何一种社会文化环境能独立地存在于人类从中获取意义和资源的方式之外。每个人的精神生活都是通过从这一环境中领会意义和获得资源构成的。文化心理意图发展一种意向性行为，该行为是精神生活的外在表现。我们称之为文化行为。文化行为与文化刺激紧密相关。文化行为是文化交际者依据赋予刺激的特定意义或价值所表现出的行为（李炳全，2004：38）。

心理过程影响文化。文化影响心理过程。文化与心理这种相互建构的过程是以人造物为中介的，由于人造物是由人来创造和使用的，因而它必然具有对人来说的意义。人造物实际上是文化的构成要素，它既是人的文化活动的结果，体现出人的文化活动水平，同时又是文化活动的始点，人以此为基础进一步进行文化活动（Mair，2007：33）。典籍英译中意识形态的翻译就体现出文化与心理这种相互建构的过程。这是因为典籍翻译的译者面临两大困境：源文本作者的缺席与源文本创作语境的缺乏。故“典籍翻译译者的工作严重依赖典籍研究学者们的辛勤劳动”（Balmer，2006：187）。问题是，学者们的观点并不一致。因为“翻译绝不是一个纯语言的行为，它深深根植于语言所处的文化之中。翻译就是文化内部与文化之间的交流”（Bassnett，1990：8）。从符号学的视角来解释，典籍翻译的性质决定了典籍翻译须经过语内翻译和语际翻译两个阶段。雅各布森在符号学框架内把语内翻译过程定义为“用同一语言的符号对其他符号进行的解释”，把语际翻译定义为“借助某种其他语言来对言语符号所进行的解读”（沙特尔沃思，2005：67）。《孙子兵法》自成书至今，历代注家的注释很多，而且往往各不相同，其中以清孙星衍校之《孙子十家注》最为权威。

注家注释的过程即是语内翻译的过程。语际翻译的译者通过对“源文本注释的思考、判断、选择与认同”，译出“译文引为理据的注解”（黄海翔，2008b：144）。此外，译者关于涉及源文本历史文化背景及源文本理解与阐释的观点，也通过导论、附录、译者注等彰显出来。

以《孙子兵法·形篇》“举秋毫不为多力”的英译为例。翟林奈译为：“To lift an autumn hair is no sign of great strength.”（Giles，2008：15）罗建平认为：“秋毫”本义指鸟兽在秋天新长的细毛，这时可译为“autumn hair”。但汉语“秋毫”一词很少用其本义，一般用来比喻微小的事物，或用来形容军队纪律严明丝毫不侵害群众的利益。英语表示重量轻多用“as light as a feather”等说法。故译文这里用“autumn hair”与“秋毫”直接对译，不合两种语言各自的表达习惯。改译为“to lift a feather is no sign of strength”，或“to lift a hair is no sign of strength”，即足以传达原文的含义（罗建平，1998：77）。笔者认为：“autumn hair”之译是否恰当，关键在于英语读者读到“to lift an autumn hair is no sign of great strength”这一文化刺激时所做出的推论能否与源语读者读到“举秋毫不为多力”这一文化刺激时所做出的推论一致。这就涉及文化逻辑的运用。文化逻辑是诠释者运用自然逻辑法则并依据特定文化语境所提供的，且为该文化语境所特有的逻辑前提对所处世界作出的诠释（Enfield，2000）。文化逻辑之所以能够产生作用，是因为社会世界是一个生态复合体。在这个复合体中，由个体体现的文化意义和文化知识（语言的和非语言的）通过大家普遍可以理解的符号结构互相印证。这种人际生态复合体通过一般环境和/或特定语境下个体之间彼此互明的假设和反假设系统，在人类学和语言学的主题领域之间架起了沟通的桥梁。对于特定文化概念的共享的假设使人类群体有共同的逻辑前提可以做出预料中的可以趋集于一点的推理过程（Enfield，2000：36）。故“autumn hair”之译是否恰当，关键在于是否保留了源语文化逻辑。西方思维传统注重科学、理性，重视分析、实证，因而必然借助逻辑，在论证、推演中认识事物的本质（连淑能，2002：44）。“举秋毫不为多力”在源语读者看来是理所当然的假设。在译语中，以“to lift an autumn hair”为前提同样可以直接推导出“no sign of great strength”之结论，这与源语文化逻辑是一致的。不一致的是，“举秋毫”在源语文化中不会产生逻辑悖论，而“to lift an autumn hair”之译对于不了解中国文化的英文读者而言，则会产生逻辑上的困惑，这就导致了逻辑悖论。翟林奈注意到了这一不同，他加了注以化解可能产生的逻辑悖论，保留了源语文化逻辑。其注曰：“秋毫 is explained as the fur of a hare, which is finest in autumn, when it begins to grow afresh.”但也有译者选择直接译出不加注。如享誉中西哲学比较研究界的安乐哲就没有加注，直接译为“to lift an autumn hair is no mark of strength”。安乐哲译文与翟林奈译文无本质区别，这说明安乐哲认为：即便不加注，美国当代读者也能清晰地理解源语的文化逻辑且不会引发逻辑悖论。这从一个侧面说明：文化的差异性有着共同的抽象基础。

西方译者以自己的思想和解释系统来代替源语文化的文化惯约，还体现在以西方思维方式思考源语文化专有项之诠释方式，具体表现在用思维的分析性、对象性和精确性来代替源语诠释方式的整体性、意向性和模糊性。整体性思维把天、地、人和自然、社会、人生放在关系网中，从整体上考察其有机联系，注重整体的关联性，而不是把整体分解为部分加以逐一分析研究；注重结构、功能，而非实体、元素；注重用辩证的方法去认识多样性的和谐和对立面的统一（连淑能，2002：42）。《孙子兵法》包含着朴素的唯物辩证法思想，堪称中国古代辩证法的集大成之作。故对其意识形态之诠释，必须采取整体性思维的方式。以《孙子兵法·行军篇》中“养生而处实”之英译为例，原句如下：“凡军好高而恶下，贵阳而贱阴，养生而处实，军无百疾，是谓必胜。”翟林奈译为：“All armies prefer high ground to low, and sunny places to dark. If you are careful of your men, and camp on hard ground, the army will be free from disease of every kind, and this will spell victory.”（Giles，2008：36）他译“养生而处实”为条件句，回译为中文即“如果你爱惜你的部属并扎营于坚固之地”。以此为前提条件，就能推出“军无百疾，是谓必胜”之结果吗？此译文与上句“好高而恶下，贵阳而贱阴”又有何关联？查《孙子十家注》，曹操曰：“恃满实也。养生向水草，可放牧养畜乘。实，犹高也。”梅尧臣曰：“养生便水草，处实利粮道。”王皙曰：“养生谓水草粮糒之属，处实者倚固之谓。”张预曰：

"养生谓就善水草放牧也。处实谓倚隆高之地以居也。"（孙星衍，1985：187）两相对照，我们发现翟林奈对于"养生"之译并没有以《孙子十家注》注家阐释为基础。他对此并不讳言，他在注释中写道："Cao Gong says：'Make for fresh water and pasture，where you can turn out animals to graze' 向水草可放牧养畜. And the other commentators follow him，apparently taking 生 as = 牲. Cf. Mencius，V. 1. ix. 1，where 养牲者 means a cattle-keeper. But here 养生 surely has reference to the health of the troops. It is the title of Zhuangzi's third chapter，where it denotes moral rather than physical well being."（Giles，2008：122）在其注中翟林奈提出：此处"养生"与《庄子》第三篇标题"养生主"互文，揭示的是精神健康而非身体健康。在此翟林奈采取了整体性思维的方法对"养生"这一文化专有项所处的文化惯约体系进行考察，这个思路无疑是正确的。《庄子·养生主》乃道家思想名篇，其被赋予的特定符号意义早已成为中华文化惯约体系的重要组成部分。其主旨观点之一为"依乎天理，因其固然"（祝军，2007）。这是一种辩证思维之体现，与孙子的阴阳观是相通的。在此句中，"养生"即顺应事物发展的自然规律，如孙子上文所提"好高而恶下，贵阳而贱阴"。那么，何为"处实"？翟林奈注曰："实 must mean dry and solid，as opposed to damp and marshy ground. This is to be found as a rule in high places，so the commentators explain 实 as practically equivalent to 高."（Giles，2008：122）"处实"源于《道德经》第三十八章，原句如下：是以大丈夫处其厚，不居其薄；处其实，不居其华。故去彼取此。""实"与"华"相对，"华"者，虚华也，即虚假、华而不实。可见，翟林奈理解正确，但如何用译语表达方式把上述源语文化逻辑展示出来呢？翟林奈之译不可谓不具体，但不合逻辑，原因就在于他在英译中把"养生而处实"对象化、具体化了。安乐哲注意到了这一问题，他的诠释以《孙子十家注》注家阐释为基础，其译如下："Generally speaking，an army prefers high ground and dislikes the low，prizes the sunny side and shuns the shady side，seeks a place in which food and water are readily available and ample to supply its needs，and wants to be free of the numerous diseases. These conditions mean certain victory."

（Ames，1993：141）我们把其“养生而处实”之英译回译为中文，即“（军队）寻找一扎营之处，此处随时可以获得食物和水且足够供应军队所需”。其译整句逻辑可以推演如下：总的来说，军队总是好高而恶下，贵阳而贱阴，总是想寻找随时可以获得食物和水且足够供应其所需之扎营之地，总是想避免各种疾病。满足以上这些条件意味着必胜。与翟林奈之译相比，安乐哲之译展示出了原文的文化逻辑。

11.4.4 小　结

何为典籍英译的意识形态？典籍英译的意识形态与典籍英译中意识形态的翻译是何种关系？对这两个问题学界尚未系统地探讨过。笔者以托拉西的意识形态理论为出发点，以意识形态和翻译共同的语言载体为切入点，从文化心理的角度进行了深入分析。笔者发现：就典籍英译的意识形态与文化心理而言，译者的认识与实践出现了背离的现象。译者自己制定的用来指导翻译实践的翻译观并不能达到其预期的翻译效果，反而陷入了文化简化主义的误区；就典籍英译中意识形态的翻译与文化心理而言，译者在实践中也出现了以自己的思想和解释系统取代源语文化诠释视域的现象。笔者引入文化逻辑的概念对这种现象进行了探讨。从文化心理的角度对典籍英译的意识形态和典籍英译中意识形态的翻译两者之间的关系进行分析尚属于一个全新的领域。

11.5 《孙子兵法》英译的认知心理框架

近年来，典籍英译的主体成为译界讨论的焦点，学者们的观点大体分为两类。第一种观点（汪榕培，1995，2006；潘文国，2004；霍跃红，2005）认为典籍英译的主体应由汉语译者承担。其主要原因是“由于文化差异、历史原因等，英语译者很难对非母语的文化做出全面、系统和公开的批判和评介，那么他们所选择翻译的作品就很难代表中华文化的全貌。如果一切听凭西方译者自己选择、翻译中国的典籍，那么我们就会失去弘扬中华文化的自主权”（霍跃红，2005：54）。同时，“语言文字翻译工作的实质，是不同族群之间的文化沟通、交流和对话。要实现无障碍的沟通、交流和对话，译者首先就必须了解本民族的历史文化、风俗习惯。当然也要对目的语文化有清楚的认识，否则难免出现误译、歪译”（霍跃红，2005：53）。以系统、准确地将中华民族的文化典籍译成外文为目的的《大中华文库》总序写道：“我们一方面对外国学者将中国的名著介绍到世界上去表示由衷的感谢，一方面为祖国的名著还不被完全认识，甚而受到曲解而感到深深的遗憾。……还有许多资深、友善的汉学家译介中国古代的哲学著作，在把中华文化介绍给全世界的工作方面作出了重大贡献，但或囿于理解有误，或缘于对中国文化认识的局限，质量上乘的并不多，常常是隔靴搔痒，说不到点子上。”（杨牧之，1999：1）上述观点表明：由于英语译者有选择地翻译中国典籍以及囿于理解有误或缘于对中国文化认识的局限，对中华典籍的误解与误译在所难免，不论是无意为之还是有意为之。

第二种观点（徐式谷，2002；王宏印，2006）则基于现实的考量，认为典籍英译的主体应由英语译者承担。徐式谷在分析了事实上的英语文化—语言霸权之后，指出：“英语世界的读者接受汉文化不及汉文化读者接受英语文化充分。这对汉英翻译是一个不利因素。造成这种局面的原因在于文化交流的不平衡。”（2002：562）他分析了中华人民共和国成立前100 年及成立后至今的中国典籍英译本的出版现状后，指出：“同时，英美出版商，主要是大学出版社，也开始对出版汉译英的书籍感兴趣。但这些译作的印数和读者群都是有限的。原因是尽管作为发展中国家的中国有5 000 年的文明史，正努力使自己繁荣进步，她与发达国家之间文化产品的交流是不平衡或不平等的。我们都知道，认知过程包括接触、理解和最终欣赏，是长期渐进的过程。”（2002：562）徐式谷同时指出：就译者本人而言，除要具备克服语言障碍所需的技能、对美的洞察力和感受力之外，还需要克服纽马克所提到的所有文化障碍，即生存环境不同，物质文化不同，社会文化不同，组织方式、风俗、行为、程序和概念不同，手势语和习惯不同（2002：561－562）。就中国对外版权贸易的巨额逆差，徐式谷呼吁道："相关的责任自然就落到了美英等发达国家及联合国教科文组织的肩上，如果它们是真心希望促进不同文明之间平等的文化交流，而非故意挑起不同文明之间的冲突，就必须提供帮助，以促进由发展中国家语言译成已成为世界上最重要交流媒介的英语的翻译工作。"（2002：564）王宏印教授则从逆译之难的角度进行了阐述。逆译就是用自己相对不够熟练或顺手的语言（一般是外国语）进行翻译，而舍去了相对熟练或顺手的语言（一般是本族语言）——假如一个译者在能够使用的两种语言中间有明显差异和选择的话（2006：169）。王宏印指出："一个典型的逆译例子是中国文化典籍的外译。现在国内不少学者认为外国人对于中国文化的理解总是不能深入，他们希望能由中国人自己把中国古典文献译成外文出版，以传播中华文化。这是很好的。但是，对于其中不少人来说，尤其是外语程度有限的译者来说，汉译外属于逆译活动，其翻译的难度可想而知，加之翻译策略和概念上的问题，译文质量也往往难以保证。"（2006：170）

针对这两种对立的观点，有没有一种折中的办法呢？霍跃红提出了"润色翻译"的概念。即"在条件允许的情况下，中国译者完成的作品交由以英语为母语的人润色一下，内在文化层面上的精髓由中国译者把握，而外在语言用法、措辞上的东西由英语译者来进行把关，这样中西合璧的结果当为精品"（2005：54）。王宏印教授将霍跃红的方法称为"异类合作"，即"不同国家或民族的译者共同翻译一部作品。其中的合作方式很多，有的是一人执笔起稿，一人修改定稿。有的是各自分头翻译，然后参校融合，共同完成翻译任务。有的则是二人相商，边译边讨论，边定稿，直至完成全部译作。这种合作方式，除了协作双方的理解和表达有赖于何者更为权威之外，顺译逆译的倾向仍然潜在地贯穿于翻译的全过程，而以顺译作为最终归宿似乎是正理"（2006：171）。正如王宏印教授所指出的，霍跃红的想法理论上可行，在现实生活中却不具备普遍性。毕竟，像杨宪益和戴乃迭夫妇、英国汉学家理雅各与中国学者王韬这样的搭档是可遇而不可求的。再者，在图书出版高度商业化的今天，"社会客观的原因"也使得霍跃红的想法难以推广，这一点汪榕培先生（2006：66）已作了详细说明。

基于上述分析，我们要追问的是：有没有切实可行的方法来解决当前典籍英译的困境呢？欲回答这一问题，我们首先要搞清楚的问题是：为什么西方英语译者会有选择地翻译中国典籍呢？以《孙子兵法》英译而论，据维基百科统计，自1910年翟林奈译本起，至2008年托马斯·黄译本止，西方共出版了22个版本的《孙子兵法》英译本（如加上1905年卡尔思罗普译本则为23个），除1987年Sterling Publishing Co.出版的袁士槟译本外，其余均为英语译者翻译。如果把《孙子兵法》作为英语译者有选择地翻译的典籍的代表来做一分析，我们不禁要追问：《孙子兵法》何以如此受到英语译者之青睐，被翻译频率如此之高呢？在已有译本中出现的误解与误译，是无意为之，还是有意为之呢？诚如徐式谷先生所言，译者在翻译中须克服所面临的所有文化障碍。就此而言，典籍的英语译者是如何做的呢？下面，笔者拟从文化交流的层面入手，以《孙子兵法》的英译这一文化现象为个案做一探讨。

11.5.1 文化认知的心理框架与认知的逻辑层级

翻译研究文化学派的代表人物之一巴斯奈特认为：翻译不只是一个简单的解码—重组过程，更重要的还是一个交流的行为，可分为文化内翻译与文化之间的翻译（1990：8）。德国翻译理论家威密尔完全赞同巴斯奈特的观点，他认为：翻译从本质上说是一种“跨文化的行为”。这种行为不但适用于文化相近的语言（如德语和英语），也适用于文化并不相近的语言（如芬兰语和汉语）。不同语言之间的文化翻译有的不是类的差别，而是度的区别（Snell-Hornby，2001：46）。不同文化之间的认知首先从元信息开始。什么是文化认知的元信息呢？

元信息之“元”意为“关于”。英国人类学家贝特森指出：所有动物之交流都是关于它们已知信息的交流。这种关于已知信息的交流称为“元交流”（1988：124）。在文化认知的心理范畴中，“元”具体地指一位于较高等级的逻辑层次，它为解释位于其下一等级逻辑层次的意义提供了线索（Katan，2004：34）。元信息与文化认知的心理框架紧密相关。何谓心理框架？心理框架与元信息紧密相关，被神经语言程序学广泛应用，用来帮助阐明人类交流中的问题。贝特森把心理框架与语境作了对比，指出：心理框架是一种内在的心理状态，是我们内心世界图式的组成部分，而语境则是某种现实的外在体现；心理框架是非“真实”的，正如我们内心的世界图式并非它所代表的实际疆域一样，它更揭示了理解过程中的某种思维（1972：187）。美国社会学家欧文·戈夫曼定义“心理框架”为“管理现实中发生事件的组织原则”（1974：10）。“心理框架”这一概念在国际翻译界也被广泛应用。诺伊贝特根据经验的积累和知识的总体结构定义道：“经验的积累过程可称为心理框架的构建，知识结构本身就可称之为心理框架。”（1992：60）斯内尔—霍恩比的定义为“读者/译者的个人经验”，这一定义与其他翻译理论家的观点完全吻合，即被文本激活的心理框架与正被讨论中的语言使用者的社会文化背景紧密相连（Katan，2004：125）。在这个意义上，心理框架意味着诠释方法。

贝特森把心理框架比作一镶着框的画，在画框里的内容可根据画的标题来理解，而画框外的内容则须置于一更大的框架中方能理解。这更大的框架影响着我们对画的诠释。每一框架都依次附属于层次更大的那一框架。这些框架叠加起来，每一框架都影响着位于其下的框架的诠释（Katan，2004：34－35）。贝特森用下面的图示对此作了生动的阐释：

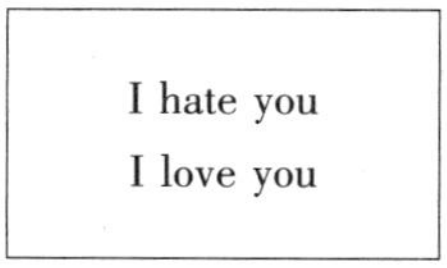

图 1　A Paradox

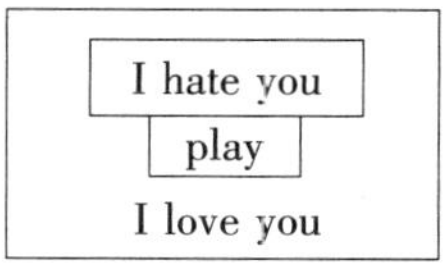

图 2　Paradox Framed and Solved

图 1 框架中的两句话自相矛盾，毫无意义；图 2 的框架经过重新设计，把“I love you”置于一更深广的层级上，意义的逻辑结构就体现无遗，层级结构能解释“I hate you”如何被诠释。因此，我们可命名这一框架为“play”。

上述图示表明：观察者至少有两种诠释存在，一种来自于框架之内，一种来自于框架之外。正如我们讨论文化与翻译之关系时，把现实的精神表象比作地图、把现实比作疆域一样。地图有确定的边界，就像我们对现实事件的理解也有确定的心理框架一样。基于此，美国语言学家黛伯拉·泰南（Deborah Tannen）认识到：心理框架由文化所确定，可将其理解为一种诠释方法。他定义心理框架为“对正在被做的事情的感知”（1993：73）。由此我们可以理解：站在本土文化语境的立场上评价英语译者是毫无意义的，因为我们自身的心理诠释框架与英语译者的心理诠释框架是迥然不同的。其对应的语境对我们而言是英语文化—语言霸权，对英语译者而言是英语本土文化语境。这两种诠释框架之所以相左，是因为持这两种诠释框架的本土学者们心中都有一个关于典籍英译的理想化的原型。那么，心理框架与原型呈现出什么样的辩证关系呢？

心理框架与原型紧密相关，被语言学家广泛采用。在语言学之界定中，原型乃一个类型的一组典型特征，所反映的是一个词语或一类型意义的典型模型或原形象。故文本语言学认为，原型乃特定交际群体在特定历史时期所接受的说话与写作的具体方法。基于此，原型被马克思称为“社会交际形态”。原型文本以特定社会情景为语境，折射出基本的社会规范。诺伊贝特认为：原型和社会情景不存在完美的平衡，具体文本只不过是文本的稳定性与交际情景的特殊需要在磨合过程中的一种折中（1992：129）。从认知心理学的角度来看，原型是蕴含在心理框架中的理想化模型。在文化交流中，现实中发生的事件与蕴含在心理框架中的原型的内在表象之间必须有某种形式的吻合（Katan，2004：36）。就典籍英译而言，这种“吻合”显然与中国本土文化语境的期望有着巨大的差距。

综上所述，每一信息都包含元信息。元信息位于一较高的层级且为位于其下一层级的信息构造出心理框架，心理框架本身是包含了我们所期待的原型的精神表象。许许多多这样的心理框架一起构成了我们内心的世界图式（Katan，2004：36）。基于此，我们不得不追问：是什么原因使英语译者英译典籍的现实与本土文化语境所期待的原型落差如此之大呢？要回答这个问题，则必须从心理框架的意义层级入手。心理框架的逻辑层级与典籍英译之主体又呈现出什么特点呢？这必须首先从意义逻辑层级理论之历史沿革入手。

意义逻辑层级理论的创始人是英国著名哲学家罗素，他引入了逻辑式理论，其根本原则是“所有集合之集合不可能包含它自己”。这一原则形成了解决因误解而产生的问题的很多方法的基础。贝特森分析了罗素逻辑式的错误，即“把名与实混为一体，如同吃了菜单而不是菜单上的菜”，指出语境必须附属于逻辑式，他说：“要么我们抛弃‘语境’这一概念，要么保持这一概念，如保持这一概念，就必须接受层级系列——问题的提出，问题提出之语境，问题提出之语境之语境，依次类推。”（Katan，2004：36）

贝特森的观点被广泛应用于文化交流与心理学研究中。神经语言程序学的创立者之一罗伯特·迪尔茨（Robert Dilts）在贝特森的语境逻辑式基础上建立了心理框架的逻辑层级，其目的是研究人们心目中的原型及文化交流中的个体是如何构造他们的经验模式，即内心世界图式的。迪尔茨认为：Neuro 代表所有行为都是心理过程之结果；Linguistic 表明心理过程通过语言和交流呈现出来，按等级地排列成各种模式和策略；Programming 指组织逻辑系统内的成分达到某一具体结果的过程。该逻辑层级特征如下：各层级按等级排列且相互关联，上一层级组织位于其下一层级的信息；相反的情况也可能发生，但很少见，见下表（Katan，2004：36－37）：

Logic Levels	Represent	Representation
Identity	Who?	person，organization，culture
↓ ↑	↓ ↑	↓ ↑
Beliefs/Values	Why?	core beliefs，values，attitudes and criteria
↓ ↑	↓ ↑	↓ ↑
Capabilities/Strategies	How?	knowledge，strategies，skills
↓ ↑	↓ ↑	↓ ↑
Behaviours	What?	verbal or non-verbal
↓ ↑	↓ ↑	↓ ↑
Environment	Where? When?	the sum of external factors or constraints affecting an organization or process

基于迪尔茨逻辑层级，我们不禁要追问，以《孙子兵法》英译为代表

的个案分析是否体现了其逻辑内涵呢？在英语译者有选择地翻译的中国典籍中，《孙子兵法》被翻译频率如此之高绝不是偶然的，从文化交流的视角来看，背后深层次的原因究竟是什么呢？下面，笔者从本土文化语境的立场出发，以不主张英语译者英译中国典籍之理由为出发点，基于迪尔茨逻辑层级对此作一探讨，请看下表：

Logic Levels	Representation
Identity	英语译者
Beliefs/Values	?
Capabilities/Strategies	理解有误；对中国文字认识的局限；有选择地英译
Behaviours	误解与误译（有意？无意?）
Environment	英语文化环境

我们发现问题出现了：如果站在本土文化语境的立场上，则无法解释在译者心理框架中发挥核心作用的 Beliefs/Values，即译者的核心价值观是什么。Katan 指出：信念体现价值观。我们的核心价值观是塑造自身的基本的无意识的组织原则，一旦形成，很难更改，一旦更改，我们的身份、我们是谁也随之更改。相反，态度（attitudes）是最表面的，可以随时间或通过论证的力量而改变，其改变不会影响核心价值观。价值观体现了对我们而言重要同时我们赖以生存的根本原则。价值观呈两极对立，倾向于用名词表达（2004：39）。神经语言程序学区分了起总的导向作用的总体价值观与在某一特殊语境下的价值观，后者被称为标准（criteria）。标准支配着我们在某一语境中的选择。满足某一标准（语境化价值观）的具体行为称为“标准化等价物”。某一文化语境中的人们看见某一行为则假定它对应于某一标准或价值观。当然，这种假定仅在他们自身的世界图式中有效（Katan，2004：39）。就英语译者英译典籍所遵循的价值观而言，本土学者们没有予以讨论，《大中华文库》总序则以言外之意的方式提到了英语译者的“态度”——友善或不友善，但没有分析其遵循的价值观。这

就造成了文化交流中的一个盲区。国际知名社会人文学教授 Hofstede 警告说："文化与其说是协同之源，倒不如说是冲突之源。文化差异烦不胜烦，处置不当，会引发灾难。"（www. geert-hofstede. com）下面，笔者拟以《孙子兵法》英语译者之英译这一文化现象为个案，对译者价值观做一深入探讨。

11. 5. 2 《孙子兵法》英语译者总体价值观与个人标准分析：元信息的解读

一、《孙子兵法》认知的军事研究标准：效用标准

《孙子兵法》第一个英语译者卡尔思罗普于 1905 年、1908 年先后出版了他的英译本与修订本。卡尔思罗普的英译目的十分清晰，他说："如今《孙子》与《吴子》已经让步于欧洲学者们的科学著作，但他们的话已成了格言，他们的影响毫无疑问地帮助日本在最近的战争中取得胜利。"（Calthrop，1908：15；王铭，2005：7）他所说的"最近的战争"，应该指的是 1904—1905 年日俄战争（王铭，2005：7）。其时，卡尔思罗普是英国军队派往日本学习语言的年轻军官，他看到了日本军事力量膨胀背后的军事理论源头，这就是日本人对中国兵书《孙子兵法》的研究与运用（王铭，2005：8）。

格里菲斯的 1963 年译本是继卡译本后军事学解读的经典之作。英国著名战略理论家哈特在为格译本所作的序中对格译本产生之背景作了精辟的阐述，他说："《孙子兵法》是关于战争艺术的最早的论述，就其对战争艺术论述的广泛性和理解深度而言，到目前为止尚没有被超越。《孙子兵法》可说是集中了战争的核心智慧。与两千多年后的克劳塞维茨相比，孙子的思想更加切合时宜，更能跟得上时代的变迁。……当时的欧洲军人如果能将《战争论》与《孙子兵法》适当融合的话，本世纪两次世界大战给人类文明造成的巨大破坏在很大程度上就得以避免。"（1963：v）哈特感慨道："孙子思想的清晰本可以纠正克劳塞维茨思想的模糊。不幸的是，《孙子兵法》直到法国大革命之前不久，才由一个法国传教士介绍到西方，而

且仅是概要性的介绍。……虽然后来西方有了全译本，但军界已被信仰克劳塞维茨的极端分子所左右，这位中国兵圣的声音难以引起共鸣。没有哪个军人和政治家注意到孙子的警告：‘夫兵久而国利者，未之有也。’……早就需要对《孙子兵法》进行新的、全面的解读，以便更准确地了解他的思想。这种需要随着可能导致人类自相残杀和种族灭绝的核武器的发展，显得更加迫切。……所以，格里菲斯将军的出色工作正当其时。”（1963：ⅵ）格里菲斯在译本前言中对其翻译意图作了清晰的交代。他评价道：“《孙子兵法》是具有丰富的思想内涵和总括性的著作，数百年来，《孙子兵法》以其感悟力和想象力在中国军事文献经典中占有最重要的位置。”（1963：ⅸ）对《孙子兵法》在西方的译介和译本作了扼要的回顾后，格里菲斯指出重译之必要性：“从俄文和德文译本翻译成的五种英文译本都不令人满意，即使翟林奈 1910 年的英译本也有许多不尽如人意之处。”（1963：ⅹ）对孙子思想精髓作了独到分析后，格里菲斯认为：“《孙子兵法》对中国的历史以及日本的军事思想有着深刻的影响，是毛泽东军事理论和中国军队战术条例的源泉。孙子的思想通过蒙古鞑靼传入俄国，成为其东方遗产的重要部分。《孙子兵法》因而成为了解和理解这两个国家的必读之书。”（1963：ⅺ）

综上所述，无论是卡尔思罗普，还是格里菲斯，都已亲身体验到了《孙子兵法》在战争实践中所发挥的效用，这是他们英译《孙子兵法》的实质所在。“效用原则”由美国思想家 William James 提出，他认为：思想产生行动，行动必有效果。要研究思想的正确与否，不能从思想本身来辩论，而要看依照这种思想来行动所产生的效果如何。以格里菲斯与哈特为首的西方战略家集团敏锐地感到西方传统军事思想已无法适应当时国际形势的发展。他们二人努力不懈地在探求一种使《孙子兵法》的军事思想同西方传统军事思想融合互补的道路，孜孜不倦地宣传《孙子兵法》以期引起更多的西方人士对此书的重视，尤其是那些制定国策和拥有战争决策权的美国等西方国家首脑人物的重视，他们确以各自不同的方式实现了共同的目标（褚良才，2002：539）。

二、《孙子兵法》认知的学术研究标准：亦利亦义标准

从学术研究的角度出发的《孙子兵法》经典译本当属翟林奈英译本。该译本历近百年而不衰，直到21世纪这一经典译本还在重印。翟译本后来还有多个编辑本问世，如“二战”期间及“二战”以后出版发行的由美国军人学者Tomas R. Philips准将编辑和作序的译本、美国作家James Clavell编辑和作序的译本、1993年湖南人民出版社重印本等（王铭，2005：9）。翟译本之所以如此受到推崇，是与翟林奈所具有的亦利亦义的英国传统文化精神分不开的。利指“讲求实效和实利”，义指“公平竞争”（陈俊森，1999：21－29）。翟林奈在其译本扉页上写道：“本译著谨献给我的兄弟Valentine Giles上尉，希望这一部有2 400年历史的典籍依然包含着值得今天的士兵们考虑的教训。”Valentine Giles曾任英国陆军皇家工程师。显然翟林奈希望他的译作能对英国军队有所裨益。只有更好地理解作为中国军事经典的《孙子兵法》，才能更好地为英国在华利益服务（王铭，2005：26）。翟林奈这样做，是受其家庭影响的。其父（Herbert Allen Giles）与另外两个兄弟（Bertram Giles与Lancelot Giles）都先后担任过英国驻华领事，其父为著名汉学家。父亲和兄弟的影响，也自然使翟林奈在进行汉学研究的同时，更加关注中国现实，尤其是更加关注英国的对华利益（王铭，2005：25－26）。翟林奈译本之“义”体现在其“译本忠于原作”以及对卡译本“舍弃中国语境而求诸日本语境”无法容忍（王铭，2005：9）。翟林奈对卡译本中“充斥着令人相当痛苦的日本味道”表示了极大的愤慨，他认为这是日本人的帮助导致的，所以这个译本才“糟糕透顶”，使“孙子蒙尘受辱，需要为其正名”。除此之外，卡译本“冗余频繁可见，段落被随意曲解或忽略，这样的过错不可原谅。这些在任何一个希腊文或拉丁文的经典版本中都是不可容忍的，相似的诚实的标准也应该在翻译中文时得到坚持”（Giles，1910：viii；王铭，2005：40）。

三、《孙子兵法》认知的文化研究标准：工具主义标准

工具主义由美国哲学家杜威提出，他认为：真理具有工具性，真理在于它的功能，真的观念就是作为行动的有效的工具的观念，观念作为工

具，并没有认识意义，即观念是否为关于客观实在的知识并不重要。观念的性质在于它的功用或价值，而观念的价值和真假，是以人的具体活动为转移的，观念在本质上是一种工具，而工具的证明就在于它的用处（陈长勇，2006：155）。工具主义在英语译者对《孙子兵法》的文化解读中体现得尤为明显。笔者拟以1983年Clavell译本、1988年克利里译本、2002年闵福德译本为例，作一抽样分析。

英语译者对《孙子兵法》中所蕴含文化的关注兴于20世纪80年代，其时中美关系进入“蜜月期”，中美军事文化交流进一步加强，这大大推动了“孙子热”在美国的出现和升温，并迅速扩展到全世界（王铭，2005：12－13）。在此背景下，Clavell译本应运而生。Clavell在序言中指出，《孙子兵法》之所以能深深打动他，原因有三：其一，这本非凡的著作在2 500年前阐述的许多真理，今天依然可用。其二，《孙子兵法》极其清楚地揭示了夺取主动权与克敌制胜的法则。其三，《孙子兵法》所包含的真理，同样指明了在军事之外的各个领域内对付冲突与斗争的取胜之道。他希望把《孙子兵法》“列为自由世界中所有官兵、一切从事政治活动的人以及政府和大学里所有人的必读之作”（褚良才，2002：540）。为此，Clavell在翟译本的基础上进行了一些改写，对原来的大量注释作了精选，并删去了原译本中的汉字。其目的是保证解释的通俗性，使《孙子兵法》更易被西方读者接受（王铭，2005：14）。

而克利里和闵福德则是通过翻译《孙子兵法》来揭示蕴含在其中的道家思想。克利里在前言中写道：“我的翻译以道家学说伟大的精神传统为背景来揭示这部经典的内涵。道家学说不仅是东亚心理之源，也是东亚科技之源，同样也是洞察构成这本最受人推崇的成功之书的人性之源。……这部战略经典不但吸收了诸如《易经》和《道德经》这样伟大道家著作的思想，而且揭示了道家的基本原理乃中国所有传统武学兵经的本源。”（1988：viii）闵福德在接受Sonshi. com采访时坦言：“我既非军人，也非企业家。我个人关注的是蕴含在该书中的道家思想，而绝非我所理解的诡诈与欺骗的思想……而这是我尤为警惕的。”“我认为这本书在某些方面见解异常深刻，这些深刻的见解源自中国传统智慧。这种智慧在这本书中以一种难忘的方式表达了出来。在这方面，它使我想起了《道德经》。”（http://www.sonshi.com/minford.html，笔者注：参见其对问题5的回答）George Steiner认为：理解，便是解释。领悟一种意义，便是翻译；但令笔者感到困惑的是，两译者有相同的文化认知视角，对原作的理解却截然相反。

克利里认为：“《孙子兵法》之所以时至今日仍能为读者所喜爱，与其所具有的典型的道家思维方式是分不开的，在此思维方式支配下，《孙子兵法》认为力量的使用持续地受到潜在的人本主义思想的制约。”（1988：viii）“作为道家思想的经典，《孙子兵法》不仅是战争之书，也是和平之书，最重要的是它是理解冲突根源和解决冲突的工具。”（1988：ix）“与包括《道德经》在内的一些伟大的中国人本主义经典一样，《孙子兵法》成书于两千多年前的春秋战国时期。采取理性的而不是情绪化的方法来对待冲突，孙子表明如何理解冲突可以导致冲突的解决，甚至避免冲突的发生。”（1988：xiii）由上可知，克利里认为《孙子兵法》是蕴含道家思想的人本主义经典。与克利里相反，闵福德认为：“在我们阅读《孙子兵法》时，我们发现与解决冲突所采用的非暴力的精妙手段相伴随的是对他人的精心算计。”（2002：xx）“坦率地说，书中的很多观点我不能接受。其主张的对人际关系阴险算计的方法直接违背了我所赞成的人本主义价值观的根本原则。该书所论皆是操纵和利用每一于己有利之形势达到壮大自身力量和心理上操纵对手之目的。”（http://www.sonshi.com/minford.html，笔者注：参见其对问题5的回答）“孙子主张以诡诈为其战略基石，他放弃价值标准，崇尚利己、算计、诡诈与高深莫测。这一点必须看到。”（2002：xxix）

我们不难发现，同是关注《孙子兵法》中的道家思想，对《孙子兵法》的理解却截然相反，克利里认为《孙子兵法》乃人本主义之经典，而闵福德却认为《孙子兵法》违背了人本主义价值观。克利里与Clavell一样把《孙子兵法》作为“理解冲突根源和解决冲突的工具”，而闵福德却把《孙子兵法》理解为“对他人精心算计的工具”，无论褒贬，其工具主义的特征显露无遗。

四、《孙子兵法》认知的总体价值观：实用主义价值观

总括上述英语译者之英译标准，我们不难发现其所蕴含的总体价值观——实用主义价值观。实用主义是一种以经验为基础、以实践为核心、以效果为标准或目的的哲学（张传开，2003：113）。实用主义产生于19世纪下半叶的美国，是当代西方影响很大、流行很广的哲学流派之一（夏基松，2006：33）。实用主义强调知识或理论的实用性或工具性，因为认识或理论的目的在于实践，实践是检验真理的重要标准（夏基松，2006：34）。实用主义（Pragmatism）一词来源于希腊文，意为行为、行动。实用主义所谓的行动、实践是指个人为达到目的所进行的一切活动。它强调哲学应立足于现实生活，主张信念或观念的意义在于效果，鼓吹有用即真理，把知识、真理看作是适应环境、改造人生的工具。强调行动、实践，注重实际功效是实用主义的主要特色（张传开，2003：113）。

就《孙子兵法》英语译者而言，其实用主义价值观体现在：译本有个人主义取向，每一译本都有其鲜明的个性；译本求变，每一译本都适应了目的语形势的变化与需求。故其与本土文化语境中持第一种观点的学者们所持有的群体取向、求稳定及过去取向的价值观之冲突不可避免。因此，英语译者的误解与误译也就不可避免了。就总体价值观而言，误解与误译是实用主义价值观的自然体现，是无意的；就单个译者而言，误解与误译是其个人标准的践行，是有意的。如译本与蕴含在本土文化语境心理框架中的原型的内在表象之间吻合度高，则本土文化语境就认为该译本误解与误译程度低；反之就高。就典籍英译的第二种观点而言，只有当英语译者完全认同《孙子兵法》在本土文化语境中被群体取向及过去取向所塑造和认同的稳定的价值观时，不同文明之间平等的文化交流才可达成，这在目前是不可能完全做到的。就典籍英译的第一种观点而言，由汉语译者英译中国典籍，同样面临着如何让英语读者接受本土文化价值观的问题。这就是在英语国家出版的《孙子兵法》英译本中，罕有汉语译者译本的重要原因之一。

11.5.3 小 结

本节探讨了典籍英译的两个关键问题：一是为什么英语译者会有选择

地翻译中国典籍，二是英语译者对中国典籍的误解与误译是有意为之，还是无意为之。这两个问题关乎文化翻译中的文化差异与翻译策略。笔者以认知心理学的心理框架为诠释手段，从心理框架的逻辑层级入手，对这两个问题作了分析。笔者认为：英语译者所遵循的实用主义的总体价值观与相应的个人标准在英译中国典籍时发挥了核心作用，决定了其英译典籍时所采用的翻译策略与翻译行为，且与中国本土文化语境所遵循的文化价值观之冲突不可避免，故其误解与误译也就不可避免。这是我们不得不正视的一个现实问题，值得本土学者在推介中国典籍时认真思考。同时本节也通过对典籍英语译者认知心理框架的解读，回答了本土文化语境所不能回答的“为什么英语译者会有选择地翻译典籍，误解与误译是有意还是无意”的问题。通过分析我们认识到：英语译者有选择地英译典籍是受其实用主义总体价值观制约的，由于个人践行标准有差别，与本土文化语境所期待的译本原型吻合度或高或低，因而误解与误译各有不同，但误解与误译是不可避免的，这从认知心理框架的角度阐释了文化价值观在典籍英译中的核心作用。

11.6 《孙子兵法》英译本的杂合伦理观

伦理意为“控制一个人或一个群体行为的道德规范或行为准则”(Quirk，1987：346)。在英文语境中，“伦理学探究的是判断人类行为正确与否所依据的终极价值的本质和规范”。规范伦理学试图建立行为的规范或准则，行为被判断为对或错取决于行为的结果或行为是否符合某一道德准则，如“不要撒谎”。采用前一种判断基础的理论称为效果论，采用后一种判断基础的理论称为义务论（Pappas，2008：555）。

效果论将行为结果的道德价值判断作为判断行为正确与否的准则，但因对行为结果的理解不同而分为以下几类：快乐功利主义①，即行为正确

① 功利主义亦称“功利论”或“功用主义”，是主张以最大多数人的最大幸福为道德标准的伦理学理论。参见：冯契．外国哲学大辞典［M］．上海：上海辞书出版社，2000：136.

与否取决于该行为能否导致最大数量的快乐与最小数量的痛苦，这是效果论的最简单形式；理想功利主义，认为美、友谊及快乐是人类固有的善，应努力使正确的行为最大化；偏好功利主义，认为能使偏好或欲求满足最大化的行为就是正确的，无论偏好是为了什么（Pappas，2008：395）。以上划分以对功利的具体界定为标准。所谓功利，倾向于给利益相关者带来实惠、好处、快乐、利益或幸福，或者倾向于防止利益有关者遭受损害、痛苦、祸患或不幸；如果利益有关者是一般的共同体，那就是共同体的幸福，如果是一个具体的个人，那就是这个人的幸福（边沁，2000：58）。功利主义的基本原则是功利原则，它按照看来势必增大或减小利益有关者之幸福的倾向，亦即促进或妨碍此幸福的倾向，来赞成或非难任何一项行动，不仅是私人的每项行动，而且包括政府的每项措施（边沁，2000：58）。功利原则最早由道德情感论者哈奇逊在 1725 年发表的《论道德上的善与恶观念的起源》中提出，他说："德行是善的量与享受的人数的乘积。同样，道德的恶或罪，则视不幸的程度以及受损者之数目而定。所以凡产生最大多数之最大幸福的行为，便是最好的行为，反之，便是最坏的行为。"（周辅成，1964：807）哈奇逊的观点源于德谟克利特的行为标准说，德谟克利特认为：快乐与不适构成了应该做或不应该做的标准，决定了有利与有害之间的界限（周辅成，1964：73 - 81）。故效果论也可以功利原则为标准划分为行为功利主义与规则功利主义。前者把功利原则直接运用于个人行为正确与否之判断；后者首先以功利原则评价普遍遵守的规则，再用普遍遵守的规则判断个人行为是否遵守了某一普遍遵守的规则（Pappas，2008：395）。

义务论认为：行为正确与否取决于行为动机而非行为结果。至少一些行为本身在道德上是错误的（如撒谎、违背诺言、处罚无辜者、谋杀）。它强调为义务而义务。行为的正确性取决于它是否遵守了某一道德准则，如"不做伪证"（Pappas，2008：465）。义务论一词源自希腊语 deon，意思是必然性、责任。德国的康德是义务论的主要代表。他认为道德行为从实践理性的善良意志出发，义务是善良意志所发出的绝对命令，人们履行义务的动机出于意志自律，而不是为了快乐、幸福以及其他外在因素的约束，为义务而行为才是有道德价值的，为了其他目的则是没有价值的。这种观点强调为义务而义务，离开行为的客观条件，并注重形式的作用，带有形式主义的特征。需要指出的是：规则功利主义被认为是义务论的，特别是主张“可能的规则”的功利主义体系。该观点所强调的行为应当如何经常是指可能的行为原则，而非实际的情况或实际的行为规则，与康德的为义务而义务有相同的一方面（冯契，2000：38）。

11.6.1 典籍英译策略的伦理纠葛与冲突

就翻译伦理而言，国际译联《译者章程》第一部分“译者通责”的第四条明确规定：译文必须忠实，必须准确传达原作的思想和形式——这种忠实既是译者的道德责任也是其法律义务（International Federation of Translators，2010）。这实际是将“忠实”严格限定为译者必须遵守的行业规则。但“译者通责”的第五条又从翻译策略层面对“忠实”解释道：不应将忠实的译本与逐字对译混同，译本的忠实并不排斥为了使另一国家、另一语言接受原作的形式、风格和深层含义所作的改动。显然，《译者章程》在翻译策略层面对“忠实”的界定留有了余地。这样，翻译伦理的遵守就从规则功利主义转向“可能的规则”的功利主义，凸显译者潜在的作用，体现在翻译策略的选择上，则呈现出偏好功利主义的诠释形态，即直译与意译、归化与异化之争。偏好功利主义由英国哲学家黑尔（R. M. Hare）提出，他认为：“功利”的实质性内容概而言之就是指倾向（inclinations）、欲求（desires）、利益（profits）或偏好（preferences），这些概念在一定意义上是可以被替代的。对“功利”的这种理解不直接界定“什么是内在的善”，而是诉诸人们的偏好对“功利”进行界定，因而这一概念更形式化，也更中立。其形式化体现在可普遍化原则，即如果你认为应该实现你的偏好，也就逻辑上要求你承认任何人在与你相似的情况下应实现其相似的偏好（杨志华，2003：43）。基于此，我们不禁要追问：西方译者在同一英语文化语境下英译中国典籍的策略为何呈现出一种伦理的纠葛与冲突呢？切斯特曼把翻译策略的选择称为伦理的“表现”模式，即“符号学模式”（2001：139－140）。刘艳丽、杨自俭（2002：23）阐述了直译与意译、归化与异化之间的区别与联系：直译与意译的区别在于是否保留了作为原作表达形式的语句特点。然而，归化与异化的对立不仅表现在语言层面，更重要的是涉及了对于文化因素的处理。归化翻译不仅要使译文符合译入语的表达习惯，还要使原文的文化特色符合译入语文化规约，而异化所要保留的也不仅是纯语言的形式特色，还有异域的文化因素。

典籍翻译对于弘扬民族文化、促进国际交流具有重大意义，这已是当今国内外翻译界所达成的一个共识（徐珺，2008：45）。然而“在文化交流中，文化的输入与输出存在主动地拿来和送去、被动地给予和接受方面的差异”（李建军，2010：2）。故翻译策略之选择体现出译者的“功利”偏好及其所遵循的“功利”规则。以英国汉学家格雷厄姆（A. C. Graham）为代表的西方学者遵循英美归化翻译的传统，认为汉籍英译只能由英语译者“译入”，而不能由汉语学者“译出”。理由有三：①翻译一般只能是译入母语而不是译成外语；②由于翻译家翻译的不是自己的母语和母文化，在评论上有必要依靠一部分中国人，但翻译不行；③一些中国译者的翻译造成了难以忍受的“中国英语”（潘文国，2004：3）。格里菲斯英译策略反映了其个人的偏好，遵循了西方翻译界普遍遵守的规则：追求译文的通顺易懂以便于读者理解，但评价这一规则的功利原则是英语文化价值观实现的最大化，其核心是对源语文化价值观的抹杀，其手段是首先占有异域文化，然后归化之。对接受者而言，翻译作为精心改编的结果是一种获得，它丰富了目的语文化；对赠予者而言，翻译是一种损失，它导致了误读，破坏了源语文化（Burke，2007：10）。韦努蒂深刻揭示了这一功利原则之实质：在《译者的隐形》一书中，他用批判的观点，彻底考察了从 17 世纪的德莱顿到当代的西方翻译，认为“通顺的翻译”策略一直在西方翻译史上占主导地位，究其原因，是要以西方的意识形态为标准，在英语中形成一种外国文学的规范。因此，韦努蒂认为，以往的翻译传统，是以民族中心主义和帝国主义的价值观来塑造外国文本的。其提倡的翻译原则就是“通顺的翻译”和“归化”的翻译（李文革，2004：303）。据此，韦努蒂对归化翻译这一普遍遵循的规则提出了质疑，主张反对英美传统的归化，提倡异化的翻译。韦努蒂异化翻译的伦理诉求来源于法国学者贝尔曼

(Antoine Berman)，贝尔曼指出：既然翻译非常重要，以至于能够推动语言、文学乃至文化的变革，那么，对于翻译研究而言，必须从道德伦理层面区分哪些是“好（善）”（good）的翻译，哪些是“坏（恶）”（bad）的翻译（张景华，2009：56）。贝尔曼认为：归化——“坏的翻译”以一种我族中心主义态度对待外国文化，通常在可转换外衣的遮盖下，对异域文本作品进行系统的否定，而异化——“好的翻译”能彰显异域文本的差异性，提倡“杂合”“对话”和“去中心化”（Berman，1992：5；张景华，2009：83）。翻译之所以要分“好坏”与“善恶”，是因为翻译的异化与归化反映的是伦理道德，表明对文化他者和差异性的态度，体现的是目的语文化对异域文化是否尊敬（张景华，2009：83－84）。但问题关键是：西方译者的异化翻译真正地体现了对异域文化的尊敬吗？

韦努蒂认为对“异化翻译”不能简单地定义，只有把译文与生成译文的文化语境联系起来，把特定的翻译理论和实践与价值取向联系起来，才能对这一概念作明确的定义：异化翻译是一种另类文化实践，它发展在本土处于边缘地位的语言和文学价值观，包括因抵抗本土价值观而被排斥的异域文化。一方面，异化翻译对原文进行以我族为中心的挪用，将翻译作为再现另类文化的场点，从而把翻译提上了本土的文化政治议程；另一方面，正是这种另类的文化姿态使异化翻译能够彰显原文的语言和文化差异，发挥文化重构的作用，使那些偏离我族中心主义的译文得到认可，并有可能修正本土的文学经典（Venuti，1995：148；韦努蒂，2009：7）。蒋骁华（2008：11－18）以东方学的伦理视角对中国典籍异化翻译的文化语境与价值取向从效果论和义务论两方面做了精辟的解读：17世纪以来，东方学家兼翻译家给欧美带来了大量的异化翻译，而“这些异化翻译至今尚没有被全面而系统地认真研究过”（Jacquemond，1992：150）。东方学家兼翻译家普遍遵循的翻译规则是“科学的准确性”，它可以说是西方直译传统的延伸，但它与直译的原则又有所不同。这主要体现在以下方面：①“科学的准确性”实质在很大程度上是为了凸显东方文本的异质性和神秘性。东方学家兼翻译家以此来显示东方文本的另类性，展示东方的“他者”形象。这可以衬托西方在语言、习俗、思维、文化等方面的“优势”。

②“科学的准确性”是为了维护东方学家自身的学术权威和地位。③奉行“科学的准确性”的译文一般附有非常详细的注释，这比传统的直译更显“科学性”和“准确性”。蒋骁华以赛珍珠（Pearl S. Buck）英译《水浒传》和理雅各英译《中国经典》为例说明：两译者所采取的异化策略在英语文化语境中都取得了成功，但国内译界对赛译《水浒传》贬多褒寡，视它为“文化陷阱”“误读”“死译”“超额翻译”“亏损”“偏离”的代名词（马红军，2003：122－126）。可是，如此异化的赛译《水浒传》在美国偏偏很受欢迎。这是为什么呢？一个很大的原因是，赛珍珠是一个东方学家兼翻译家，她通过语言刻意制造的“东方味”，很符合当时一般美国人对“心智混乱”“语言含混、原始”（明恩溥，2002：74－81）的“中国人”的心理预期和文化预期。赛译成功地使“不懂中文的读者”产生了“一种幻觉：觉得自己是在读原文”。理雅各的英译《中国经典》虽被专业读者视为典范，却不受一般读者欢迎。据此，我们不难发现，异化翻译并未能真正地彰显“原文的语言和文化差异”，起到发展多元文化、抵制欧美文化霸权、保护文化生态的作用。诚如韦努蒂所言，必须把异化翻译的译文与生成译文的文化语境联系起来，把特定的异化翻译实践与价值取向联系起来，我们才能对异化翻译背后的功利原则有清晰的理解。这一功利原则即是“西方人‘讲究逻辑、讲究实证、讲究系统’的学术传统，当然更带着西方的文化强势和西方人的‘有色眼镜’，即‘以西方为中心’、以东方为‘他者’的凸显其文明优势的偏见”（萨义德，2003：187－230）。赛译《水浒传》表明：尽管译者本人表示要尽自己的义务最大可能地传达出源文本中的文化差异，但其译文客观上导致了读者对中国文化的贬抑性误读乃不争的事实。所谓“贬抑性误读”是指解读主体或主体文化受民族中心文化观的影响，对异质文化进行贬抑性的解读，其结果是形成对异质文化的偏见、肢解、损毁甚至篡改客体文化（祝朝伟，2005：329）。而理雅各的译本把异化翻译作为其实现“精英主义意识（elitism）”的手段，将读者定位于“文化精英”，而不是普通读者（Robinson，1997：99－101）。因为“受过良好教育的精英分子可以通过异化翻译来调控其民族的文化构成”（Venuti，1995：102）。非专业读者无论出于了解东方的善意，

还是仅出于好奇，在阅读时频频受阻于其语言的青涩、内容的怪异；因译文缺乏吸引力，这些读者只好求助于东方学家自己写的介绍性的二手知识。这就使东方学家有了广阔的学术空间和稳定的学术地位，他们也因此理所当然、名正言顺地成了东西方文化的“调停人”。（Jacquemond，1992：149；蒋骁华，2008：13）译者不再“隐形”，在“科学的准确性”这一翻译规范的指导下，他们以异化翻译的形式使自己的偏好或利益满足最大化了。至此，我们不难发现：在强势的英语文化及价值观的熏陶下，西方译者无论采用归化翻译还是异化翻译均不能准确、全面地传播中华典籍文化，因为问题并不在于策略本身，而在于评价归化策略与异化策略的功利原则在西方文化语境中实质上是一致的，两者实属殊途同归。以此功利原则为翻译策略的评价标准，中华文化在西方文化语境中的传播是不会得到“尊敬”的。

11.6.2 异化与归化的杂合：典籍英译的交往伦理

综上所述，在后殖民语境下，我族中心主义功利原则指导下的西方译者之异化翻译非但不能彰显和弘扬中华文化，反而会导致对中华文化的贬抑性误读，其结果是“对非西方文化进行边缘化的同时树立自己世界主人和文化中心的文化殖民主义”（吕俊，2006：156）。这样的异化翻译与作为译者责任和义务的忠实伦理发生了根本冲突，从而招致了本土译界的强烈批评。但“忠实”伦理在翻译实践中又不能解决实际的翻译问题，故只能回到“可能的规则”的功利主义体系，探求源语文化语境与目的语文化语境均能接受的功利评价原则。基于此，以韦努蒂为首的崇尚异化翻译的西方译界人士站在偏好功利主义的立场提出了“杂合”伦理的翻译策略并付诸实践。杂合指的是“两套语义和价值信仰系统的混合”与“两种民族语言的交融混合”（Bakhtin，1981：304，358；张景华，2009：154）。据此，翻译的杂合应该是归化与异化的“中间状态”（in-betweeness）或介于两者之间的“第三种状态”（张景华，2009：154）。韦努蒂提到：严复和林纾等晚清译者以归化的翻译策略，向中国引进西方的思想，非常意外地推动了文化变革和创新，所以他认为“甚至我族中心主义的翻译也可以彰显异质性，这取决于异域文本的性质和接受文化的情境”（Venuti，1998：181－189；张景华，2009：153）。这里，韦努蒂已经认识到：异化翻译之“异”只是一个度的问题。任何翻译都包含一个归化过程，即由源语可理解性向目的语可理解性的转变过程。但异化翻译并不等于忠实翻译，我们不能把异化翻译中的阻抗策略看作是使译作更忠实于原文的策略（韦努蒂，2009：代译序第 9 页）。杂合伦理消解了归化与异化的二元对立，使典籍英译涉及的各方均能受益：①异化翻译使得译者工作彰显，从而提升了译者的社会地位；②与归化杂合的方法可以与占主流地位的翻译传统达成妥协，从而为译本赢得更大的销量；③源语文化语境是支持用异化策略翻译本国典籍的，不放弃异化策略会获得源语文化语境的好感乃至认同，甚至可以达到双赢的目的。但关键是依据何种功利原则来判断杂合翻译的客观结果才能令利益涉及的各方认可呢？

贝尔曼从道德伦理层面评价异化翻译时提及异化翻译的三个特征：提倡杂合、对话和去中心化。去中心化即去我族中心主义；对话即利益涉及各方在去我族中心主义的基础上平等对话。这就引出了交往伦理问题，即对交往规范性的追求（吕俊，2006：124），也就是从忠实伦理的求真到交往伦理的求善。而交往伦理的善是以“共识真理观”为基础的。共识真理指具有语言和行为能力的主体用共同的生活世界作为背景，就世界中的事物达成共识，相对于语言中介而言，他们是自律的，又是依附的，能够把他们的实践得以可能的语法规则系统据为己有，两个环节同源同宗。一方面，主体一直都出现在一个由语言建构和阐释的世界里，并依赖着合乎语法的意义语境。就此而言，相对于语言主体，语言只是一种前提和客观。另一方面，由语言建构和阐释的生活世界的立足点在于语言共同体的交往实践。在交往过程中，语言建立起来的共识取决于交往参与者对待可以批判的有效性要求所持有的肯定或否定的立场。有了语言建立起来的共识，时空中才能形成广泛的互动（哈贝马斯，2001：42）。这里的“有效性要求”包括表达外部实存世界时，要求真实性；在人际交往中语言使用要求恰当性（或正确性）；在个体主体表达主观精神时要有真诚性；对语言本身的要求则是可理解性。这样人们在交往中，就会创造出一种合理的交往环境，当人们通过交流和协商，克服彼此间的差异性而达成共识性见解时，他们就是获得了一种相当于“真理”的东西。哈贝马斯认为在社会交往中，这种共识是可以被当作真理一样看待的（吕俊，2006：152－153）。这种共识真理观为翻译研究提供了一种新的评价标准：首先，要尊重知识的客观性；其次，要保证理解的合理性与解释的普遍有效性；最后，要尊重原文作品的定向性（吕俊，2006：157－159）。下面，笔者以梅维恒教授《孙子兵法·九地篇》英译本所采用的杂合策略为例，以交往伦理共识真理观为评价标准，对其英译的客观结果做一评析。

梅维恒的杂合策略是以异化策略为基础，力图在异化与归化之间寻求一个理想的平衡。他在接受Sonshi. com采访时明确地表明了以异化翻译为主的观点：“首先，我翻译中国典籍时，总是竭尽全力地做到尽可能地精确，同时还要传达出原文风格的特征和结构的内涵。”在译本“翻译原则”一节中，他这样阐述其杂合伦理观：①过度直译并不能确保精确。②勿滥用意译。③同样的字翻译要保持一致，但勿机械。④力求传达出原作形式和实质的内涵，使读者在阅读译文时，至少潜意识里意识到他在阅读从异域语言和文化翻译过来的文本，异域语言和文化有鲜明典型的特征。用通顺流畅的归化翻译就等于未能传达出原作的本质特征。然而，这不是鼓吹异化中国风格或其他复杂难懂的粗鲁的行为（言语）。相反，他认为译者应当尊重原作，应尽全力给原作的本质以应有的尊重与荣誉。⑤译文不依赖注释或其他补充材料也应能读懂。（Mair，2007：xxxxv－xxxviii）那么，在此翻译原则指导下，梅维恒能否达到他预期的翻译效果呢？效果论认为判断行为正确与否取决于行为的结果，而结果只有在比较中方显客观。比较是人类最有力的认知工具之一。就文化翻译而言，比较服务于文化理解。尽管有这样协调文化差异的技巧，然而，无论译者身处源语文化之内还是源语文化之外，理解文化差异的困难总是包含在译者的关系结构中（Tymoczko，2007：236）。故笔者选取本土文化语境中林戊荪先生英译《孙子兵法·九地篇》以资比较，林译本入选《大中华文库》，乃本土文化语境的代表译作。

一、基于尊重知识客观性的比较与评价

典籍英译涉及利益各方的平等对话以多主体对话为背景，“即在社会性主体的背景下进行的，有着社会认识的参与。任何主体间的对话都离不开社会认识的基础，受它的检验和批判。在社会的集体记忆中凝聚着人类认识自然与改造自然的客观性认识，也包括可以看作具有客观性的社会形成的共识性规则与规范”（吕俊，2006：158）。以《孙子兵法·九地篇》两译文为例：

（1）入人之地而不深者，为轻地。（下划线为笔者所加，下同）

梅译：When one's forces enter the territory of the foe，but not deeply，that is easy terrain.

林译：Where one has penetrated into enemy territory only for a short distance，it constitutes a marginal region.

“九地”是指进攻敌国的深浅，及所遇到的对战略行动有影响的不同地区的战略行动方针（郭化若，1984：116）。轻地是才进入敌国的地。下文孙子阐明：轻地则无止，即军队在轻地不宜停留。为何？后文孙子解释道：轻地，我将使之属。查其英译底本《宋本十一家注孙子》[①]（以下简称《十一家注》），曹操、李筌曰：“使相及属。”属者，联属也。其余注家之注皆从此解，杜牧之注颇具代表性，其注曰：“部伍营垒密近联属，盖以轻散之地，一者备其逃逸，二者恐其敌至，使易相救。”梅译“轻地”为“easy terrain”，不能与上下文相互印证。其译脱胎于翟林奈译本，翟译“轻地”为“facile ground”（Giles，2008：47），亦为误译。林译为“a marginal region”，与上下文互相印证，遵循了尊重知识客观性的原则。

（2）所谓古之善用兵者，能使敌人前后不相及，众寡不相恃，贵贱不相救，上下不相收，卒离而不集，兵合而不齐。

梅译：The so-called ancients who were skilled at waging war could cause the men of the enemy to be unable to link up front and rear，the hosts and the smaller units to be unable to rely on each other，the nobles and the commoners to

① 参见：Mair，V. H. The Art of War：Sun Zi's Military Methods ［M］. New York：Columbia University Press，2007：xxxviii.

be unable to aid each other, the superiors and inferiors to be unable to cohere, the troops to separate and be unable to regroup, the soldiers who come together to do so unevenly.

林译：In ancient times, those described as skilled in war were able to reduce the enemy to such a state that his vanguard and rearguard could not be of help to each other, that his main force and his special detachments could not support each other, that his officers and men could come to each other's aid, that the superiors and subordinates could not coordinate their actions and that his forces were scattered and could not regroup, and even when they assembled, they could not form ranks.

"host"为古语"军队"，而"unit"为现代军语"小队，分队，部队；部队单位（指独立自主的军舰、坦克或卡车等军用装备或车辆"（陆谷孙，2009：913，2224）。梅维恒以此译"众寡"，令人费解。"commoner"取自西方用法，意为"无贵族称号的人，平民"（陆谷孙，2009：371）。军队中何来平民呢？贵贱，古时指地位高贵与地位卑微的人，如奴隶主与奴隶、封建主与农奴；这里指将官和兵卒（郭化若，1984：121）。梅维恒译文过于拘于字面，违背了常识；"兵合而不齐"之译亦是如此。张预注之曰："其兵虽合而不能一。"即便兵力集中其阵型也不整齐。梅维恒与林戊荪均用直译，但梅维恒过于拘泥于字面，而林戊荪译出了"不齐"所指的客观知识。两译高下立见。

二、基于理解的合理性与解释的普遍有效性的比较与评价

翻译活动是一种社会的理解与解释活动。社会理解是在语言中进行的，因此具有语言性，是我们理解者用一种清楚的语言对另一种表达社会的意义不够明确的语言进行翻译和传达，使其意义得以明确。翻译活动的另一特点还在于译者所面对的是一种固定下来的话语，即文本，它已脱离了话语发生时的语境，所以文本中的语境只是一种可能性的语境，是一种开放的语境。这就使得我们不可以规定出一个十分固定而且封闭的评估标准，而是选用最低限定性标准，以便使不同的理解者在满足这一最起码的

条件后有一定容纳差异性的空间。只要他的理解是合理的，其解释也是可以被社会其他成员接受的，就应认为是具合法性的译文了（吕俊，2006：158）。例如：

（1）兵士甚陷则不惧，无所往则固，深入则拘，不得已则斗。

梅译：The soldiers and their officers will fear no pitfall whatever, so no matter where they go they will hold firm. Though they may enter deep into enemy territory, they will maintain their resolve and fight to the end if there is no other alternative.

林译：Even when your troops are in the direst straits, they will not be afraid. With nowhere to turn, they will stand firm; having penetrated deep into enemy territory they will be united as one and, if need be, they will fight desperately and resolutely.

梅维恒此句于语义和逻辑均理解有误，解释缺乏普遍有效性。首先，“甚陷”之理解匪夷所思，而《十一家注》各注家注释甚是清楚。杜牧曰：“陷于危险，势不独死，三军同心，故不惧也。”王晳曰：“陷之难地则不惧，不惧则斗志坚也。”张预曰：“陷在危亡之地，人持必死之志，岂复畏敌也?”林译理解合理。其次，梅维恒以“兵士甚陷则不惧”为“无所往则固”之因甚为牵强，此处，孙子以连词“则”表承接关系。从语义上看，“则”的前后两部分一般是条件与结果的关系，《孙子兵法》中的 85 例无一例外（蔡英杰，2006：66）。林译充分体现了这一承接关系。

（2）令发之日，士卒坐者涕沾襟，偃卧者涕交颐。

梅译：On the day when the order to set forth to war is issued, one's officers and troops may sit weeping till their lapels are soaked with tears, and they may lie on their backs with tears streaming down their cheeks.

林译：Upon being ordered into action, tears may soak the garments of those sitting and wet the faces of those lying down.

襟，古代指衣的交领。《尔雅·释器》：“衣眥谓之襟。”郭璞注：“交领也。”后指衣服的前幅（夏征农，2003：518）。“lapel”指“西服上衣分两边延向胸前的一块翻领”（陆谷孙，2009：1072）。梅维恒此处理解不合理，中国古代上衣的交领怎会变成了西服的翻领呢？“garment”意为“一件衣服（可指衬衫、外套、裙子、裤子、长袍等）”（陆谷孙，2009：765）。林译也没有译出“襟”的内涵，但其译尚不至于导致英语读者的误解，可为源语文化语境与目的语文化语境的社会成员所理解和接受。

三、基于尊重原文作品的定向性的比较与评价

翻译的理解过程是“主客体互为规定和相互作用的双向建构活动”（吕俊，2006：159）。即读者理解原文的过程是以原文作品的基本定向的向度来理解和解释的，原文文本是读者理解活动的出发点；原文是原文作者依据他的社会理解所进行的一种意义建构；译文是译者对这位作者理解的社会意义进行理解和解释，然后再用自己的语言进行的表达，而这个表达又包括了他自己理解的社会意义，因此翻译也是自我的建构过程。不以原文文本为依据，就谈不上翻译（吕俊，2006：159）。例如：

（1）四五者，不知一，非霸王之兵也。

梅译：If one does not know the advantages and disadvantages of even a single one of the four plus five, he cannot be the leader of the forces of a hegemon king.

林译：It is not the army of hegemonic leader that lacks knowledge of any of these points.

梅维恒在其“翻译原则”第五条申明：译文不依赖于注释或其他补充材料也应能读懂。但其在“四五者”之译上违背了诺言，这就使得读者对其主体表达的真诚性产生了怀疑。原因在于他本人对源文本中“四五者”之意义建构并未真正领会。查《十一家注》，曹操曰：“谓九地之利害。或曰：上四五事也。”张预曰：“谓九地之利害，有一不知，未能全胜。”梅维恒机械地取曹注“上四五事”译为“the four plus five”，违背了语言表达之可理解性原则。吴承帮精辟分析了“四五者”之内涵：《孙子兵法·计篇》中“经之以五”与“校之以计”结构相同，“五”应当同“计”一样，皆表示人类的一种认知活动。“四五者”就是对“四方面”做出的分析：①九地之变；②屈伸之利；③人情之理；④两不知一不用路况（吴承帮，2009：262－263）。这四方面情况孙子均已在上文予以阐明并在下文

做了总结。林译以“these points”回指了这四方面，体现了对原作定向性的尊重。

（2）故为兵之事，在于顺详敌之意，并敌一向，千里杀将，此谓巧能成事者也。

梅译：Therefore, the matter of war lies in pretending to go along with the enemy's intention while directing your forces at a single spot in his perimeter. Thus you will be able to kill one of his generals, even at a distance of a thousand tricents. This is called “using cleverness to achieve great things”.

林译：Therefore, the concern of a commander lies in carefully studying the designs of the enemy and concentrating his forces on the main thrust; then he can slay the enemy commander 1,000 *li* away. Thus, by using his ingenuity and skill, he can work wonders.

“里”不仅是度量衡单位，也是一个中国文化特色词。奇怪的是，梅维恒在其译文中均将“里”译为“tricent”，笔者查阅国内外诸权威词典，均未查到此词，最后用百度搜索引擎方发现其出处。该词出现在梅维恒发表的一篇论文 *Sound and Meaning in the History of Characters: Views of China's Earliest Script Reformers* 中，其意为：“A tricent is 300 paces or one third of a mile (a thousand paces). One hundred tricents therefore equals approximately 33 miles.”（Mair, 2010）据此解释，“a thousand tricents”约等于 666.7 里，与原文不符。而林译则用汉语拼音 *li* 译出，体现了对源语文化的尊重。

综上比较，我们不难发现，梅维恒所采用的杂合翻译策略并未自觉地遵循交往伦理之共识真理观的功利评价原则，源语文化差异并未得到平等对待与尊重，其翻译结果自然不能得到本土文化语境之认同，其效果自然会导致英语读者对中华文化之误读。

11.6.3 小 结

杂合伦理是异化伦理与归化伦理妥协之产物，就体现异域文化差异而言，其实质是异化之度的问题，即在异化与归化之间达到理想的折中，使得典籍英译利益涉及各方在共同认可的功利原则下利益最大化。这就要求译者在共识真理观指导下加强自我自反性，以自我监控取代先前文化动因的非自律的监控，因为“任何人如不尝试探究导致形成自身惯习（包括关于文化翻译之禀性）某一功能之禀性、视角、预设和实践之自我文化自然历史化的方式，他就不具备理解或分析文化差异之能力”（Tymoczko，2007：236）。

忠实伦理是译者的道德责任及法律义务，却不能作为功利原则来评价典籍英译译者翻译行为结果的道德价值，因为其在翻译实践中缺乏可操作性，不能解决实际的翻译问题。基于规范伦理学之效果论与义务论，笔者分析了西方译界英译中华典籍所遵循的归化伦理与异化伦理之纠葛与冲突的本质，指出：在后殖民语境下，西方译者无论采用归化或异化策略均不能全面、准确地传播中华文化，问题不在于策略本身，而在于评价归化策略与异化策略的功利原则在西方文化语境中本质上是一致的。针对西方译者基于偏好功利主义提出的杂合伦理之翻译策略及其在梅维恒英译《孙子兵法·九地篇》中的实践效果，笔者以典籍英译利益涉及各方交往伦理之共识真理观为功利评价原则予以分析，指出为义务而义务无助于平等对话与相互尊重。

11.7　《孙子兵法》英译的语境真理观

11.7.1　精确思维 vs 模糊思维：孙子军语英译的思维模式之辩

思维是语言所包含的内容，而语言则是思维的外壳（冯契，2000：653）。翻译的要谛是把一种语言的思维内容用另一种语言再现出来（龚光明，2004：282）。术语不同于普通语词之处在于术语被赋予特定的所指，即术语所指的乃构成某一特定学科领域知识空间之离散的概念实体、固有属性、活性或关联。当专业术语与普通语词共用同一语言符号（能指）

时，其差异表现为“度的差异”，“把特定所指语义与普通所指语义，称为语言表达方式能在其间呈现不同变化，而且也确实呈现不同变化的两极更为恰当”，两极之间的概念范畴变化“在实践中呈现渐变群的特征”（Sager，2007：261）。渐变群从具体的语言表现上体现了人类认识所具有的模糊思维的特征。

一、孙子军语的语用特点与英译指导原则

术语的标准化分为两步：①统一并固定所指对象；②统一并使所指对象的名称规范化。术语的交际效用取决于其在特定语言中的可接受性、在语言形式和对应概念之间的透明性与精确性及在典型的语言和语用环境中的恰当性（Sager，2007：255－256）。以此为标准，孙子军语有以下语用特点：①经济性。术语主要以单字名词表达，简明扼要。②离散性。术语以“……者……也”句式对其内涵与外延予以诠释，有效区分了与其共用同一语言符号的普通语词之所指，避免了意义的不确定性，规范了术语的概念范畴。③统一性。明代兵学家茅元仪曰“前孙子者，孙子无遗；后孙子者，无遗孙子”，这充分说明了孙子军语的“历史继承遗传性”（褚良才，2002：417）。

孙子军语的离散性使其具有明显的精确性。然而，孙子军语的概念必须通过语词来表达。概念乃思维之单位，用来结构知识和对周围世界的感知。个人通过自身教育获得所处社会的总的知识结构和接近这种知识结构的语言表达形式。就普通语词而言，两个个人不可能赋予同一概念完全相同的知识空间，但设定了传统知识结构界限、学科子空间界限，为任一学科概念构成的社会规范提供了某种一致性。欲理解一概念，则须通过定义揭示概念所反映对象的本质属性。这是因为：术语采用专名学的方法，首先识别一概念，其次定义这一概念，最后命名这一概念（Sager，2007：259－260）。术语中的概念是指术语的所指部分，与具体的或抽象的实体相对应（Rondeau，1985：11）。而翻译一个术语的程序是：源文本术语→源文本术语定义→源文本术语概念→目标文本同一性概念→目标文本术语。那么，译者只需从源文本术语概念入手，找到目标语中具有相同概念

的术语即可。然而，现实并非如此简单，译者经常发现他们需要在概念之间建立同一性，处理概念相似而不相同的例子，为新概念创制目标语术语（Sager，2007：259）。根据传统的术语学原理，同一性意为名称（能指）与概念（所指）之间的关系具有单义性。理论上说，每一个特定的概念都有而且只有一个名称（Rondeau，1985：20）。问题在于如何在英译军语概念与源文本军语概念之间建立同一性。故基于普遍存在于被讨论的专业领域与自然语言中的术语模式与语词，构成相应的指导原则，引起术语学家的高度关注（Sager，2007：253）。

二、定义法 vs 诠释法：孙子军语英译指导原则之反思

孙子军语既为术语，根据术语学原理，应以定义法明确概念。然基于西方译者之英译实践我们发现：定义法并不适合孙子军语之英译。下面，笔者基于交互文化（Pym，2007：177 – 190）之理念，以格里菲斯（1971）、Clavell（1983）、克利里（1988）、闵福德（2002）、梅维恒（2007）五位西方译者对孙子军语的英译为研究对象，从概念、概念的定义判断及概念名称入手对此问题做一抽样定性分析。

例 1　道者，令民与上同意也。(《孙子兵法·计篇》)

格译：By moral influence I mean that which causes the people to be in harmony with their leaders.

Clavell 译：The Moral Law causes the people to be in complete accord with their ruler.

克译：The Way means inducing the people to have the same aim as the leadership.

闵译：The Way/Causes men/To be of one mind/With their rulers. (/表示译文在此另起一行，下同)

梅译：The Way is that which causes the people to be of the same mind with their superior.

五位译者中克利里与梅维恒以内涵定义的逻辑方法英译，而其余三位的英译只能称为诠释。“moral influence”与“The Moral Law”为释译，

"The Way"为字面翻译，以大写的方式表示该名称为专名。密尔（Mill）认为：名称分专名和通名，专名只有外延（指称），没有内涵（意义）；通名既有外延，又有内涵（冯宋彻，2006：288）。如此，"The Way"与其指称就完全对等。但形式逻辑的替换规则指出：如等号两边各有一个简单词项的陈述为真，那么这两个词项中的一个可以在任何真的语句里替换另一个，其结果仍然为真。"The Way"与其指称不能满足这一条件。

例2 天者，阴阳、寒暑、时制也。(《孙子兵法·计篇》)

格译：By weather I mean the interaction of natural forces；the effects of winter's cold and summer's heat and the conduct of military operations in accordance with seasons.

Clavell 译：Heaven signifies night and day，cold and heat，times and seasons.

克译：The weather means the seasons.

闵译：Heaven is *Yin* and *Yang*，/Cold and hot，/The cycle of seasons.

梅译：Heaven comprises *yin* and *yang*，cold and heat，the ordering of time.

五位译者中Clavell、克利里、闵福德、梅维恒采用外延定义的逻辑方法英译，格里菲斯的英译只能称为诠释。概念的外延是指概念的适用范围，划分就是把一个概念的适用范围分成若干个小类，即把一个属概念分为若干个种概念，以此来明确概念外延的逻辑方法。划分后的各子项的外延之和与母项的外延相等。违反这条规则，就会犯"多出子项"或"划分不全"的逻辑错误。"多出子项"就是子项的外延之和大于母项的外延，"划分不全"就是子项的外延之和小于母项的外延（李和忠，2002：31－32）。Clavell以"Heaven"直译"天"，并在译文中以首字母大写的方式凸显该名称为专名，却又犯了"划分不全"的错误。因为首字母大写的"Heaven"英文中专指"God"，其外延自然大于定义子项外延之和；如只在译文中以专名待之，又有悖于形式逻辑之替换规则。克利里把原术语定义中三个定义子项概括释译为"the seasons"，却又犯了循环定义的逻辑错误。循环定义指在定义项中间接包含了被定义项。"season"意为"one of the divisions of the year according to the weather, eg. spring, summer, etc. ",间接包含了被定义项"the weather"。闵福德与梅维恒以汉语拼音"*Yin/yin*""*Yang/yang*"音译"阴阳",在概念的内涵与外延达到了绝对精确同一,因为"*Yin/yin*""*Yang/yang*"作为中国英语词汇已被英语辞典收录且被英语国家本土人士普遍接受。"阴阳"是典型的中国文化专有项,指自然界中相互对立的两大法则。在中国古代,阴阳被认为是宇宙基本规律。不仅表示亮与暗,而且表示男性与女性、刚与柔、上与下。阳象征着力量和创造力,与天联系在一起;阴表示弱、女性,与地联系在一起。阳象征着动,阴象征着静。阴阳思想渗透在中国文化的各个方面并决定了中国人传统生活方式的特点(金乃逯,1999:137)。由此可见"*Yin/yin*""*Yang/yang*"外延之广已绝非语言所能描述。在此意义上,闵福德与梅维恒以"Heaven"直译"天"便有了充分的理据,因为"Heaven"之外延也绝非语言所能表达。但他们如此英译,又犯了"子项相容"的逻辑错误。划分的子项之间应是互相排斥的,即划分后的各子项之间是不相容关系,而"*Yin/yin*""*Yang/yang*"之译已然与另两个子项之译存有相容的交叉关系。

例3 势者,因利而制权也。(《孙子兵法·计篇》)

格译:By "situations" I mean that he should act expediently in accordance with what is advantageous and so control the balance.

Clavell译:While heeding the profit of my counsel, avail yourself also of any helpful circumstances over and beyond the ordinary rules and modify your plans accordingly.

克译:Forces are to be structured strategically, based on what is advantageous.

闵译:Follow the advantage, /And master opportunity: /This is the dynamic.

梅译:A favorable configuration is one that signifies the creation of power in accordance with advantage.

五位译者中只有梅维恒采用内涵定义的逻辑方法英译,其余只能称为诠释。形式逻辑认为:定义项和被定义项的外延必须全同,否则就会犯

“定义过宽”或“定义过窄”的逻辑错误（李和忠，2002：29）。但“configuration”意为“shape or outline；method of arrangement”，其外延明显与定义项之外延不同。

基于五位译者之英译，我们发现严格遵循形式逻辑规范的定义法易造成读者之误解。原因在于：定义法乃精确思维之体现。精确思维是指以消除一切模糊性、实现对象描述的精确化为目标而运作的思维方式（龚光明，2004：283）。而孙子军语之英译不宜采用精确思维的方式。原因在于：其一，孙子军语所特有的统体思维观使之具有朴素的唯物辩证法的哲学范畴性质，其外延不可能像科技术语那样做精确的定量分析；其二，孙子军语的概念必须通过语词来表现。基于形式逻辑的传统语义学认为：每个语词均具有固定的决定其所指对象的意义，而且正是语词本身而非其他显示了对象的存在（郭贵春，1998：41）。而孙子军语所表达的概念没有精确边缘，只是模糊概念，语词与实在之间并不存在精确对应关系。故孙子军语英译宜采用模糊思维而非精确思维。

11.7.2　模糊思维与孙子军语英译之语境真理观

一、模糊思维的方法论意义

模糊思维是在保留反映对象本质特征之模糊性的前提下运作的思维方式（龚光明，2004：284）。模糊思维应用于人文学科的研究始自模糊数学的创立，其标志是 1965 年美国加州大学控制论专家查德（L. A. Zadeh）发表的《模糊集合论》。查德（1981：66）指出：可以把模糊集理论的提出，看成是为研究某种类型的不清晰性建立一套概念和方法的尝试。这种不清晰性发生在当我们的研究对象构成的类的边界不能截然确定的时候。它不是一种是或非的命题，而是表示一种程度。因此，可以形式性地把模糊集看成这样的一种类，即元素从属于它到不属于它是一种渐进的过程，或者更确切地说，每一个元素都有一个介于 0（不属于）与 1（属于）的隶属度。传统的精确思维所遵循的是“非此即彼”的形式逻辑。这是一种“非真即假”的二值逻辑，它只有真与假两个值。这两个值用 1 和 0 表示，真值“是”记为1，假值“非”记为0。模糊思维遵循的是“亦此亦彼”的辩证逻辑，认为事物在“真”与“假”或“是”与“非”两个值之间，还存在着连续的无穷多个值。这是模糊思维的出发点（李之群，2007：243－244）。故模糊思维的方法论意义在于：①隶属度的引入。隶属度即求证事物可以归属于某种性质的程度。②利弊权衡原则的引入。精确思维以真假决定取舍，而模糊思维根据研究问题的性质与需要，以“利取最大、弊取最小”原则来决定取舍。这就是用模糊的方法而得出清晰的结果（李之群，2007：243－244）。对于翻译的过程和目的而言，我们可以用模糊思维“进行准确的模糊表达”（龚光明，2004：296）。基于此，笔者关注的是：译者在英译中采取何种利弊权衡原则在源文本军语与英译军语之间建立概念的同一性呢？读者又该以何种标准来界定同一性的隶属度呢？

二、孙子军语英译之语用真理观

孙子军语概念的模糊性使译者不可能以传统术语学同一性原理追求指称的唯一确定性。因为其基于的乃传统的真理符合观，其反映的乃只有具备确定性所指之语词才有意义的语言实在观。故孙子军语之英译须从探求语词与所指对象之间的静态关系之指称转变为探求在历史语境中动态的、使用中的指称，因为首先作为读者，译者的阅读行为会时刻受到变化中的历史的影响，他的阅读、理解不可能超越时间和他所处的历史语境（许钧，2003：116）。语境作为客观实在性与认知相对性的辩证实体，是人类之认识活动的本体论原型（韩彩英，2007：28）。它引入了整体论观念，将语形、语义和语用的因素内在地结合起来，并进而突出强调了主体意向性在语境中不可或缺的地位（郭贵春，1998：64）。语用给定了语形和语义的边界和趋向，而语形和语义则表征和显现了语用的价值和确定边界的目的要求。语用边界的确定之所以构成了相关语形和语义整体统一的舞台和基础，其中一个非常重要的关节点就在于，在任何命题的具体使用中，命题态度都是必然地存在着。而恰恰是命题态度体现了语言使用者的心理意向，从而构建了相关语境的语形边界和语义边界的一致性，奠定了语境在给定语用边界范围内所具有的价值意义和价值取向（郭贵春，2009：98－99）。

（1）源文本军语之语用所指：基于指称的历史因果论之分析。

欲理解孙子军语之概念，则须理解孙子军语如何获得其指称对象。美国哲学家克里普克（Saul Kripke）认为：名称是通过一个命名式和一条历史因果链指称对象的。要保证指称的成功关键在于：当这名字被一环一环传递时，这名字的接受者必须意图以和他由之听到这名字的那个人一样的指称使用它（郭贵春，2003：3）。孙子军语在中国文化中之历史继承遗传性证明了指称的历史因果论之合理性。就专名和通名而言，历史因果论认为：专名有指称而无含义；通名与专名一样，其指称也缘于对事物的命名，从根本上说，它也没有传统上所认为的概念、内涵或含义；传统上被认为通名之内涵、含义是在确定了名称的指称对象后，基于对对象的后天认识而形成的后验必然知识；对于那些被人们亲知的对象，名称往往是通过实指的方式确定其指称；对于那些人们不能亲知的对象，名称的指称则由一根历史地形成的因果交际链传递（Moore，1993：156）。某种程度上而言，孙子军语命名确是如此，其名称均为汉语基本词汇。孙子只是以它们命名指称对象，而其含义是在孙子确定了其指称对象后，后世注家训释其蕴义而形成的后验必然知识。然而，孙子军语之历史继承遗传性与其用语通俗化又有内在关联，因为文字愈通俗，就愈易被人理解，传播速度亦愈快。该关联在语形和语义内无法解释，只能诉诸语境层面。克里普克对名称的语义和语用进行了区分，他认为语用更具根本性和重要性（郭贵春，2007：119）。基于克里普克之观点，孙子军语语义学所指由两部分组成，即作为军语名称的基本汉语词汇之内涵决定之指称与孙子之所指。前者乃语义所指，体现了语言使用者的一般指称意向；后者乃语用所指，表达的是孙子的特殊指称意向。故在源文本军语语用所指与英译军语语用所指之间建立同一性成为英译之关键。而决定英译军语语用所指的乃译者在特定语境下的心理意向。

（2）英译军语之语用所指：基于意向指称论之分析。

意向指称即从心理意向性的视角探讨语言指称问题。意向性即意识对某种东西的指向作用。意向性是一切精神现象的根本特征，它表明的是心理现象与物理现象之间的关联（郭贵春，1998：45）。每个意向状态都不是孤立地起作用的，都与别的意向状态相联系。每个意向状态要具有意向内容并确定它的满足条件，一定要与其他众多的意向状态发生联系。这样相互联系的众多意向状态就组成了网络（吴彩强，2009：22）。一般而言，人们可以说整个意向性网络通过各种交点被因果地固定于实在世界；但是，认为意向网络必须在用专名进行指称的每一个单独交点上都固定于实在世界，则是一个严重的错误（Searle，1983：238）。上述五位译者对军语“势”的英译各不相同，充分表明译者主体的心理意向性在因果链条传递的每一历史阶段都起着很大的作用，每位译者对自己英译要达到的意向内容都有着清晰的把握。五位译者对军语的英译也有相同之处：如克利里、闵福德、梅维恒均译“道”为“The Way”，Clavell、闵福德、梅维恒均译“天”为“Heaven”，但其语用所指却各不相同，这同样表明：从表达式的一次使用到下一次使用，其中传递指称的唯一链条是意向内容的转移；在每一次转移中，指称借助于说话者心中的意向内容被取得（Searle，1983：245）。基于指称的历史因果论与意向指称论，英译孙子军语语义学所指也由两部分组成，即作为英译军语名称的基本英语词汇之内涵决定之所指与译者赋予英译军语名称之意向性所指，前者乃语义所指，体现了英语使用者的一般指称意向；后者乃语用所指，表达了译者主体的偶时意向。这里，决定表征内容的不是英译军语名称用词之内涵，而是译者当下的心理意向。译者之心理意向体现于其翻译意图：格里菲斯希冀通过对孙子思想的全面、准确之军事解读达到与西方传统军事思想融合互补之目的；Clavell 希冀通过对 1910 年翟林奈译本之简写达到普及孙子思想之目的；克利里、闵福德、梅维恒则希望从道家思想的角度对孙子思想进行目的不同之诠释。当符号或符号系统的意义与使用者相关时，真理便具有了走向语用层面的合理通道（郭贵春，1998：60），体现在军语英译上，译者以各自心理意向为利弊权衡原则在源文本军语语用所指与英译军语语用所指之间建立起同一性，且以各具特色的语形和语义达到了各自的语用效果。那么，真理合理性的评价标准何在？

三、孙子军语英译之语境真理观

是否符合真理观反映了精确思维方式中两种极端的理想状态，而现实生活中存在的却是在这两种极端之间的多种中间状态，这些中间状态体现了对世界的不同程度或不同层次之理解。语用真理正是这些不同程度或不同层次理解之体现。就孙子军语英译而言，其实质在于：译者为追求不同实用目的而造成了英译军语语用所指的多样性，以是否符合自己的心理意向为英译的出发点。这导致译者的个体意识失去了客观性的约束，走向“怎么译都有理”的相对主义。这无疑会导致目的语读者对孙子思想的误读。那么，从交互文化的交汇语境来看，采用何种评价标准才能最大限度地避免译本对目的语读者的误导，又能让目的语读者认可呢？语境真理观为我们提供了一可资借鉴的解决方法，因为正是语境将外在的指称关联与内在的意向关联统一起来（郭贵春，1997：50）。译者以个人意向为权衡标准在译本的语用语境中实现了其语用效果，然而是否与作为其社会规范表征的语法语境（语形与语义）达成统一了呢？另外，作为次生军语的英译军语以原生军语为母体，故还需将原生军语语境考虑在内。孙子所处的历史语境虽不可能绝对连续地传递，然而孙子所创军语之语形与语义俱在，语形与语义则表征了语用的价值。语形与语义体现了军语的语言规范与构成规律，同时也反映了社会现实。这三个因素之综合构成了对译者心理意向之制约条件。下面，笔者以语境真理观为基底对上述三则军语之英译做一分析。

以例 1“道”英译为例：就语形而言，孙子以内涵诠释句诠释“道”。格里菲斯以“by moral influence I mean”句型诠释，句法功能与原语句式功能一致；其余四位译者分别用以 means、is、causes 为谓词的陈述句表判断，句法功能与原语迥异，因为其命题均不能为真。原因在于“The Way”之语义所指。根据历史因果论之观点，专名有指称而无含义，故“The Way”无语义所指，但“The Way”在英语中可专指 Tao of Taoism 这一哲学范畴，这归结于《道德经》在西方的深远影响。在西方，老子被普遍认为是人类自由主义思想的最早先驱。不少西方人认为，《道德经》在中国文化中的重要性与《圣经》在西方文化中的重要性旗鼓相当，《道德经》

被看作是出自中国的先知书（谢震宇，2008：164－165）。《道德经》中老子强调道是万物的根源，是万物存在的根本，甚至也是“上帝”和“神”存在的根本。故四位译者以“The Way”为主语，其命题悖于反映同一律，必然为假。如此英译会误导读者误读军语“道”与老子之“道”为同一概念。基于此，只有“moral influence”符合语境真理观之要求。

以例2“天”英译为例：就语形而言，孙子以外延诠释句诠释“天”。格里菲斯以“by weather I mean”句型诠释，句法功能与原语句式功能一致；其余四位译者分别用以 signifies、means、is、comprises 为谓词的陈述句表判断，句法功能与原语迥异，因为其命题均不能为真。原因如前文所述，“Heaven”在英文中专指“God”，四位译者以“Heaven”为主语，其命题悖于反映同一律，必然为假。如此英译会误导读者误读军语“天”与“God”为同一概念。基于此，只有“weather”符合语境真理观之要求。

以例3“势”英译为例：就语形而言，孙子以内涵诠释句诠释“势”。格里菲斯以“by ‘situations’ I mean”句型诠释，句法功能与原语句式功能一致；Clavell 以祈使句并结合上文对原句做了诠释，直接释译“势”为“circumstances”，但“circumstances”的语用所指却缺失了。克利里用以“are to be structured”为谓词的陈述句表判断，句法功能与原语迥异，其命题为假，这是由于：第一，“forces”此处为通名。这一点看上文可知，上文是“Assess the advantages in taking advice, then structure your forces accordingly, to supplement extraordinary tactics”。第二，“force”作名词且有复数意为：①person or thing that makes great changes；②organized body of armed or disciplined men；③（intensity of, measurement of）pressure or influence exerted at a point, tending to cause movement。无论取何义，均与社会现实不符。闵福德以注释判断句英译，避开了命题之真假，然而他以视觉艺术化为特征的诗歌体英译，悖于孙子军语的语言规范与构成规律，亦与社会现实不符，Amazon.com 读者评论其英译“风格的优美胜过孙子的教诲”反映了其英译受到英语文化语境的质疑。梅维恒用以 is 为谓词的陈述句表判断，句法功能与原文迥异。原因在于他以“configuration”为主语，把“势”具体化，结果命题必然为假。基于此，只有“situations”符合语境真理观之要求。

11.7.3 小 结

孙子军语是指《孙子兵法》中表述古代军事概念的专门术语。《孙子兵法》作为被世界各国公认为富哲理性和发生着深远影响的兵法，其英译在“中学西传”中发挥了无可替代的作用。孙子军语作为中国特有的文化遗产，体现出特有的“统体思维”观（于汝波，1999：16－22），这与模糊思维的哲学基础在本质上是一致的。故从模糊思维的视角来探讨孙子军语的英译这一文化现象符合反映同一律的要求。

孙子军语概念范畴之界定非常复杂。本节仅对孙子以内涵诠释句与外延诠释句诠释的军语英译做了抽样的分析，以其他诠释方式诠释的军语英译还有待进一步探讨。

11.8 《孙子兵法》英译的文学变译

11.8.1 闵福德文学变译之形式及其效果

变译是译者根据特定条件下特定读者的特殊要求，采用增、减、编、述、缩、并、改、仿等变通手段摄取原作有关内容的思维活动和语际活动。变译力主变通原作的内容或形式，求得信息传播的极佳效果（黄忠廉，2007：56－57）。闵福德与以往东方学家之最大不同在于用以视觉艺术化为特征的诗歌体英译《孙子兵法》，成为绝无仅有的一个另类现象。以视觉艺术化为特征的诗歌体裁始创于美国先锋派诗人的杰出代表卡明斯（E. E. Cummings）。卡明斯强化了诗歌的视觉效果。他崇尚特殊化，不喜欢大众化，反对像大多数人一样来表达（徐艳萍，2005：4）。其一反常规的诗歌创作集中体现在：①语法变异。威多逊（Widdowson）认为，语法表示说话人对他所用语言的知识，如果不合乎语法就不应该有意义。但在文学作品中不合乎语法的句子却可以表示意义，往往一首诗虽然偏离了语法规则，但作为话语却仍可以解释。卡明斯采取语法变异（grammatical deviation）的手法，大胆违背语法规则。在创作中为了运用既自然又新奇的方式来表现诗歌的意义，他可以不顾语法句法，任意拆句甚至拆字，经常取消标点符号。②书写变异。卡明斯不受传统韵律约束，强调一首诗在纸上的形式而不是它被朗读出来后的声音效果，挑战印刷排版上的规定，追求奇特的文字排列形式，创新了诗歌排字形式，他的很多诗歌都使用怪异的印刷排列。③词汇变异。所谓词汇变异即创造新词。卡明斯可谓一个造词能手，他的诗歌常出现他杜撰的新词，他通过改变词性，使动词变名词或名词变动词来抒发自己的难以名状的情感——以简单来掩饰复杂（徐艳萍，2005：4－7）。闵福德对《孙子兵法》的文学变译亦主要体现在其英译的语法变异、书写变异与词汇变异方面。笔者取其英译《孙子兵法·计篇》中最后一段为例。原文如下：“夫未战而庙算胜者，得算多也；未战而庙算不胜者，得算少也。多算胜，少算不胜，而况无算乎！吾以此观之，胜负见矣。”闵译如下：

Victory belongs to the side
That scores most
In the temple calculations
Before battle.
Defeat belongs to the side
That scores least
In the temple calculations
Before battle.
Most spells victory;
Least spells defeat;
None, surer defeat.
I see it in this way,
And the outcome is apparent.

我们发现：文化专有项“庙算”译为“temple calculations”，但“多算胜，少算不胜”中之“算”译为“spells”，据《牛津现代高级英汉双解词典》，“spell”意为“符咒；咒语”，同一段中，“算”字竟然有两种解释，且“算”与“咒语”无关联。“Most spells victory；Least spells defeat”不符语法规则。那么，闵福德之文学变译达到了信息传播的极佳效果了吗？闵福德作为一名知名东方学家，他为何要采取这种视觉艺术化的诗歌体来英译呢？

11.8.2 闵福德文学变译之分析：东方学的视角

萨义德指出：18 世纪末以来的东方学可以“描述为通过做出与东方有关的陈述，通过对有关东方的观点进行权威裁判，对东方进行描述、教授、殖民、统治等方式来处理东方的一种机制；简言之，可将东方学视为西方用以控制、重建和君临东方的一种方式”（萨义德，1999：4）。闵福德之所以采取这种文学变译策略正是这种“欧洲中心主义”影响之结果。闵福德在接受 Sonshi. com 采访时，就孙子思想“违背人本主义价值观”作了如下批评：“坦率地说，书中的很多观点我不能接受。其主张的对人际关系阴险算计的方法直接违背了我所赞成的人本主义价值观的根本原则。”在其译本导论中，闵福德认为：“孙子主张以诡诈为其战略基石，他放弃价值标准，崇尚利己、算计、诡诈与高深莫测。这一点必须看到。”（Minford，2002：xxix）闵福德这一观点源自于《孙子兵法》第一位西方译者阿米奥特神父。阿米奥特认为：“我完全不赞同作者关于诡诈的思想。这些思想应受到谴责，它们与中国人尊崇的诚实和其他美德相互冲突。”（Minford，2002：xxix）如果说作为一名神父，阿米奥特无意识地误读了孙子的思想，那么，闵福德则是有意而为之。在其译本导论《诡诈的计划，流行的文化》《诡诈与欺骗之道，权力与权宜之道》中，闵福德丑化了孙子思想。就翻译之动机，闵福德接受 Sonshi. com 采访时坦言：“我不是孙子迷。我翻译这本书完全是客观因素使然。实际上，我是在出版公司的建议下翻译这本书的。我认为这本书在某些方面见解异常深刻，这些深刻的见解源自中国传统智慧。这种智慧在这本书中以一种难忘的方式表达了出来。在这方面，它使我想起了《道德经》。”在西方，老子被普遍认为是人类自由主义思想的最早先驱。出于此种翻译动机，闵福德在 Sonshi. com 采访中为其文学变译做了辩解：“我尽全力抓住我所认为的原文本的文学品质。我尽我所能翻译出原文的警句式的、诗意的、韵律的特色。我在选词、韵律、段落编排上颇动了一番脑筋。译文排版尽可能反映原文的结构。”为达此目的，闵译在译文正文中采用语法变异、词汇变异之手段以达到其所需之文学特色，另附以大量的注释来进行诠释，这与历史上东方学家所遵循的“科学的准确性”一脉相承。东方学家所奉行的“科学的准确性”可以说是西方直译传统的延伸，但它又与直译有所不同。这主要表现在以下三个方面：①其实质在很大程度上是为了凸显东方文本的异质性和神秘性，这可以衬托西方在语言、习俗、思维、文化等方面的优势；②它是为了维护东方学家们自身的学术权威和地位；③奉行“科学的准确性”的译文一般附有非常详细的注释，这比传统的直译更显“科学性”和“准确性”（蒋骁华，2008：13－14）。闵译完全体现了这一特征，但其注详尽却不准确。这表现在：其译文以香港中华书局 1973 年版《十一家注孙子》为底本，但其注释却未以此为依据，而是加上了他认为对理解有所帮助的注释，以上文所选段落为例，闵福德英译了《商君书》第 10 章、《史记》第 8 章的片段作为诠释之用，他本人也作为注家之一加入了注家的行列。就此而言，闵译有悖于“科学的准确性”原则。

11. 8. 3　小　结

《孙子兵法》开创了说理散文启用标题之先河。从文学的角度而言，孙子在阐述其军事理论时与诸子阐述其政治理论一样，都运用了文学的笔法，将之列入诸子散文艺术之列自属当然（刘建强，2002：50）。自 1905 年卡尔思罗普英译本问世以来，到 21 世纪初，西方译者的英语复译本已有不下 22 种，其英译受到西方东方学家的高度关注。东方学首先是一门学科或学术领域（萨义德，1999：438），其次才是一种“欧洲中心主义”的意识形态。宽泛地讲，任何讲授东方的知识、就东方的问题进行写作或研究东方的人，不管是人类学家、社会学家、历史学家、语言学家还是汉学家等，无论面对的是具体问题还是带有普遍性的问题，都是东方学学者，他所做的事情就属于“东方学”（Said，1978：13－14）。17 世纪以来，东方学家给欧美带来了大量的异化翻译，而“这些异化翻译至今尚没有被全面而系统地认真研究过”（Jacquemond，1992：150）。企鹅出版公司 2002 年出版的闵福德译《孙子兵法》即是典型个案之一，其为了在“对于原文的理解与翻译方法以及追求的效果等方面要有所超越”（王宏印，2006：175），采取了文学变译的方法。

闵福德对《孙子兵法》的文学变译体现了西方东方学家们对《孙子兵法》文本的宰制，反映在闵译本中即表现为语法变异、书写变异与词汇变异，这凸显了其将《孙子兵法》为我所用的实用主义心态。

第12章 《孙子兵法》英译的文本特征

12.1 《孙子兵法》英译中的文体翻译

文体，简言之，即可感知的有特色的表达方式（Wales，2001：37）。芬兰语言学家 Enkvist 指出：文体即选择，即在可供选择的表达中做出选择。换言之，即以最有效的方式说出正确的话（王守元，2000：11）。翻译文体是译者基于美学或主题而做出的选择，翻译文体学隶属于文学批评范畴（Chan，2010：178）。典籍翻译的性质决定了典籍翻译须经过语内翻译和语际翻译两个阶段（黄海翔，2008b：144）。相比较而言，语内翻译所涉及的原语与译入语之间主要存在时间上的差距，而在语际翻译中，除了时间上的差距外，还要面对不同空间或文化语境中所使用的不同的语言（许钧，2003：121－125）。面对时空的差距，译者如何基于诠释的历史性对文体做出选择？选什么与怎么选是译者必须解决的难题。

译者作为典籍的读者，面对的原文本的表述是原作者选择的结果；译者作为目标文本的创作者，其译文表述是其自身选择的结果。其中的关键是：被译者感知到的原文有特色的表达方式“如何传递到译文中，抑或经过了怎样的改变在译文中表达出来，抑或在何种程度上被或能够被保留在译文中”（Boase-Beier，2011：5）。西方学界对这一问题的探讨可追溯至古希腊亚里士多德所著《诗学》。其后罗马作家关于文体的观点部分基于亚里士多德的修辞和文艺美学理论。对于这些罗马作家而言，翻译极为重要，他们的观点不可避免地影响了其后的作家，尤其在字对字翻译和意对意翻译的区分上（Bassnett，1991：43）。西塞罗和贺拉斯认为原文的文体和效果很重要，对如何在翻译中予以保留给予了高度关注。对文体翻译的研究亦肇始于源于《诗学》的文艺学和语言学理论，自20世纪60年代起日益受到重视，其具体研究方法表现为结构主义语言学（及后来的早期转换生成语法）的方法和文艺批评的细读法。结构主义语言学着重于以最详细的方式识别和分类语料，而转换生成语法则认为以结构主义的方式对个体语言的语料进行分类，并以源于这些语料的潜在规律性的归纳法为解释方法尚不足以解释语言。转换生成语法关注人的意识，以及语言如何反映意识。它提出了普遍的认知原则，目的在于以演绎法解释语料如何从这些原则中推论出来。转换生成语法关注的是作为语言解释源泉的意识，在这一点上与结构主义语言学不同，但两种方法与基于文本的文艺批评都共享了一共同特征，即对语言形式特征的重要性的理解是一致的（Boase-Beier，2011：7－8）。

语言是文化的载体，具有文化传递性。就翻译活动来说，语言这个载体可以分为天然载体和人工载体两种。A语言承载A文化时，A语言是天然载体，完全胜任。翻译中当A语言转换为B语言，由B语言来承载A文化时，B语言就是A文化的人工载体，此时B语言就不能完全胜任。只能说B语言能在宏观上承载A语言文本的文化，而在微观上就会在结构、语义和语用方面产生空缺或部分对等的情况。宏观文化是文本整体内容所反映的文化以及它根植于其中的某个民族的特定的社会文化，微观文化就是蕴含在语言各层面的文化因素（周志培，2013：6－11）。雅各布森指出：语言符号的物质实体与语言符号的能指属性不可分割（Bradford，1994：3）。翻译，在严格的意义上是不可能的，至少对于文学性文本而言是不可能的，但创造性置换是可能的，因为认知经验是共通的（Jakobson，2000：118）。传统的结构主义语言学家认为：语言具有任意性。通过强调语言的文艺美学功能，雅各布森与持语言具有任意性观点的结构主义语言学家划清了界限。的确，具有文艺美学功能的语言是非任意性的，受制于蕴含着言外之意的音调模式，有时深奥且可有多种解释，因此在功能上不仅不同于非文学语言而且也不同于非韵文语言（Boase-Beier，2011：13）。诚如雅各布森所言，汉语就不具备任意性的特点。汉字属于形象表意文字，同表音文字有本质的区别。形象表意文字通过象形、指事、会意、形声，用丰富多变的符号形象组合式，它们的共同特点是以形象提示意义，基本性质则是以感性的形象思维激发理性的概念思维，表音文字只是用简单的语音符号来激发概念思维，中间没有形象思维所需要的审美感性来加以“嵌合”。同时，声调赋予汉语特有的审美感性。声调具有区别意义的功能。声调的音乐性是它的本质特征。汉语声高变化的形式和幅度显示出调值的抑扬顿挫来，产生了汉语语音特有的音乐性（刘宓庆，2006：2－14）。以《孙子兵法》为例，它虽然是一部兵学经典，却把汉语的形美、意美、音美发挥到了极致，在文学上取得了巨大成就。正是《孙子兵法》不朽的文学价值使其跨越了古今中外的浩瀚时空，至今仍给人以深刻的启迪（傅朝，2001：80）。然而这种文学性的表述方式却对译者提出了挑战，正如褚良才所指出的：被誉为“东方兵学鼻祖”之《孙子兵法》，虽然全书几无难僻字，然而其中许多军事术语蕴意丰富，使后人“累世不能通，当年不得究”（褚良才，2002：412）。这在英译中表现为翻译的历史性。艾克西拉指出：翻译最突出而又不用质疑的特征便是它的“历史性”（Aixelá，2007：58）。历史性不同于历史。历史以时间的居先性为依据，历史性则是对先前存在物（包括观念、精神等）所具有的客观性给予的肯定（张思洁，2007：133）。这种历史性不从属于翻译的特性，用文字固定下来的文本或多或少地都要经过时间的推移才能得到阅读与理解（许钧，2003：121－125）。就《孙子兵法》军语的英译而言，翻译的历史性决定了译者在置换其功能与内涵时，须将其作为文化专有项来处理。

综上所述，笔者要追问的是：英语语言符号与意义之间的联系是任意的，而汉语语言符号与意义之间的联系是非任意的。以英语来译汉语典籍时，该采用何种恰当的翻译策略才能在宏观文化层面最大限度地保留原文的文体特征，同时在微观文化层面最大限度地传达出原文的文化内涵？

12.1.1 文体翻译策略：译语交际行为忠实于原语交际行为

对文体翻译策略的思考，据谭载喜考证，始见于捷克翻译理论家波波维奇（Popovič）。他界定文体对等为原文与译文成分的功能对等，目的是用相同意义的不变量达到表达上的一致。波波维奇还将这种类型的对等称为“充分性”（adequacy）、“表达对应”（expression correspondence）和“忠实原文”。这样，文体对等就涉及保存源文本成分的表达特征，同时还尽可能地保存其基本语义内容。然而，即使无法建立直接语义对应，译者也应当选择与源文本特定成分在文体上对等的目标语项（沙特尔沃思，2005：218）。就此而言，典籍英译的文体翻译策略涉及对原作文体的理解与表达和译作文体的构建，其核心依然是文体选择，因为英语作为人工载体来承载汉语典籍文化时，必然在文体的结构和语义产生空缺和部分对等。此时译者面临两个问题：其一，选择以何种结构和语义来表达出对原作文体的理解？其二，采取何种语用策略把所选择的结构和语义恰当地结合起来，达到与原作文体的表达对应？其中不容忽视的难点是：译者所面对的原文文体并非静止的、孤立的对象，而是原作作者动态选择的结果，即“受原作者致力于表达某一特定观点的承诺的驱使而做出的一系列选择”，在此意义上，“是文体而非内容体现出意义”（Boase-Beier，2011：21）。但译者同时又面临着对原作作者所做出的选择如何把握和诠释的问题，因为既然典籍翻译包括语内翻译与语际翻译两类翻译过程，则译者首先须将典籍原本由古汉语译成现代汉语，再由现代汉语译成英语。实际情况是，绝少有译者能身兼两任，即便以汉语为母语的中文专业人士，不经过长期的专业训练，想要直接读懂典籍原本也非常困难。故明智的方法是以译者认同的该典籍的某一权威注释本或现代汉语译本为基础进行翻译。在此情况下，典籍翻译的译者主体由语内翻译的译者（注家或现代汉语译者）和语际翻译的译者共同组成（黄海翔，2008b：144）。故语际翻译的译者一开始就置身于感知原文有特色的语言表达方式的文体选择的过程中。语际翻译的译者之所以能够选择出与源文本特定成分在文体上对等的目标语项，是因为语言具有变异性（variability）、协商性（negotiability）和顺应性（adaptability）。语言的变异性指“语言具有一系列可供选择的可能性”；语言的协商性指“语言的选择不是机械地或按照严格的规则和固定的形式—功能关系作出，而是基于高度灵活的原则和策略来完成”；语言的顺应性指“语言使用者能够从可供选择的多种可能性解释中基于语言的协商性作出选择，从而尽量满足交际的需要”（Verschueren，2000：58－63）。基于此，就典籍文体翻译而言，我们必须思考的是：语际翻译的译者面临着哪些可供选择的可能性？译者是基于何种原则和策略完成选择？译者以他所认为恰当的方式做出了符合交际需要的选择是为了要达到何种交际目的？这一交际目的如何界定？

从宏观层面来看，根据波波维奇的充分性、表达对应和忠实原文的观点，这一交际目的无疑是由原作作者来决定的，即原作作者致力于表达的某一特定观点。用语用学的术语来说，就是原作作者通过语言表达的意图，即语旨。语旨通过语义来表达，而语义又蕴含在语言结构即语形中。语际翻译的译者必然要在传达原作意图的基础上构建译作文体。那么，译者采用何种语用原则和策略，在可供选择的语义和语形中做出恰当的选择来传达出原作的语旨便是关键。因为在原作的理解过程中，语义和语旨是通过语形体现出来的：由语形，而语义，而语旨。传达过程与理解过程恰恰相反，在翻译的传达过程中，权重最大的是语旨，其次分别是语义和语形（赵彦春，2009：10）。基于此，我们不难发现：可供译者采用的语用原则和策略不止一个，但无论采用何种语用原则和策略，都须以传达原作的意图为依归。在以原作意图为依归的语用原则和策略指导下，典籍英译译者通过选择恰当的语义和语形来达到与原文的文体顺应。

基于此，我们可以把原作者意图概括为两个方面：原作者的信息意图与原作者的交际意图。信息意图指原作者让一系列设想①显现或更加显现给原文读者的意图，交际意图指把原作者的信息意图显现给交际双方的意图，其中信息意图是第一性的，交际意图是次要的信息意图，是第二性的。信息意图改变原文读者的认知环境，而交际意图目的在于让交际能够进行。这里的显现指“能够被感知或被推理”（王建国，2009：5）。信息意图体现了原作者的语旨所在，而交际意图则体现了原作者采用何种原则和策略选择恰当的语义和语形来达到这一语旨。对译者而言，译者必须忠

① 设想是信息。其中，事实、作为事实陈述的不确定的设想、错误设想都可作为信息处理。参见：Sperber，D & Wilson，D. Relevance：Communication and Cognition［M］. Oxford：Blackwell，1995.

实地再现原作者的意图，再现信息意图是第一位的，即主要是再现原作者对原语读者所做的设想；再现交际意图是第二位的，即再现互显原作者信息意图的方式，必要时译者可以根据受众期待调整交际意图，但必须尽量使译者的交际意图接近原作者的交际意图（王建国，2009：39）。由此可知：翻译是一种双重交际活动。一方面，译者要以读者的身份与原作者进行交际；这一过程的交际能否成功，取决于译者本人有关目标文化世界的知识和经验是否达到或最大限度地达到原作者的理想读者的水平。另一方面，译者又要充当作者，与译文读者进行交际；这一过程的交际能否成功，则取决于译者对他的译文读者的先有知识和经验的预测是否准确，这一预测直接影响到他在实际翻译交际中的策略选择（王东风，1999：249）。故译者经历了双重交际活动，首先是作为原作者意向中的读者与原作者进行的交际行为，其次是作为译者与意向中的译文读者进行的交际行为。我们称前者为原语语内交际行为，后者为译语语内交际行为（王建国，2009）。意向性是交际的本质特征。作为译者，这个时候必须忠实的不仅仅是原作者，还有原作者意向中的受众，也就是说，必须忠实整个原交际行为。至此，我们认为，忠实的翻译就是忠实原语交际行为的翻译，即译者必须做到译语交际行为忠实于原语交际行为（王建国，2009）。

12.1.2 逆证推理：译语交际行为忠实于原语交际行为的有效手段

译语交际行为忠实于原语交际行为的原则有效解决了文体翻译中如何达到“充分性”“表达对应”和“忠实原文”的问题，从语用上把忠实这一伦理要求可操作化了。那么，采取什么样的策略来实现这一原则便是文体翻译中迫切需要解决的问题。关联理论认为：明示和推理是一个交际过程的两个方面。明示是指说话人的交际行为，推理是指听话人为了识别说话人信息意图所发生的交际行为。所谓明示行为，就是交际者通过交际意图把自己的信息意图显现给交际双方，成功的交际在于受众对信息意图的识别（Boase-Beier，2011：21）。翻译同样是明示—推理交际。但是，与其他交际不同的是，翻译交际包含了两个明示—推理交际活动。因此，忠实原交际就是不但要做到忠实意图，即忠实明示的方式，而且要做到忠实原交际的推理方式。在翻译的两个明示—推理交际中，原作者和译者都是通过交际意图把信息意图告诉给他们各自的读者，因此，要做到忠实原交际翻译，译者必须做到采取和原作者一样的信息意图和交际意图，也就是同样的显现设想、互显设想的方式。归根结底，要保证原作者对原语读者的设想内容不变。同时，原语读者和译语读者都是依靠推理来获得原作者的信息意图，要做到忠实原交际翻译，译者必须做到让译语读者推理方式和原语读者一样，关键是让他们在识别信息意图时的推理距离相等，即保持原语读者对系列设想中的设想的可及度（accessibility）不变。忠实翻译必须能够再现原作者对其意向读者所做出的设想，让译语读者能够与原语读者在识别原作者的信息意图时具有同等的推理空间。再现原作者对其意向读者所做出的设想之所以可能，是因为“意图的稳定性让译者在翻译时找到了稳定的忠实参照物，原作者信息意图中的系列设想则为再现原作者的信息意图提供了参数”（王建国，2009）。

刘宓庆指出：原语作者对原语读者是有期待的，世界上不存在没有期待性的作品。我们认为：译者只要负责任，就会担当起原作者意向读者的义务，再现原作者对其意向读者所做出的设想；同时，作为译文的作者，也要以有效的翻译策略把原作者的信息意图传达给译文的意向读者，让译文读者能够以同样的推理方式获得原作者的信息意图。那么，如何判断译者的翻译策略是有效的呢？既然原文读者和译文读者都是依靠推理来获得原作者的信息意图，那么作为具有交互文化背景的译文读者，我们完全可以通过逆证推理的方式判断作为原文意向读者的译者所采取的翻译策略是否以最有效的方式在可供表达的方式中做出选择，从而传达出原作者的信息意图。

逆证推理（abduction）由古希腊亚里士多德提出。他用这个名称将其与归纳法和演绎法区别开来，但没有进一步详细论述，后来一段时间也没有引起人们注意。直到20世纪初，由于美国哲学家皮尔斯、汉森等人的提倡，逆证推理才逐渐在自然科学、社会科学和各种边缘科学中获得广泛应用。逆证推理把观察语句看作待说明项，把科学假说看作说明项，认为推理是从待说明项到说明项的逆行。皮尔斯和汉森把它表述为这样的推理形式：①某一意外的现象 P 被观察到；②若假说 H 为真，则 P 理所当然是可以说明的；③因此，有理由认为 H 是真的。逆证推理实质上是从有待解释的事实开始，对它们进行分析，然后发明并选择最佳假说，使之从这个最佳的假说及背景知识和前提条件中，有逻辑地演绎出待解释的事实（彭漪涟，2004）。故逆证推理是从一需要解释之观察到的现象形成一解释性假设的推理过程（Piece，1958），而且是寻求最佳解释的推理过程。皮尔斯把逆证推理、演绎法与归纳法这三种基本的推理形式分为两个范畴：解释性（explicative）推理和扩充性（ampliative）推理。解释性推理指从前提必然能推出结论，结论解释前提；扩充性推理指从前提不能必然推出结论，结论扩充了前提。故逆证推理属于扩充性推理。推理作为一种思维形式，不是先天的，也不是人们主观臆想的产物，而是客观事物之间的一定关系在人们意识中的反映，是在人们社会实践的基础上，适应着人们实践活动的需要和认识的发展而产生、形成起来的。故推理与人们的认知环境和背景知识是密不可分的，逆证推理亦不例外，逆证推理体现的是“介于观察、解释和背景知识之间的三重关系”（Hu，2012）。诚如美国学者 Kapitan 所言：某一现象令人吃惊这一声明是可以理解的，因为这一现象相对于背景知识而言，已然超出了基于背景知识所能做出的期望（Kapitan，1992：7）。推理人所做出的假设其实是其认知语境的反映。语境是一个心理架构，是听话人关于外部世界的假设的一个次类。正是这些假设，而不是外部世界的真实状态，左右着人们对话语的解释。基于此，笔者认为：译者做出的文体选择本质上也是基于译者本人的背景知识所做出的选择。那么，译者是如何基于自己的背景知识做出选择的呢？译者采用了何种翻译策略，把他所理解的原作者信息意图中所包含的系列设想显现给译文读者呢？下面，笔者以梅维恒和林戊荪英译《孙子兵法》为例，从具有交互文化背景的译文读者角度，以逆证推理为言语理解与表达的思维形式，以译文读者在识别原作者信息意图时是否与原语读者具有同等的推理空间为依据，对两译者文体翻译的客观效果做一分析。

译者对原作者做出的文体选择性地进行解释时，他所要做的如只是从他的背景知识中提取出可行的假设，那么他所做的推理即为选择性逆证。作为具有交互文化背景的译文读者，如果我们对于译者信息意图和原作者信息意图所包含的设想所做的推理具有相同的推理空间，我们就认为译者的翻译忠实于原交际行为。笔者认为，无论是译者还是具有交互文化背景的译文读者，就诠释的历史性而言，他的背景知识应包括语内翻译译者的诠释在内。梅维恒译本即写明以中华书局上海编辑所 1961 年《宋本十一家注孙子》（以下简称《十一家注》）影印本为底本。例如：

（1）赏罚孰明？（《孙子兵法·计篇》）

（1a）... which command is more impartial in meting out rewards and punishments...（林译，2007）

（1b）Which side is more transparent in dispensing rewards and punishments?（梅译，2007）

两译差别在于一个“明”字，这是作者显现信息意图的中心所在。林译用意译，梅译用直译。根据（1a），我们可以做以下设想：

（a）... which command is more objective in meting out rewards and punishments...

（b）... which command is neutral in meting out rewards and punishments...

（c）... which command is unbiased in meting out rewards and punishments...

（d）... which command is disinterested in meting out rewards and punishments...

而根据（1b），我们可以做以下设想：

（a）Which side does not try to keep anything secret in dispensing rewards and punishments?

（b）Which side is allowing you to see the truth easily in dispensing rewards and punishments?

（c）Which side makes dispensing rewards and punishments easy to understand?

（d）Which side makes rewards and punishments more obvious?

那么，语内翻译的译者对“明”字是如何逆证推理的呢？查《十一家注》，杜牧曰：“赏不僭，罚不滥。”杜佑曰：“赏善罚恶，知谁分明者。故王子曰：赏无度，则费而无恩；罚无度，则戮而无威。”梅尧臣曰：“赏有功，罚有罪。”王皙曰：“孰能赏必当功，罚必称情？”张预曰：“当赏者，虽仇怨必禄；当罚者，虽父子不舍。又，司马法曰‘赏不逾时，罚不迁列’，于谁为明？”（杨丙安，2004）我们可以发现，诸位语内翻译译者的逆证假设基本是一致的：明者，严明公正也。林译选“impartial”来译在再现原作者对其意向读者所做出的设想方面要比梅译选“transparent”来译要好，它给予了译文读者和原文读者一样的推理空间，因而更忠实。而梅译虽然不错，却把译语读者的推理空间无形之间延长了。再如：

（2）故智将务食于敌。食敌一钟，当吾二十钟；芑秆一石，当吾二十石。（《孙子兵法·作战篇》）

（2a）Therefore, a wise general does his best to feed his troops on the enemy's grain, for one *zhong*（tr.：1, 000 litres）of grain obtained from enemy territory is equivalent to 20 *zhong* shipped from home country, and one *dan*（tr.：60 kilos）of fodder from enemy territory to 20 *dan* from home.（林译，2007）

（2b）Therefore, the wise general strives to eat the enemy's food. Eating one bushel of the enemy's grain is equal to bringing twenty bushels of our own. A picul of the enemy's fodder is equal to twenty of our own.（梅译，2007）

两译者对于文化特色词“钟”“石”的翻译策略不同。林译用音译加文内注，梅译用意译。如何评价这种不同？以往不同的学者有不同的看法，莫衷一是。但如以原作者信息意图为基准，思路便豁然开朗。根据（2a）对“钟”的诠释，我们可以做以下设想：

（a）*Zhong* is a culture-specific item in traditional Chinese culture.

（b）*Zhong* is a unit of weights and measures in ancient China.

（c）If converted to the metric system, one *zhong* is equal to one thousand litres.

根据（2b）对“钟”的诠释，我们可以做以下设想：

(a) *Bushel* is a culture-specific item in the U. S. and Britain.

(b) *Bushel* is a unit of weights and measures in the British and U. S. system.

(c) If converted to the metric system, one bushel is equal to 35. 238 litres in the U. S. system.

我们发现：两译者文体选择所依据的背景知识不同。查《十一家注》，曹操曰："六斛四斗为钟。"杜牧曰："六石四斗为一钟。"（杨丙安，2004）据《现代汉语词典》，斛，旧量器，口小，底大，容量本为10斗，后来改为5斗。石，容量单位，10斗等于1石。斗，容量单位，10升为1斗，10斗为1石（晁继周，2008）。根据曹操和杜牧的考证，1钟等于640升。但值得注意的是，两译者均没有选择曹注和杜注为诠释之依据。林译选择当代著名注家郭化若将军之注为翻译之理据。郭注曰："钟，春秋时容量单位。齐国分奴隶主、公室的'公量'同新兴地主阶级的'家量'两种。公量一钟为六百四十升；家量一钟为一千升。"林译基本保留了原交际设想。反观梅译，则未能保留原交际设想。但结合全句来看，虽然梅译未能保留原作者设想和原语读者的推理距离，但其给译语读者的推理距离与原作者给原语读者的推理距离其实更为接近。因为毕竟林译加了文内注，缩小了译语读者的推理空间，更关键的是：译语读者会以为该文内注是*zhong*的唯一解释，从而易形成一先入为主的概念。"石"的英译策略亦是如此。林译同样是用音译加文内注，而梅译用意译。两译者文体选择所依据的背景知识是一致的。查《十一家注》，曹操曰："石者，一百二十斤也。"杜牧曰："一石，一百二十斤。"张预曰："一百二十斤为石。"（杨丙安，2008）据《英汉大词典》，"picul"意为"担（中国和东南亚地区使用的重量单位）；133. 33磅"。1磅等于0. 454公斤，"one picul"等于60. 53公斤（陆谷孙，2009）。梅氏此译可称佳译，它不但保留了原作者的交际设想，也保留了原语读者的推理距离，使得译语读者的推理距离与原语读者的推理距离基本一致。又如：

(3) 卒未亲附而罚之则不服，不服则难用也；卒已亲附而罚不行，则不可用也。故令之以文，齐之以武，是谓必取。(《孙子兵法·行军篇》)

(3a) If you punish soldiers for not being devoted to you, they will remain disobedient; and if they are disobedient, they will be difficult to use. But even when you have their devotion, if discipline is not enforced, you still cannot use them. Hence, you must win them over by treating them humanely and keep them in line with strict military discipline. This will ensure their allegiance. (林译, 2007)

(3b) If one punishes his troops before he has gained their fealty, they will not submit to him, and if they do not submit it will be difficult to use them in battle; if one has already gained the fealty of troops but does not carry out appropriate punishments, he cannot use them in battle either. Therefore, I cultivate my soldiers with civility and treat them even-handedly according to military regulations. Hence I will be sure to achieve my goal. (梅译, 2007)

在"令之以文"之"文"的翻译上，两译者出现了重大差异。根据林译，我们可以做如下设想：

(a) ... you must win them over by treating them kindly...

(b) ... you must win them over by caring about the quality of their lives and trying to be kind to them...

而根据梅译，我们可以做如下设想：

(a) ... I try to get support from my soldiers with polite behavior...

(b) ... I try to develop a friendship with my soldiers with courtesy in order to get an advantage from it...

两译者同样用意译，但梅译却出现了误译。因为译文读者根据梅译所做出的逆证假设与原作者的交际设想明显不符。查《十一家注》，诸语内翻译译者的逆证假设如下。曹操曰："文，仁也，武，法也。"李筌曰："文，仁恩；武，威罚。"杜牧曰："晏子举司马穰苴，文能附众，武能威敌也。"王皙曰："吴起云：总文武者，军之将；兼刚柔者，兵之事也。"(杨丙安，2004) 很明显，此处"文"绝非"polite behavior""courtesy"之意。梅译无论在保留原交际设想还是保留原语读者推理距离上均归于失败。而林译不仅成功地保留了原交际设想，而且给译语读者的推理距离与原作者给原语读者的推理距离基本一致，因此是忠实于原交际的翻译。

12.1.3 小　结

典籍英译的文体选择实际上是译者基于自身的背景知识和语内翻译译者的历史性诠释把一系列交际设想显示给译语读者的过程，这一系列设想是译者信息意图的体现，可能是事实，也可能是当作事实陈述的不确定的设想乃至错误的设想。译者采取何种翻译策略，选择何种有特色的表达方式把这一系列设想显示出来，取决于译者对于原语交际设想的逆证推理。如果译者的翻译不但保留了原交际设想，而且给译语读者的推理距离与原作者给原语读者的推理距离基本一致或接近，我们就认为：译者的翻译是忠实于原交际行为的翻译。

典籍英译的过程，其实也是进行文体选择的过程。译者基于自身的背景知识，采用相应的翻译把自己的信息意图通过文体选择传达给译语读者。译者采用何种翻译策略并不重要，重要的是译语读者基于译者的文体选择进行逆证推理所获得的关于译者信息意图的一系列设想，与原语读者基于原作者的文体选择进行逆证推理所获得的关于原作者信息意图的一系列设想是否一致。

12.2 《孙子兵法》军语的英译策略

军语是具有专门术语性质的一类词汇（傅朝，2001：51）。陈学凯（1999：72）指出：“我们对《孙子》的研究，特别是有关中国古典军事学概念范畴的研究，尚无多少具有影响力的成果出现，这也是《孙子》研究在许多领域里尚属荒漠，且止步不前的重要原因之一。深入开展对中国古典军事学，特别是对《孙子》十三篇的概念范畴体系的研究，将会极大地提高《孙子》研究的层次和力度，深化扩展《孙子》研究的领域和范围。”就《孙子兵法》军语的英译而言，笔者目力所及，尚未有人涉及，故笔者不揣冒昧，对此作一探讨。

12.2.1 作为文化专有项的《孙子兵法》军语英译策略

西班牙翻译工作者艾克西拉将文化专有项定义为“在文本中出现的某些项目，由于在目标读者的文化系统中不存在对应项目或者与该项目有不同的文本地位，因此其在源文中的功能和含义转移到译文时发生翻译困难”。艾克西拉解释道：什么是文化专有项，不单取决于项目本身，而且取决于目标文化所理解的该项目在文本中的功能，这就是说，凡是目标文化中的一般读者或任何当权者觉得在意识形态或文化上不可理解或接受的，就是文化专有项（Aixelá，2007：58；张南峰，2004：189）。

《孙子兵法》是中国文化遗产中的瑰宝，是中国兵学史、战争史中最古老的论著之一（吴如嵩，1999：20）。被誉为“东方兵学鼻祖”之《孙子兵法》，虽然全书几无难僻字，然而其中许多军事术语蕴意丰富，使后人“累世不能通，当年不得究”（褚良才，2002：412）。这在英译中表现为翻译的历史性。艾克西拉（2007：52）指出：翻译最突出而又不用质疑的特征便是它的“历史性”。《孙子兵法》成书于2 500多年前，时空的迁移、语言的畸变、理解的误差、原意的消隐都造成了译者翻译的障碍，而这一切已不能求教孙子于地下了。《孙子兵法》写作时所用的语言属先秦散文体，与现时语言相比，在书写、词汇以及文体等各个方面都存在着巨大的差异。这种历史性不从属于翻译的特性，然而用文字固定下来的文本或多或少地都要经过时间的推移才能得到阅读与理解（许钧，2003：121）。就《孙子兵法》军语的英译而言，翻译的历史性决定了译者在转移其功能与内涵时，须将其作为文化专有项来处理。

艾克西拉从文化操控程度的角度，把文化专有项的翻译策略分为两大类：保留与替换（Aixelá，2007：60－65；张南峰，2004：189－190）。保留即保留源文的指称，替换即用目标语读者熟悉的指称代替源文指称。保留的策略包括：①重复：照抄源文；②转换拼写法：转换字母系统或译音；③语言（非文化）翻译：尽量保留源文的指示意义；④文外解释：在运用前三种方法的同时加上解释，但由于把解释放在正文里不合法或者不方便，因此标明是解释，例如用脚注、尾注、文内注、评论文字等形式；⑤文内解释：与前一种策略相同，但把解释放在正文里面，以免打扰读者。替换的策略包括：①使用同义词：用不同的方式来翻译同一个文化专有项，以避免重复；②有限世界化：选用译文读者较熟悉的另一个来源文化专有项；③绝对世界化：选用非文化专有项来翻译文化专有项；④同化：选用目标文化专有项来翻译来源文化专有项；⑤删除；⑥自创：引进源文没有的来源文化专有项。基于艾克西拉文化专有项的翻译策略分类法，笔者拟对四个西方译者英译《孙子兵法》中军语的英译作一抽样描述性分析。这四个英译本分别是格里菲斯译本（1963）、克利里译本（1988）、黄（J. H. Huang）译本（1993）、闵福德译本（2002）。笔者以四位西方译者的译文为例，以“[ ]”标明翻译策略：

（1）一曰道，二曰天，三曰地，四曰将，五曰法。（《孙子兵法·计篇》）

格译：The first of these factors is moral influence; the second, weather; the third, terrain; the fourth, command; the fifth, doctrine. （1963：63）[语言翻译+文外解释（注家评论1条，脚注1条）]

克译：The five things are the way, the weather, the terrain, the leadership, and discipline. （1988：2）[语言翻译+文外解释（注家评论4条）]

黄译：... the first is leadership, the second are cyclic natural occurrence, the third are geographical factors, the fourth is commandership, and the fifth are rules. （1993：37－38）[语言翻译+文外解释（译者注4条）]

闵译：There are Five Fundamentals/For this deliberation, /For the making of comparisons/And the assessing of conditions: /The Way, /Heaven, /Earth, /Command, /Discipline. （2002：101）[语言翻译+文外解释（注家评论1条）]

（2）孙子曰：地形：有通者，有挂者，有支者，有隘者，有险者，有远者。（《孙子兵法·地形篇》）

格译：Sun Tzu said: Ground may be classified according to its nature as accessible, entrapping, indecisive, constricted, precipitous, and distant. （1963：124）[语言翻译+文外解释（脚注1条）]

克译：Master Sun/Some terrain is easily passable, in some you get hung up, some makes for a standoff, some is narrow, some is steep, some is wide open. （1988：133）［语言翻译］

黄译：Sun-Tzu said，/Terrain can be passable，barbed，stalemated，gorge path，obstacled，and remote. （1993：88）［语言翻译 + 文外解释（译者注 1 条）］

闵译：Master Sun said：There are different forms of terrain：/Accessible terrain，/Entangling terrain，/Deadlock terrain，/Enclosed terrain，/Precipitous terrain，/Distant terrain. （2002：248 – 249）［语言翻译 + 文外解释（注家评论 6 条，译者注 3 条）］

（3）故兵有走者，有弛者，有陷者，有崩者，有乱者，有北者。（《孙子兵法·地形篇》）

格译：Now when troops flee，are insubordinate，distressed，collapse in disorder or are routed，it is the fault of the general（1963：125）.［语言翻译 + 文外解释（脚注 1 条）］

克译：So among military forces there are those who rush，those who tarry，those who fall，those who crumble，those who riot，and those who get beaten. （1988：134 – 135）［语言翻译］

黄译：In forces there can be desertion，laxity，paralysis，collapse，turbulence，and downfall. （1993：90）［语言翻译］

闵译：In War，/The following are not/Natural calamities，/But the fault/Of the general：/Flight，/Impotence，/Decay，/Collapse，/Chaos，/Rout. （2002：254 – 255）［语言翻译 + 文外解释（注家评论 1 条，译者注 3 条）］

由上述抽样译例分析可知，四位译者在翻译过程中皆采用了保留的翻译策略，具体表现为“语言翻译”或“语言翻译 + 文外解释”两种方法。既然语言翻译之目的是尽量保留源文的指示意义，笔者想要追问的是，如何判断四位译者的译文是否保留了孙子军语的指示意义呢？这就涉及术语与翻译的关系问题。

12.2.2 术语的英译策略

一、翻译与术语学之关联

翻译与术语学在两个不同的语言和认知层面发挥作用，作为学科，侧重于不同的语言研究领域。翻译是有争议地涉及与文本操控相关的基本的应用语言学的行为。术语学则跨理论语言学与应用语言学，把文本仅作为其诸多应用领域中的系列源材料之一。术语学理论从称之为概念的抽象认知单位到识别恰当的语言表达或术语。翻译的焦点在于认知单位的语言表达。译者从语言项目入手再到概念以便在另一语言中找到对应的语言项。译者只需最低程度的术语理论以便找到对应于两种语言中相同概念的术语。然而，现实并非如此简单，译者经常发现他们需要在概念之间建立同一性，处理概念相似而不是相同的例子，为新概念创造目标语术语（Sager，2004：259）。

二、概念、定义与术语

术语理论关系到概念、概念的定义以及作为术语的语言实现（Sager，2004：259）。

根据国际标准 ISO704（1987），概念被定义为思维的单位，用来结构知识和对周围世界的感知。个人通过自身教育获得所处社会的总的知识结构和接近这种知识结构的语言表达形式。当我们了解了与其他概念相关的某一概念在知识结构中的精确位置后，我们才能充分理解这一概念之内涵。就普通语言而言，两个个人不可能赋予同一概念完全相同的知识空间，但设定了传统知识结构界限、学科副空间界限和为任一学科概念构成的社会规范提供了某种一致性。一门学科包含的概念越多，辨别概念的需求越大。与此同时，为避免概念间的重叠，需要对概念作出更精确的界定。更精确的界定即是我们所理解的专门指称，它把专业学科的术语与普通的词汇区分开来（Sager，2004：259－260）。

术语之定义与字典之定义不同。字典采用语义法，从词到意义。术语采用专名学的方法，首先识别一概念，其次定义这一概念，最后命名这一概念。词典定义是通过其他词来解释被定义词，而术语定义发挥了在语言系统和知识概念结构之间建立清晰联系之功能。术语定义首先具备分析和综合的性质。首先，它们试图把被定义之概念与联系最密切的广义概念联系起来，从而确定其在知识结构中的位置；其次，它们试图描述这一概念与在相同知识范畴中的其他概念有何不同（Sager，2004：260）。

通过上述分析可知，制定一个术语的程序是：专业知识领域→概念→定义→术语。而翻译一个术语的程序是：源文本术语→源文本术语定义→源文本术语概念→目标文本同一性概念→目标文本术语。

12.2.3 作为术语的《孙子兵法》军语英译策略分析

一、从源文本术语定义到源文本术语概念：军语概念之内涵与军语用词概念之内涵

定义在传统逻辑中通常指揭示概念内涵的逻辑方法。概念的内涵是反映在概念中的事物的特有属性，给一个概念下定义，就是揭示这个概念所反映的事物的特有属性。定义由被定义项、定义项和定义联项三个部分组成（冯契，2000：558）。《孙子兵法》独立创建了许多新的兵学概念。这些新创建的概念又大多被予以定义，有效地避免了古代汉语的多义性和意合解悟的歧义、含混和不确定性，从而准确严谨地规范了孙子兵法学的概念范畴（傅朝，2001：52）。下面，笔者以前文例 1 所选孙子军语之定义为例，作一描述：

一曰道，二曰天，三曰地，四曰将，五曰法。

定义：道者，令民与上同意也。故可以与之死，可以与之生，而不畏危。天者，阴阳、寒暑、时制也。地者，远近、险易、广狭、死生也。将者，智、信、仁、勇、严也。法者，曲制、官道、主用也。

我们发现，孙子给予军语“道”“天”“地”“将”“法”清晰的定义，并无歧义。但“道”“天”“地”“将”“法”作为普通词汇的内涵与其作为军语的内涵是迥然不同的。即“道”“天”“地”“将”“法”作为普通词汇与作为军语时读音与词形相同，但意义不同。译者在目标语中能找到同一性概念与之对应吗？笔者以四位译者的英译作一对比分析，请看下表：

	格译	克译	黄译	闵译
道	moral influence	way	leadership	Way
天	weather	weather	cyclic natural occurrence	Heaven
地	terrain	terrain	geographical factors	Earth
将	command	leadership	commandership	Command
法	doctrine	discipline	rules	Discipline

我们发现，四位译者对五个军语在目标语中的同一性概念的英译并不相同，有的甚至完全不同。除去译者刻意避免重复的心理因素之外（这一点本书暂不予分析），译者英译军语所选用的词汇是英语中的普通词汇，这印证了上文“就普通语言而言，两个个人不可能赋予同一概念完全相同的知识空间”的正确，但由于孙子已给这五个军语以清晰的定义，故四位译者的英译又“具有某种一致性”。以“道”的英译而论，“moral influence”与“leadership”都是造成“令民与上同意”之原因，但此两英译只是保留了军语“道”指示意义的一部分，不能完全反映“道”的指示意义；而“way”的指示意义又太宽泛，远远大于军语“道”的指示意义。“天”“地”“将”“法”等英译亦然。为什么会造成这种情况呢？这首先是定义的特征所致。

定义是人们对一定认识对象的认识成果和终结。要给一个概念作出正确的定义，必须具有对该概念所反映事物的正确而深刻的具体知识（冯契，2000：558），就必须确定该概念的内涵与外延。其定义也相应地分为内涵定义与外延定义。例如：“道”之定义为内涵定义，而“天”“地”“将”“法”之定义为外延定义。故译者之英译也可大体分为两类：基于军语内涵之英译和基于军语外延之英译。以“道”之英译为例，“way”为基于内涵之英译；“moral influence”与“leadership”为基于外延之英译。以

“天”之英译为例，“Heaven”为基于内涵之英译；“weather”与“cyclic natural occurrence”为基于外延之英译。以“地”之英译为例，“Earth”为基于内涵之英译；“terrain”与“geographical factors”为基于外延之英译。以“将”之英译为例，“command”“leadership”与“commandership”为基于内涵之英译。以“法”之英译为例，“doctrine”“discipline”与“rules”为基于内涵之英译。我们发现：无论英译基于军语概念之内涵或外延，都不能达到与源文本军语的完全同一性，这是由概念的内涵与外延的特征所决定的。

二、从源文本术语概念到目标文本同一性概念：孙子军语概念与译者英译用词概念内涵或外延的同一性

概念是通过反映对象的特有属性来反映对象的思维形式，是思维活动的一种基本形式，是在对客体作出一系列判断的基础上而获得的关于客体的抽象概括的认识。概念在反映事物的特有属性，特别是本质属性的同时，反映着具有这些属性的事物。概念的内涵和外延，也相应地由这两方面构成。概念和语词有密切联系，语词是概念的语言形式，概念是语词的内容（意义、含义），概念的产生、存在及表达都必须借助和依赖于语词（冯契，2000：864）。译者既然不能做到英译用词与源文本术语概念的完全同一性，那么，是否能够做到内涵或外延的部分同一性呢？笔者以第一部分例2中四位译者的英译为例作一对比分析，请看下表：

	格译	克译	黄译	闵译
通	accessible	easily passable	passable	accessible terrain
挂	entrapping	（get） hung up	barbed	entangling terrain
支	indecisive	standoff	stalemated	deadlock terrain
隘	constricted	narrow	gorge path	enclosed terrain
险	precipitous	steep	obstacled	precipitous terrain
远	distant	wide open	remote	distant terrain

欲对上述孙子军语与英译用词作内涵与外延之对比，则首先必须对其定义有一清晰了解。孙子定义上述军语道：我可以往，彼可以来，曰通；可以往，难以返，曰挂；我出而不利，彼出而不利，曰支；隘形者，我先居之，必盈之以待敌，若敌先居之，盈而勿从，不盈而从之；险形者，我先居之，必居高阳以待敌，若敌先居之，引而去之，勿从也；远形者，势均，难以挑战，战而不利。

据《牛津现代高级英汉双解词典》，“accessible”意为“able to be reached, used, visited, etc.”，“passable”意为“(of roads, etc.) that can be passed over or crossed”，两英译用词之内涵与“通”之内涵达到了同一。“entrap”意为“take in a trap; capture by a trick”，“be hung up”意为“be delayed or frustrated”，“barbed”意为“having a barb or barbs”，“entangling”意为“catch in a snare or obstacles”，四英译用词虽采用比喻义，但都表达出“挂”之内涵。“indecisive”意为“not decisive”，“standoff”意为“remaining at a distance; moving away”，“stalemated”意为“brought to a standstill”，“deadlock”意为“complete failure to reach agreement, to settle a quarrel or grievance”，四英译用词均未能表达“支”之内涵。“constricted”意为“made tight or smaller; caused to become tight or narrow”，“narrow”意为“measuring little across in comparison with length”，“gorge”意为“narrow opening, usu with a stream, between hills or mountains”，“enclosed”意为“put a wall, fence, etc. round; shut in on all sides”，四英译用词中“constricted”“narrow”与“gorge”表达出“隘”之狭小，却未能表达出其险要之内涵，而“enclosed”未能表达出“隘”之内涵。“precipitous”意为“like a precipice; very steep”，“steep”意为“(of a slope) rising or falling sharply”，“obstacled”为译者杜撰，因为“obstacle”只能做名词，意为“sth. in the way that stops progress or makes it difficult”，“precipitous”与“steep”均表达出“险”之内涵，而“obstacled”之译显然把“险”与“碍”之内涵混淆了。“distant”意为“far away in space or time”，“remote”意为“far away in space or time”，两英译用词均表达出“远”之内涵，而“wide open”则未能表达其内涵。

综上所分析，我们发现，孙子军语与其英译用词之间，存在着三种情况：内涵完全一致；内涵部分一致或外延部分一致；内涵完全不同，即译者误译了。这说明想要在孙子军语与其英译用词的内涵或外延之间达到同一，对译者而言也是相当困难的。原因有二：一是囿于译者英译用词的词义限制；二是囿于译者理解有误，或对于中国文字认识的局限。原因一上文已有详尽描述。下面，笔者拟以第一部分例3中四位译者的英译为例，对原因二再作一描述性分析，请看下表：

	格译	克译	黄译	闵译
走	flee	rush	desertion	Flight
弛	insubordinate	tarry	laxity	Impotence
陷	distressed	fall	paralysis	Decay
崩	collapse	crumble	collapse	Collapse
乱	disorder	riot	turbulence	Chaos
北	routed	get beaten	downfall	Rout

孙子对上述六个军语定义如下：夫势均，以一击十，曰走。卒强吏弱，曰弛。吏强卒弱，曰陷。大吏怒而不服，遇敌怼而自战，将不知其能，曰崩。将弱不严，教道不明，吏卒无常，陈兵纵横，曰乱。将不能料敌，以少合众，以弱击强，兵无选锋，曰北。

以“rush”译“走”，误译。以“tarry”译“弛”，误译；而“laxity”与“Impotence”译出了作为普通汉字的“弛”字面意义与引申意义，与军语内涵毫无关联。以“fall”译“陷”，译出了字面意义，与军语内涵无关。以“riot”译“乱”，“riot”意为由三个或三个以上的人聚集在一起大吵大闹而搅扰公众安宁的行为，及这些人为了达到某种个人目的，以故意对别人造成威胁的方式做出的合法或非法的行动，包括暴乱、狂乱和通常的暴力行为，通常指有领导有组织的大规模非法行动（林德金，1989：253），与“乱”字内涵相去甚远。

12.2.4 《孙子兵法》军语英译策略之反思：部分保留抑或完全保留

综上所分析，对于作为中国文化专有项的《孙子兵法》军语，四位西方译者均采用了保留的翻译策略。保留的翻译策略又可细分为重复、转换拼写法、语言翻译、文外解释或文内解释。四位译者均采用了语言翻译或语言翻译加文外解释的方法。也就是说，四位译者采用了部分保留的翻译策略。但通过上文分析，我们发现：通过部分保留的翻译策略，军语英译用词与源文本术语的概念之间不能达到完全同一性。退而求其次，能不能达到军语英译用词的内涵或外延与源文本术语的内涵或外延的部分同一性呢？这也只能部分达到，而不能完全达到。针对这一现象，笔者想要追问的是：采用何种翻译策略才能使军语英译能够尽量保留源文的指示意义呢？笔者认为，基于艾克西拉文化专有项的保留翻译策略，可采用部分保留与完全保留相结合的方法。部分保留，即采用语言翻译加文外解释或文内解释的方法；完全保留，即同时采用重复、转换拼写法、语言翻译、文外解释或文内解释的方法。

笔者之所以提出部分保留与完全保留相结合的方法，是基于孙子军语所属概念系统与军语英译用词所属概念系统相比较的结果。以上文所举三组孙子军语的英译为例，我们发现有三种情况：①某些孙子军语概念在英译用词的概念网中不存在，即这些概念不是英语概念体系的一部分，例如，例1中的“道”“天”“地”“将”“法”的概念在英语中不存在。②某些孙子军语属于汉英两种语言中的概念体系，但在英语中没有自己的术语名称，例如，例2中的“通”“挂”“支”“隘”“险”“远”。闵福德在其译者注中引翟林奈的话评述道：“About this sixfold classification, Giles is rather scornful: ‘It is hardly necessary to point out the faultiness of this classification. A strange lack of logical perception is shown in the Chinaman’s unquestioning acceptance of glaring cross-divisions such as the above.’ Later he writes, ‘Of the foregoing six forms of terrain, it will be noticed that the third (deadlock) and sixth (distant) have really no reference to the configuration of the country, and that only the fourth (enclosed) and fifth (precipitous) can be said to convey any definite geographic idea'." (2002: 250) ③名称与概念的关系在两种语言中不相同，因为概念的内涵与外延不一致。如例 3 中以"rush"译"走"，以"laxity"与"Impotence"译"弛"，以"fall"译"陷"，以"riot"译"乱"。针对第一和第二种情况，笔者认为可以采用完全保留的翻译策略，即重复（照抄汉字）、转换拼写法（汉语拼音）、语言翻译，再酌情加文外解释或文内解释；针对第三种情况，笔者认为可以采用部分保留的翻译策略，即采用语言翻译的方法尽最大可能译出源术语的指示意义，其前提是译者对孙子军语概念的正确理解。国内资深翻译家林戊荪先生以他自己的英译本为我们提供了很好的借鉴。请看林先生对上文所举三组孙子军语的英译：

（1）一曰道，二曰天，三曰地，四曰将，五曰法。

林译：The first is the way (*dao* 道); the second, heaven (*tian* 天); the third, earth (*di* 地); the fourth, command (*jiang* 将); and the fifth, rules and regulations (*fa* 法). (1999: 3)

（2）孙子曰：地形有通者，有挂者，有支者，有隘者，有险者，有远者。

林译：Sunzi said: There are the following six kinds of terrain: *tong* (通) —that which is accessible; *gua* (挂) —that which enmeshes; *zhi* (支) —that which is disadvantageous to both sides; *ai* (隘) —that which is narrow and precipitous; *xian* (险) —that which is hazardous; and *yuan* (远) —that which is distant. (1999: 73)

（3）故兵有走者，有弛者，有陷者，有崩者，有乱者，有北者。

林译：In warfare, there are six calamitous situations, namely, flight, insubordination, deterioration, ruin, chaos and rout. (1999: 75)

12.2.5 小 结

本节采用演绎与归纳相结合的方法，对《孙子兵法》军语的英译策略作了方法论的探讨。笔者首先把孙子军语定性为文化专有项，以孙子给予清晰定义的三组军语英译为描述对象，归纳出孙子军语英译的具体翻译策略——语言翻译策略。然后从术语层面与概念层面入手，对语言翻译策略的不足进行了分析，进而提出了部分保留与完全保留相结合的孙子军语英译策略。全文以四位西方译者的军语英译为外位参照，以林戊荪先生的军语英译为本位观照，例证了部分保留与完全保留翻译策略的合理性。

12.3 《孙子兵法》英译的整体观

12.3.1 文化翻译整体观概念之厘定及应用分析

以往的翻译研究通常以一种线性方式表述文化，译者被教导关注蕴含在文本表层元素内文化问题的具体位置：指示物质文化元素的不熟悉的词，不为目标语读者所知的行为和实践，文化符号，因语言和文化而不同的社会语言学传统，可替换的规制和社会结构等。这些问题按顺序逐一解决直至翻译完成（Tymoczko，2007：233）。线性方式的问题在于其不以系统的方法确认和处理文化差异的主要原因——文化的最大框架或惯习，其也不能提供恰当的方法来协调、融合贯穿整个文本的文化表述并使之凸显出内聚力（Tymoczko，2007：233）。故“必须制定一种方法，该方法能充分确证和关注文化根本的系统差异以及具体的微观差异，同时也要考虑从翻译代理人角度出发所产生的理解问题”（Tymoczko，2007：233）。基于此，美国著名翻译理论家 Tymoczko 提出了后殖民主义语境下的文化翻译整体观，即从处理文化差异的主要原因——惯习入手来协调、融合贯穿整个文本的文化表述并使之凸显出内聚力，而非有选择地聚焦于有限的文化元素。这就使得“翻译中更广泛的文化交流与更有效的文化维护成为可能，从而允许更多的新事物进入世界”（Tymoczko，2007：233）。就《孙子兵法》英译而言，如何把文化翻译整体观应用于其译本之评析呢？这首先须从源文本所处的最大文化框架即惯习入手。

所谓惯习，就是知觉、评价和行动的分类图式构成的系统；它既具有一定的稳定性，又具备可置换性，它来自社会制度，又寄居在生物性的个体里（张立波，2002：154）。惯习是布迪厄创立的最重要的社会学术语之一，惯习不是习惯，因为惯习具有一种受条件支配的和有条件自由的，不同于无法预期的创新性生成能力，也不同于在原初条件下的机械性再生产，惯习能够有所限制地自由地生成思想、感知、表述、行为等产品，这些产品总是受限于惯习生成所处的历史和社会条件（宫留记，2009：144）。人们在社会世界生活或存在的各种习性的总和就是布迪厄所说的惯习。惯习是行动者过去实践活动的结构性产物，是人们看待社会世界的方法，也是人们在各种社会评判中起主导作用的行为模式（宫留记，2009：145）。布迪厄认为：文化涉及习性（disposition）与成为自然化的历史的实践之间的同源性；这些习性和实践处于构成了持久的、可置换的习性系统的惯习的核心，融合了过去的经验且作为理解、欣赏、行动和任务的文化矩阵（Bourdieu，1977：78，82 –83）。那么，《孙子兵法》作为中华文化的瑰宝，体现出何种独特的思维方式与行为模式呢？答案就是朴素的唯物主义和军事辩证法。其朴素的唯物主义体现在“知己知彼”这一命题中，其军事辩证法体现在“迂直之计”这一命题中（Xiao & Li，2008：42 –50）。朴素的唯物主义与军事辩证法构成了《孙子兵法》文化结构系统的基础，只有在此基础上，《孙子兵法》的文化细节才能得以分析。故我们评析《孙子兵法》的英译本，关键就看译者是否传达出了朴素的唯物主义与军事辩证法这一文化惯习。孙子虽在书中未言明这一文化惯习，但它已体现在《孙子兵法》行文的修辞哲学中了。

中国古代的修辞哲学从一开始就以“意旨”的修炼为其着眼点，以“言近而旨远”为修辞的理想境界。中国古典修辞理论的集大成之作《文心雕龙》在讨论上古时代诸子文章时，所用的标准也是“辞约而旨丰，事近而喻远”（刘勰，2008：169 –180）。可见，修辞之术在古人心目中仅仅是为特定的修辞之义而设的手段。为了寓意深远，中国古代修辞学不像西方古代修辞学那样唯技巧是求、技巧至上，而是宁愿尽可能地省略技巧，淡化技巧，求其简约浅近，“不下带而道存焉”。这种“守约而施博”以达“善言”的修辞观，奠定了中国修辞学传统的基石。由于言尚简约，单个文辞的修辞技巧就远非自足的，它必须在整个题旨情境的映衬下，才能表现自己的寓意。文辞间的这种守约而施博的相互映衬，将整个作品结合为一个有机整体。在这个整体中，任何单位文辞的修辞之义，都借助题旨情境“以大观小”地显示出来。这就形成了中国古典修辞活动的一个基本方略：情境通观（申小龙，1996：650）。《孙子兵法》亦不例外。孙子以情境通观的修辞哲学观表达出了蕴含于全书中的朴素唯物主义与军事辩证法这一文化惯习，由此也为译者的文化翻译设定了文化语境。该文化语境包含物质文化（文化的表层结构）与精神文化（文化的深层结构）两个方面，物质文化语境化在精神文化的大框架中，两者通过关注在物理层面不易触知的诸多文化方面互为补充（Tymoczko，2007：238）。译者的自我自反性至关重要，因为如果译者对自身文化的惯习与核心概念缺乏自我意识，就不可能理解他者文化的文化差异，也不可能关注他者文化的惯习与核心概念（Tymoczko，2007：240）。译者自我自反性的程度决定了译者采取何种文化信息的表现手段来表述、传递源文本中的文化差异并使之为目标语读者所理解，且对文化差异之表述不悖源文本所遵循的文化惯习。刘宓庆先生总结了汉英互译中四种最常用的文化信息双语转换表现法：模仿、替代、阐释与淡化（2005：273－280）。所谓模仿指用目的语模仿原语的文化信息表现式，大体相当于传统译论中的直译，也可以说用目的语来复制或移置原语的文化信息。替代是个开放系统，具有无限潜势，所以它是仅次于模仿的文化信息双语转换手段。其实，所谓替代就是“易词而译”。阐释就是用翻译的办法疏解或化解原语的文化信息，这是一种不得已而为之的铺垫手段，但也是非常必要的。铺垫可长可短，一切视乎行文之需。阐释不同于替代之处是后者可以用简短的词，易原词而译之就解决了问题，而前者必须用语句加以解释，此其一。另一种情况是语言结构或语句衔接上的，阐释是一种结构上的铺垫完形，以表达完整的文化意义。淡化指文化意义的淡化，即在语际转换中将文化意义消除了，这当然也是不得已而为之，以利行文。下面，笔者拟以源文本所遵循的文化惯习为评价标准，以译者所采用的文化信息表现法为评价手段，对《孙子兵法》两译本做一评析：一是闵福德 2003 年英译本，被企鹅出版公司推荐为权威译本；另一是林戊荪先生 1999 年英译本，被列入《大中华文库》。

12.3.2 基于源文本文化惯习的两译本评析

一、以朴素唯物主义为评价标准的两译本评析

(1) 九地。

闵译：The Nine Kinds of Ground

林译：Nine Regions

“九地”是指进攻敌国的深浅及所遇到的对战略行动有影响的不同地区的战略行动方针（郭化若，1984：116）。此篇名与上篇篇名“地形”有何不同？查《十一家注》，李筌曰：“胜敌之地有九，故次地形之下。”王晳曰：“用兵之地，利害有九也。”张预曰：“用兵之地，其势有九，此论地势，故次地形。”孙子于正文内对“九地”之内涵一一予以阐释。闵译运用模仿，重形式；林译运用替代，重内涵，与“九地”主旨相合。以“九地”之一“轻地”译文比较，更见端倪。

(2) 入人之地而不深者，为轻地。

闵译：When an army enters/Enemy territory, /But not deeply, /That is/Light ground. (/表示译者在此换行，下同)

林译：Where one has penetrated into enemy territory only for a short distance, it constitutes a marginal region.

“轻地”是才进入敌国的地。下文孙子阐明：“轻地则无止。”即军队在轻地不宜停留。为何？孙子解释道：“轻地，我将使之属。”查《十一家注》，曹操、李筌曰：“使相及属。”属者，联属也。其余注家之注皆从此解，杜牧之注颇具代表性，其注曰：“部伍营垒密近联属，盖以轻散之地，一者备其逃逸，二者恐其敌至，使易相救。”闵译运用模仿，非但重形式且不能与上下文相互印证。林译运用替代，非但重内涵且与上下文互相印证。“重地”之译亦然。

(3) 入人之地深，背城邑多者，为重地。

闵译：When an army enters/Enemy territory deeply/And holds/Several fortified towns/In its rear, /That is/Heavy ground.

林译：When an army has penetrated deep into enemy territory and has left many cities behind, it is in a critical region.

（4）故善用兵者，譬如率然。率然者，常山之蛇也，击其首则尾至，击其尾则首至，击其中则首尾俱至。

闵译：The Skillful Warrior/Deploys his troops/Like the *shuairan* snake, /Found on Mount Heng. /Strike its head, /And the tail lashes back; /Strike its tail, /And the head fights back; /Strike its belly, /And both head and tail/Will attack you.

林译：Therefore, those who are skilled in employing troops are like the snake found on Mount Chang. If you strike its head, its tail will come to help; if you strike at its tail, its head will come to help; and if you strike at its middle, both head and tail will come to the rescue.

率然，一种蛇的名字。常山（竹简作“恒山”），在今河北曲阳西北，为五岳中的北岳。汉避文帝讳，改称常山（郭化若，1984：125）。闵译运用模仿，用汉语拼音斜体音译率然，以替代译常山为 Mount Heng，直指词源；林译运用淡化，省略率然不译，以阐释直指比喻之内涵，英文表达地道，与闵福德重形式的直译形成鲜明对照，不足之处在于常山之译，英语读者或不知常山即今之恒山。

（5）夫吴人与越人相恶也，当其同舟而济，遇风，其相救也，如左右手。

闵译：Take the men of Wu/And the men of Yue. /They are enemies, /But if they cross a river/In the same boat/And encounter a wind, /They will help each other, /Like right hand and left.

林译：The people of Wu and the people of Yue hate each other. Yet if they were to cross the river in the same boat and were caught in a storm, they would come to each other's assistance as the right hand helps the left.

闵译运用模仿，为重形几乎字字对译，但虚拟语气的使用出现语用错误，让英语读者觉得中国吴越之地的人今天依然互相仇恨；林译运用阐释，过渡衔接自然，虚拟语气的使用正确，让英语读者一读便知这是中国历史上的一个典故。

（6）故为兵之事，在于顺详敌之意，并敌一向，千里杀将，此谓巧能成事者也。

闵译：Success in war/Lies in/Scrutinizing/Enemy intentions/And going with them. /Focus on the enemy, /And from hundreds of miles/You can kill their general. /This is/Success/Through cunning.

林译：Therefore, the concern of a commander lies in carefully studying the designs of the enemy and concentrating his forces on the main thrust; then he can slay the enemy commander 1,000 *li* away. Thus, by using his ingenuity and skill, he can work wonders.

"并敌一向"，林译运用阐释，不但阐释清楚"一向"之重要，也表明其是"千里杀将"之因；反观闵译运用淡化，未能表达出此因果关系。

二、以军事辩证法为评价标准的两译本评析

（1）合于利而动，不合于利而止。

闵译：When there was some gain/To be had, /He made a move; /When there was none, /He halted.

林译：If it was to the advantage of these skilful commanders, they would move into action; if not, they would refrain from taking action.

闵译运用模仿与淡化，除字字直译外，几乎不改变源句顺序；林译以替代与阐释，便于读者理解源句辩证关系。

（2）先夺其所爱，则听矣。

闵译：Seize something/He cherishes, /And he will do your will.

林译：Seize whatever the enemy prizes most and he will do what you wish him to do.

闵译运用淡化译"则听矣"大谬，因为敌不会主动听我摆布，只是由于夺取敌之要害，敌才按照我之意愿行动，林译运用阐释清晰地传达出这一辩证关系。

（3）兵之情主速，乘人之不及，由不虞之道，攻其所不戒也。

闵译：Speed/Is the essence of war. /Exploit the enemy's unpreparedness；/Attack him unawares；/Take an unexpected route.

林译：In war，speed is the overriding consideration. This means：Catch the enemy unawares，make your way by unexpected routes and attack where he is least prepared.

闵译运用淡化省略“攻其所不戒”不译，造成逻辑上语句衔接不完整，遗漏了源文本重要的文化信息；林译运用阐释，语句衔接逻辑清晰，传达出了源句之辩证关系。

（4）是故其兵不修而戒，不求而得，不约而亲，不令而信。

闵译：They are alert/Without needing/Discipline；/They act/Without needing/Instructions；/They are devoted/Without needing/A compact；/They are loyal/Without needing/orders.

林译：Hence，an army under such conditions will be vigilant without admonishment，will carry out their duties without compulsion，will be devoted without constraint，will observe discipline even though they are not under close surveillance.

本句与上句“兵士甚陷则不惧，无所往则固，深入则拘，不得已则斗”为因果关系。闵译运用模仿译“修”“求”“约”“令”有悖于情境通观之修辞哲学，把孙子思想形式化了；林译运用替代易词而译“修”“求”“约”，运用阐释译“令”，精练地传达出孙子的辩证思想。

（5）投之无所往者，诸刿之勇也。

闵译：But throw them/Where there is no escape，/And they will fight/With the courage/Of the heroes/Zhu and Gui.

林译：Yet when they are thrown into a situation where there is no way out，they will be as courageous as Zhuan Zhu，Cao Gui and other heroes of ancient times.

闵福德“无所往者”之替代翻译悖于情境通观之修辞哲学。上文孙子曰：“禁祥去疑，至死无所之。吾士无余财，非恶货也；无余命，非恶寿也。”即表明孙子意为“士卒须有必死之心，因为不拼命就不能保命”。把士卒投到除了向前拼命再无别路可走的地方，才会激发出像专诸和曹刿那样的勇敢。林译也运用替代译之，于选词上与上文印证。闵译运用汉语拼音译专诸、曹刿之名，但二人对于英语读者而言是陌生的文化信息；林译辅之以阐释，使读者明白二人乃中国古代的英雄，从而完整地传达出孙子的辩证思想。

（6）施无法之赏，悬无政之令；犯三军之众，若使一人。

闵译：Distribute rewards/Without undue respect for rules；/Publish orders/Without undue regard for precedent；/Deal with a whole army/As if it were a single man.

林译：Confer extraordinary rewards and promulgate extraordinary regulations，and you can command the entire army as if it were one man.

无法者，超越法定也；无政者，打破常规也。闵译运用模仿译“无法”为“不过分地尊重法律”，译“无政”为“不过分地考虑惯例”，与孙子的辩证思想相悖；林译运用替代译之为“extraordinary”，准确地传达出孙子的辩证思想。

12.3.3 小　结

综上比较分析，我们发现：闵译本在文化信息表现方法上偏重模仿，结果却未能有效地传达出源文本遵循的文化惯习，无助于读者对孙子文化之理解；林译本在文化信息表现方法上偏重替代与阐释，结果是有效地传达出源文本遵循的文化惯习，且易于读者对孙子文化之理解。基于文化翻译整体观，我们可以清晰地评价译者理解、表述与传达文化差异的能力，从而使得译文的鉴赏建立在科学的理据之上。

翻译不仅仅是双语交际，它更是一种跨文化交流。翻译的目的是突破语言障碍，实现并促进文化交流；翻译的实质是跨文化信息传递，是译者用译语重现原作的文化活动；翻译的主旨是文化移植、文化交融。但文化移植是一个过程，语言不是翻译的操作形式，文化信息才是翻译操作的对象（杨仕章，2000：4）。“源语文化与目标语文化并非大一统的、同质的或静止的；它们是动态的、异质的，在诸多方面不同，同时呈现出向心与离心的特征。”（Tymoczko，2007：240）文化差异愈大，文化翻译的困难也相应增大（Tymoczko，2007：232）。针对在全球化背景下，如何对待差异涉及译者的交往伦理道德问题，哈贝马斯（2001：214－215）指出：在国际交往中，具有不同文化传统、政治倾向和宗教信仰的民族应该相互尊重理解，在不放弃自我的前提下进行平等的对话交流，这对于保持人类文化的多元性，增进各民族之间的相互信任、友好相处是非常必要的。要做到这一点，首先必须具备理解异域文化的真诚愿望，克服一切误解和偏见，尤其要克服“西方文化优越论”，放弃同化别人的企图。平等对话、尊重差异乃不同文化类型间交往应遵循的伦理原则。

第13章　余　论

13.1　研究总结

就研究内容和研究方法而言，本书取得了诸多突破，表现在以下方面：

（1）从本书论著的视角来看，笔者具有理论创新意识，研究内容颇多创新之处，如基于交互文化的语境真理观，对译者语用真理的合理性进行评估；分析文化翻译整体观在文化翻译批评中的运用；从规范伦理学的视角对西方译者英译中的杂合伦理进行分析；基于历史文化语义学，对西方译者英译中华文化关键词“诡道”中的误读形式进行分析；从逆证推理的思维角度来分析译文是否忠实于原作者交际行为；基于译者和译语读者理解的差异，对语境重构之内容、语境重构之方式与语境重构之标准三者之间的辩证关系进行探讨；从文化涵化的角度对《孙子兵法》英译中求同翻译观与存异翻译观之实质进行探讨；明确深度翻译作为一种对源文本所造成的文化空缺进行补偿的有效手段，须基于源语文化阐释者阐释基础之上，其所添加的新的语境信息须不悖于源文本读者现时的语境假设，才能不破坏源语文化的真实性；研究译者自我建构与译者文化心理转换之间的关系等。

（2）以文化的文本特征为基础，基于文化研究的关键问题，对“《孙子兵法》在西方世界的英译”这一文化现象在“本位观照”的前提下进行梳理与分析，试图为中国典籍英译的文化研究提供方法论的参照。研究遵循从本体论到认识论，再从认识论到方法论的思路。在本体论层面，本书以文化的文本特征为基础，基于其他六个文化研究的关键问题，对“《孙子兵法》在西方世界的英译”这一文化现象在“本位观照”的前提下进行梳理。在认识论层面，本书从多重文化理论视角对特定英语文化传统之下《孙子兵法》译本的多种文化特征进行了探讨。比如，以规范伦理学为理论演绎之基础对典籍英译进行个案研究就很有特色。在方法论层面，本书以翔实的理论演绎与语料分析为基础，得出了一些颇具学术价值和应用价值的成果，这些研究成果体现了笔者勇于创新的意识。给人印象较深的研究成果有：从规范伦理学的视角对特定英语文化传统之下《孙子兵法》译本的真与理性进行的探讨，基于《孙子兵法》文化专有项英译的经验分析，从文化逻辑的角度对“文化翻译”三重属性进行的剖析。

（3）在研究内容上，本书以《孙子兵法》的英译这一文化现象为研究内容，基于文化研究的核心问题对《孙子兵法》的英译作了较为系统的分析，主要涉及语言与物质的关系、文化的文本特征、文化的地域性、文化的改变、理性及其限度、文化与人、文化分析的真值与价值观等，重点在于文化的文本特征在《孙子兵法》英译本中的描述性研究。在研究方法上，本书以《孙子兵法》的英译这一文化现象为案例，从文化研究的核心问题入手进行分析，基本贯穿了课题组概括的如下观点：①译者的翻译不但是符号转换的产物，也是社会实践的产物；②《孙子兵法》英译的研究不但要着重于文本的研究，也须着重于人的研究，即副文本的研究；③《孙子兵法》的英译与权力、政治密不可分，译本的产生是一种政治实践；④译本的真与理性只是建立在规范制约的社会文化传统之下，而不是建立在形而上学之中，译者的情感在翻译过程中与理性同等重要；⑤文化心理的分析可以帮助我们理解译者以何种方式在自己设立的文化语境中对原作者和读者施加影响；⑥对译本的承认并不表示译本是客观世界的真实反映，其背后隐藏的是译者、读者的文化价值观。

（4）本书把《孙子兵法》的英译作为一典型的文化形态来作典型的双语文化转换分析。这就使得该课题的研究自然具有了某种创新的性质。研究方法的创新之处主要表现在：①从规范伦理学的视角对特定英语文化传统之下《孙子兵法》译本的真与理性进行了探讨。目前尚未有学界同仁以规范伦理学为理论演绎之基础对典籍英译进行个案研究。②对《孙子兵法》英译的文化心理和文化逻辑进行分析。上述研究方法虽说亦属于定性研究的范畴，但理论框架的运用确别具新意。

（5）紧扣《孙子兵法》英译的文化现象进行分析。这些文化现象既有微观层面的，又有宏观层面的。但无论是微观还是宏观，本书均能以这些文化现象为线索，从不同的文化理论视角出发挖掘这些文化现象背后所隐藏的文化心理与文化逻辑。本书研究方法重点在于文化的文本特征在《孙子兵法》英译本中的描述性研究。但这种描述性研究不是采用简单的自下而上的经验学方法，而是采用了理论演绎的定性研究的方法。笔者所依据的理论框架之间不是没有关联的，而是紧密围绕文化研究的核心问题展开。

13.2 对《孙子兵法》英译的文化研究的重估

本书借鉴了刘宓庆先生的“本位观照、外位参照”的方法论启示，以国内资深翻译家林戊荪先生的译本为“本位观照”，以西方译者的主要英译本为“外位参照”，在文化研究的核心问题框架内通过定性分析与定量分析相结合的方法进行描述性研究。本书把《孙子兵法》的英译作为典型文化形态来作双语文化转换分析。实际上，《孙子兵法》在西方的英译，无论就其翻译频率，抑或就其翻译影响来讲，的确已成为英语文化尤其是美国多元文化中典型的文化形态之一，而这一研究领域先前鲜有人涉及，这就使得该课题的研究自然具有了某种创新的性质。本书从《孙子兵法》英译文化的文本特征入手，将其他六个文化研究的关键问题——语言与物质的关系、文化的地域性、文化的改变、理性及其限度、文化与人、文化分析的真值与价值观统一在文化研究的系统之下，对这一典型的文化形态进行研究。研究方法的创新之处主要表现在：①从规范伦理学的视角对特定英语文化传统之下《孙子兵法》译本的真与理性进行了探讨。本研究成果以翔实的理论演绎与语料分析为基础，指出：忠实伦理是译者的道德责任及法律义务，却不能作为功利原则来评价典籍英译译者翻译行为与翻译结果的道德价值。西方译界英译中华典籍所遵循的归化伦理与异化伦理之纠葛与冲突之本质盖缘于此。基于规范伦理学之效果论与义务论，笔者认为：在后殖民语境下，西方译者无论采用归化或异化策略均不能全面、准确地传播中华文化，问题不在于策略本身，而在于评价归化策略与异化策略的功利原则在西方文化语境中本质上是一致的。针对西方译者基于偏好功利主义提出的杂合伦理之翻译策略及其在梅维恒英译《孙子兵法·九地篇》中的实践效果，笔者以典籍英译利益涉及各方交往伦理之共识真理观为功利评价原则予以了分析，指出为义务而义务无助于平等对话与相互尊重。②对《孙子兵法》英译的文化心理和文化逻辑之分析。笔者认为：文化简化主义与语义的欺骗性对等是西方译者英译中华典籍时常犯的错误之一，其特征是译文与原文表面上语言意义一致，但实质上文化意义大相径庭。就《孙子兵法》的英译而言，译者的选择体现了译者的文化心理，其又通过译者英译的文化表现体现出来。译者如缺乏文化逻辑意识，以自己的心理框架取代现实的语境，就会以自己认为合理的解释来取代源语文化之文化惯约。欲避免文化简化主义的发生，译者须加强自我自反性，厘清蕴含在文化表现系统中的文化逻辑，通过自反的方法达到差异比较与沟通理解之目的。上述研究方法虽说亦属于定性研究的范畴，但理论框架的运用确别具新意。

本书的学术价值体现在尝试以“文化”为研究单位，以“文本”为研究载体，对《孙子兵法》英译所涉及的文化研究的核心问题进行系统分析。从本书各章节涵盖的内容来看，笔者做了很多扎实细致的工作，取得了一定的研究成果，主要包括以下几个方面：以孙子军语英译的描述性分析为基础，探讨如何基于交互语境的语境真理观对译者语用真理的合理性进行分析；分析文化惯习、文化翻译整体观与文化差异；探讨规范伦理学视角下《孙子兵法》英译的杂合策略；由文化关键词“诡道”的误读梳理出误读的三种形式；探讨译者的文体选择与翻译策略背后的逆证推理；研究高低文化语境下典籍英译的语境重构与文化误读；研究文化认同视域下《孙子兵法》英译中的求同与存异翻译观；基于《孙子兵法》中文化空缺的英译质疑典籍英译中的深度翻译；研究典籍翻译中的文化杂合与译者的自我建构；基于《孙子兵法》英译的文化心理分析探讨典籍英译的意识形态与典籍中意识形态的翻译；以《孙子兵法》文化专有项英译的经验分析为例探讨文化翻译中的文化逻辑；分析《孙子兵法》英译的文化心理与文化逻辑。本研究的应用价值在于：从《孙子兵法》英译文化的文本特征入手，将文化研究的核心问题统一在文化研究的系统之下。在研究方法上，本书以国内资深翻译家林戊荪先生的译本为“本位观照”，以西方译者的主要英译本为“外位参照”，在文化研究的核心问题框架内通过定性分析与定量分析相结合的方法进行描述性研究，从而为中国典籍英译的文化研究提供了方法论的参照。

本书的学术价值尤其体现在对文化心理与文化逻辑之探讨上。本书指出：文化心理体现在文化价值、文化行为与文化表现三个方面。译者忽视文化心理的直接后果就是以自己的心理框架取代实际的语境，体现在文化表现上，就是以自己认为合理的解释取代源语文化之文化惯约。这就违背了特定文化语境下文化成员对所处世界作出诠释时所依据的文化逻辑。文化逻辑作为一种基于自然逻辑法则的思维方式和认知方式，为不同文化间的差异比较与沟通理解提供了可资借鉴的文化批评标准。文化逻辑之核心是特定文化语境所提供的且为该文化语境所特有的逻辑前提，对逻辑前提的探讨不可避免地涉及元信息和心理框架与语境之间的关系。这种研究方法的思路是正确的。该研究的应用价值在于：从文化研究的角度来看，通过对西方译者《孙子兵法》英译本的描述性研究，可以对中西方文化价值观的冲突作一深入的探讨，从而为当今全球化趋势下的文化交流提出建设性的意见。站在本土文化语境的立场上评价英语译者的翻译面临着两种文化心理的冲突，因为我们自身的心理诠释框架与英语译者的心理诠释框架是迥然不同的，其对应的语境对我们而言是英语文化—语言霸权，对英语译者而言是英语本土文化语境。这两种诠释框架之所以相左，是因为持这两种诠释框架的本土学者们心中都有一个关于典籍英译的理想化的原型。而要分析是什么原因使英语译者英译典籍的现实与本土文化语境所期待的原型落差如此之大这个问题，则必须从心理框架的意义层级入手。

13.3 《孙子兵法》英译的文化研究的未来路向

该研究内容和研究方法的未来研究路向在于：基于文化的文本特征，从文化研究的关键问题出发，对“《孙子兵法》在西方世界的英译”这一文化现象在“本位观照”的前提下进行梳理与分析，为中国典籍英译的文化研究提供方法论的参照，遵循从本体论到认识论、再从认识论到方法论的研究思路。在本体论层面，本研究仍然会以文化的文本特征为基础，从其他六个文化研究的关键问题出发，对“《孙子兵法》在西方世界的英译”这一文化现象进行梳理；在认识论层面，本研究仍会从多重文化理论视角对特定英语文化传统之下《孙子兵法》译本的多种文化特征进行探讨，比如以规范伦理学为理论演绎之基础对典籍英译进行个案研究；在方法论层面，本研究仍会以翔实的理论演绎与语料分析为基础，得出一些颇具学术价值和应用价值的成果，如基于文化心理的分析对典籍英译的意识形态与典籍中意识形态的翻译两者之间的关系进行初步探讨，从体用合一的文化资本运作策略出发对《孙子兵法》复译这一文化现象进行初步探讨，从《孙子兵法》文化专有项英译的经验分析出发探讨文化翻译的本质属性，对《孙子兵法》英译的文化心理与文化逻辑之辩证关系进行初步探讨等。上述研究内容体现了本研究未来路向的意识，研究成果有：①从规范伦理学的视角对特定英语文化传统之下《孙子兵法》译本的真与理性进行的探讨。②基于《孙子兵法》文化专有项英译的经验分析，从文化逻辑的角度对“文化翻译”三重属性的剖析，即文化翻译乃保留源语文化逻辑基础上之语言形式转换、文化翻译乃对源语文化专有项诠释方式之诠释、文化翻译是以源语文化诠释视域为标准之诠释。本书研究结果无疑指明了《孙子兵法》英译的文化研究的未来路向。

13.4　小　结

本研究内容和研究方法的创新之处在于：研究遵循从本体论到认识论，再从认识论到方法论的思路。在本体论层面，本研究以文化的文本特征为基础，基于其他六个文化研究的关键问题，对“《孙子兵法》在西方世界的英译”这一文化现象在“本位观照”的前提下进行梳理。在认识论层面，本研究从多重文化理论视角对特定英语文化传统之下《孙子兵法》译本的多种文化特征进行了探讨。目力所及，鲜有学界同仁从事类似的研究。在方法论层面，本研究成果以翔实的理论演绎与语料分析为基础，得出了一些颇具学术价值和应用价值的成果。研究内容体现了课题组勇于创新的意识，无疑是很有见地的。

本研究尚存在诸多不足，笔者也充分认识到了这些不足。具体表现在：在研究方法上，定量研究尚显不足，缺乏对《孙子兵法》的英译这一社会文化现象的数量特征、数量关系及英译过程中文本特征的数量变化的量的分析，从而使研究结果的说服力有所减弱。要加大量的研究，就需细读《孙子兵法》西方译者的所有英译本，而非有选择的选读；同时要选取对英语读者有影响力的《孙子兵法》译本进行重点阅读和量化分析；如有可能，应就译本所涉及的文化问题与译者进行直接沟通，可以采用书面采访或问卷调查的方式。

参考文献

1. Aixelá, J. F. Culture-Specific Items in Translation [A] //Álvarez, R. & Carmen-África, V. M. *Translation, Power, Subversion*. Beijing: Foreign Language Teaching and Researching Press, 2007.

2. Ames, R. T. *Sun-Tzu/The Art of Warfare* [M]. New York: Ballantine Books, 1993.

3. Ames, R. T. Interview with Roger Ames by Sonshi. com [EB/OL]. [2014-08-15]. http://www.sonshi.com/ames.html.

4. Anderson, S., Black, D., Butterfield, J., et al. (eds.) *Collins English Dictionary* [M]. Glasgow: Harper Collins Publishers, 2007.

5. Appiah, K. A. Thick Translation [A] //Venuti, L. (ed.) *The Translation Studies Reader*. New York and London: Routledge, 2000.

6. Asad, T. The Concept of Cultural Translation in British Cultural Anthropology [M] //Clifford, J. & Marcus, G. E. *Writing Culture: The Poetics and Politics of Ethnography*. Berkeley: University of California Press, 1986.

7. Bakhtin, M. *The Dialogic Imagination* [M]. Emerson, C. & Holquist, M. (trans.) Austin, TX: University of Texas Press, 1981.

8. Balmer, J. What Comes Next? Reconstructing the Classics [A] //Bassnett, S. & Bush, P. *The Translator as Writer*. London and New York: Continuum, 2006.

9. Bassnett, S. *Translation Studies* [M]. London: Methuen, 1991.

10. Bassnett, S. & Lefevere, A. Introduction: Where Are We in Translation

Studies? [A] //Bassnett, S. & Lefevere, A. (eds.) *Constructing Culture: Essays on Literary Translation*. Clevedon: Multilingual Matters, 1998.

11. Bassnett, S. The Meek or the Mighty: Reappraising the Role of the Translator [A] //Álvarez, R. & Vidal, M. C. (eds.) *Translation, Power, Subversion*. Clevedon: Multilingual Matters, 1996.

12. Bassnett, S. & Lefevere, A. *Translation, History and Culture* [M]. London and New York: Pinter Publishers, 1990.

13. Bateson, G. *Mind and Nature: A Necessary Unity* [M]. New York: Bantam Doubleday Dell, 1988.

14. Bateson, G. *Steps to an Ecology of Mind* [M]. New York: Ballantine Books, 1972.

15. Bell, R. T. *Translation and Translating: Theory and Practice* [M]. London and New York: Longman, 1991.

16. Berman, A. *The Experience of the Foreign: Culture and Translation in Romantic Germany* [M]. New York: State University of New York Press, 1992.

17. Boase-Beier, J. *Stylistic Approaches to Translation* [M]. Beijing: Foreign Language Teaching and Researching Press, 2011.

18. Bourdieu, P. *Distinction: A Social Critique of the Judgement of Taste* [M]. London: Routledge, Kegan Paul, 1984.

19. Bourdieu, P. *Outline of a Theory of Practice* [M]. Cambridge: Cambridge University Press, 1977.

20. Bourdieu, P. *The Field of Cultural Production* [M]. New York: Columbia University Press, 1993.

21. Bourdieu, P. The Forms of Capital [A] // Richardson, J. C. (ed.) *Handbook of Theory and Research for the Sociology of Education*. New York: Greenwood Press, 1986.

22. Bradford, R. *Roman Jakobson: Life, Language, Art* [M]. London and New York: Routledge, 1994.

23. Brewer, M. B. & Gardner, W. Who Is This "We"? Levels of Collective Identity and Self Representations [J]. *Journal of Personality and Social Psychology*, 1996 (71) .

24. Burke, P. Cultures of Translation in Early Modern Europe [A] // Burke, P. & Po-Chia, Hsia, R. (eds.) *Cultural Translation in Early Modern Europe*. New York: Cambridge University Press, 2007.

25. Bussmann, H. *Routledge Dictionary of Language and Linguistics* [M]. Trauth, G. P. & Kazzazi, K. (trans.) Beijing: Foreign Language Teaching and Research Press, 2000.

26. Calthrop, E. F. *The Art of War and The Sayings of Wu Tzu* [M]. West Sussex: Capstone Publishing, 2010.

27. Chan, T. L. *Readers, Reading and Reception of Translated Fiction in Chinese: Novel Encounters* [M]. Manchester & Kinderhook (NY): St. Jerome Publishing, 2010.

28. Chesterman, A. Proposal for a Hieronymic Oath [J]. *The Translator*, 2001 (2) .

29. Clavell, J. (ed.) *The Art of War* [M]. New York: Dell Publishing, 1983.

30. Cleary, T. *The Art of War/Sun-tzu (Sunzi)* [M]. Boston: Shambhala Publications, Inc., 1988.

31. Conway, K. A Conceptual and Empirical Approach to Cultural Translation [J]. *Translation Studies*, 2012, 5 (3) .

32. Corbett, J. Seafarer: Visibility and the Translation of a West Saxon Elegy into English and Scots [J]. *Translation and Literature*, 2001 (2) .

33. Cortes, O. C. Orientalism in Translation: Familiarizing and Defamiliarizing Strategies [M] // Beylard-Ozeroff, A., et al. (eds.) *Translator's Strategies and Creativity*. Amsterdam and Philadelphia: John Benjamins Publishing Company, 1998.

34. De Graff, N. D., De Graff, P. M. & Kraaykamp, G. Parental Cultural Capital and Educational Attainment in the Netherlands: A Refinement of the Cul-

tural Capital Perspective [J]. *Sociology of Education*, 2000 (2) .

35. Calthrop, E. F. *The Book of War: The Military Classic of the Far East* [M]. London: John Murray, 1908.

36. Eco, U. *Interpretation and Overinterpretation* [M]. Cambridge: Cambridge University Press, 1992.

37. Eco, U. *The Role of the Reader* [M]. Bloomington and Indianapolis: Indiana University Press, 1979.

38. Enfield, N. J. The Theory of Cultural Logic: How Individuals Combine Social Intelligence with Semiotics to Create and Maintain Cultural Meaning [J]. *Cultural Dynamics*, 2000 (1) .

39. Professor John Minford [Z]. http://asianstudies.anu.edu.au/Professor_John_Minford.

40. Gagliardi, G. Book Awards [EB/OL]. [2014-08-15]. http://www.garygagliardi.com/?q=content/book-awards.

41. Gagliardi, G. Griffith's Translation [EB/OL]. [2014-08-15]. http://scienceofstrategy.org/main/content/griffiths-translation.

42. Gagliardi, G. Interview with Gary Gagliardi [EB/OL]. [2014-08-15]. http://www.sonshi.com/gagliardi.html.

43. Gagliardi, G. *The Art of War Plus The Ancient Chinese Revealed* [M]. Seattle: Clearbridge Publishing, 2007.

44. Geertz, C. *The Interpretation of Cultures: Selected Essays* [M]. New York: Basic Books, 1973.

45. Gerard, G. *Paratexts: Thresholds of Interpretation* [M]. Cambridge: Cambridge University Press, 1997.

46. Gentzler, E. *Contemporary Translation Theories* [M]. New York: Routledge, 1993.

47. Geuss, R. *The Idea of a Critical Theory: Habermas and the Frankfurt School* [M]. Cambridge: Cambridge University Press, 1981.

48. Giles, L. *Sun Tzu's The Art of War* [M]. Vermont: Tuttle

Publishing, 2008.

49. Goffman, E. *Frame Analysis* [M]. New York: Harper & Row, 1974.

50. Griffith, S. B. *Sun Tzu The Art of War* [M]. London: Oxford University Press, 1963.

51. Griffith, S. B. *Sun Tzu The Art of War* [M]. London: Oxford University Press, 1971.

52. Gutt, E. -A. *Translation and Relevance: Cognition and Context* [M]. Shanghai: Shanghai Foreign Language Education Press, 2009.

53. Hall, E. T. *Beyond Culture* [M] . New York: Doubleday, 1976.

54. Halliday, M. A. K. *Language as Social Semiotic: The Social Interpretation of Language and Meaning* [M]. London: Edward Arnold, 1978.

55. Harman, G. The Inference to the Best Explanation [J]. *Philosophical Review*, 1965 (74) .

56. Hatim, B. & Mason, I. *The Translator as Communicator* [M]. London and New York: Routledge, 1999.

57. Heilbron, J. & Sapiro, G. Outline for a Sociology of Translation: Current Issues and Future Prospects [A] //Wolf, M. & Fukari, A. (eds.) *Constructing a Sociology of Translation.* Amsterdam: John Benjamins Publishing Company, 2007.

58. Hermans, T. Translation, Irritation and Resonance [A] //Wolf, M. & Fukari, A. (eds.) *Constructing a Sociology of Translation.* Amsterdam: John Benjamins Publishing Company, 2007.

59. Hermans, T. *Translation in Systems: Descriptive and System-oriented Approaches Explained* [M]. Shanghai: Shanghai Foreign Language Education Press, 2004.

60. Li, H. A Comparative Study on English Translations of Culture-loaded Words in The Art of War [J]. *Theory and Practice in Language Studies*, 2011 (5).

61. Hornby, A. S. , Turnbull, J. , Lea, D. , et al. (eds.) *Oxford Advanced Learner's Dictionary* [M]. Oxford: Oxford University Press, 2010.

62. Huang, J. H. *The Art of War* (*Sun Tzu*) [M]. New York: Harper Collins Publishers, 1993.

63. Hu, J. *Abductive Reasoning and Speech Comprehension* [M]. Hefei: University of Science and Technology of China Press, 2012.

64. Inghilleri, M. The Sociology of Bourdieu and the Construction of the Translation "Object" in Translation and Interpreting Studies [A] //Inghilleri, M. (ed.) *Bourdieu and the Sociology of Translation and Interpreting*. Manchester: St. Jerome Publishing, 2005.

65. Ingold, T. The Art of Translation in a Continuous World [A] //Pálsson, G. (ed.) *Beyond Boundaries: Understanding, Translation and Anthropological Discourse*. Oxford: Berg., 1993.

66. International Federation of Translators. The Translator's Charter [EB/OL]. (2010-08-21). http://www.fit-ift.org/en/charter.php.

67. Ion, H. Something New Under the Sun: E. F. Calthrop and The Art of War [J]. *Japan Forum*, 1990 (1).

68. Jacquemond, R. Translation and Cultural Hegemony: The Case of French-Arabic Translation [A] //Venuti, L. (ed.) *Rethinking Translation*. London: Routledge, 1992.

69. Jakobson, R. On Linguistic Aspects of Translation [A] //Venuti, L. *The Translation Studies Reader*. London: Routledge, 2000.

70. Jordan, S. A. Ethnographic Encounters: The Process of Cultural Translation [J]. *Language and Intercultural Communication*, 2002 (2).

71. Kapitan, T. Peirce and the Autonomy of Abductive Reasoning [J]. *Erkenntnis*, 1992 (37).

72. Katan, D. *Translating Cultures: An Introduction for Translators, Interpreters and Mediators* [M]. Shanghai: Shanghai Foreign Language Education Press, 2004.

73. Lawrence, V. *The Scandals of Translation: Towards an Ethics of Difference* [M]. London: Routledge, 1998.

74. Lefevere, A. Translation Practices and the Circulation of Cultural Capital: Some Aeneids in English [A] //Bassnet, S. & Lefevere, A. (eds.) *Constructing Culture: Essays on Literary Translation.* Clevedon: Multilingual Matters, 1998.

75. Lehman, D. R., Chiu, C. & Challer, M. Psychology and Culture [J]. *Annual Review of Psychology*, 2004 (55).

76. Lemke, J. L. *Textual Politics: Discourse and Social Dynamics* [M]. London: Taylor & Francis, 1995.

77. Levy, J. Translation as a Decision Process [A] //Chesterman, A. (ed.) *Readings in Translation Theory.* Helsinki: Oy Finn Lectura Ab, 1989.

78. Lienhardt, G. Modes of Thought [A] //Evans-Pritchard, E. E., et al. (eds.) *The Institutions of Primitive Society: A Series of Broadcast Talks.* Glencoe, IL: Free Press, 1956.

79. Giles, L. *Sun Tzŭ on the Art of War: The Oldest Military Treatise in the World* [M]. London: Luzac Co., 1910.

80. *Longman Dictionary of Contemporary English* [Z]. Harlow: Longman World Publishing Corporation, 1987.

81. Luke, A. Ideology [A] //Mey, J. L. & Brown, K. (eds.) *Concise Encyclopedia of Pragmatics.* Oxford: Elsevier, 1998.

82. Mair, V. H. *The Art of War: Sun Zi's Military Methods* [M]. New York: Columbia University Press, 2007.

83. Mair, V. H. Interview with Victor Mair [EB/OL]. (2014-05-28) [2014-08-28]. http://www.sonshi.com/mair.html.

84. Mair, V. H. Sound and Meaning in the History of Characters: Views of China's Earliest Script Reformers [EB/OL]. (2010-08-18). http://www.pinyin.info/readings/texts/chinese_writing_reform.html.

85. Markus, H. & Kitayama, S. Culture and the Self: Implications for Cognition, Emotion, and Motivation [J]. *Psychological Review*, 1991 (2).

86. Minford, J. *The Art of War/Sun-tzu* (Sunzi) [M]. New York: Pen-

guin Group, 2002.

87. Moore, A. W. *Meaning and Reference* [M]. Oxford and New York: Oxford University Press, 1993.

88. Neubert, A. & Gregory, M. S. *Translation as Text* [M]. Kent: The Kent State University Press, 1992.

89. Newmark, P. *A Textbook of Translation* [M]. Shanghai: Shanghai Foreign Language Education Press, 2001.

90. Nord, C. *Translating as a Purposeful Activity-Functional Approaches Explained* [M]. Shanghai: Shanghai Foreign Language Education Press, 2001.

91. *Oxford Advanced Learner's Dictionary of Current English with Chinese Translation* [Z]. Oxford: Oxford University Press, 1988.

92. Papastergiadis, N. Tracing Hybridity in Theory [A] //Werbner, P. & Modood, T. (eds.) *Debating Cultural Hybridity: Multi-Cultural Identities and the Politics of Anti-Racism.* London: Zed Books, 1997.

93. Pappas, T., Hoiberg, D. H., Mackenzie, M., et al. *Britannica Concise Encyclopedia* [M]. Shanghai: Shanghai Foreign Language Education Press, 2008.

94. Perrault, S. J. *Merriam Webster's Advanced Learner's English Dictionary* [M]. Springfield: Merriam-Webster Inc., 2008.

95. Piece, C. S. *Collected Papers of Charles Sanders Peirce* [M]. Cambridge, Massachusetts: Harvard University Press, 1958.

96. Pym, A. *Method in Translation History* [M]. Beijing: Foreign Language Teaching and Research Press, 2007.

97. Quirk, R., Summers, D., Rundell, M., et al. (eds.) *Longman Dictionary of Contemporary English* [M]. Essex: Longman World Publishing Corporation, 1987.

98. Qvale, P. *From St. Jerome to Hypertext: Translation in Theory and Practice* [M]. Manchester: St. Jerome, 1998.

99. Robinson, D. *What Is Translation? —Centrifugal Theories, Critical Interventions* [M]. Kent: Kent State University Press, 1997.

100. Rundell, M., Fox, G., Cock, S. D., et al. (eds.) *Macmillan English Dictionary for Advanced Learners* (*Second Edition*) [M]. Oxford: Macmillan Education, 2007.

101. Sager, J. C. Termilonogy [A] //Baker, M. *Routledge Encyclopedia of Translation Studies*. Shanghai: Shanghai Foreign Language Education Press, 2004.

102. Salvatore, S. & Zittoun, T. *Cultural Psychology and Psychoanalysis: Pathways to Synthesis* [M]. Charlotte, North Carolina: Information Age Publishing, 2011.

103. Sawyer, R. D. *The Seven Military Classics of Ancient China* [M]. New York: Basic Books, 2007.

104. Searle, J. *Expression and Meaning: Studies in the Theory of Speech Acts* [M]. Cambridge: Cambridge University Press, 1979.

105. Tahir-Gürcağlar, S. What Texts Don't Tell: The Uses of Paratexts in Translation Research [A] //Hermans, T. *Crosscultural Transgressions—Research Models in Translation Studies* Ⅱ: *Historical and Ideological Issues*. Beijing: Foreign Language Teaching and Research Press, 2007.

106. Snell-Hornby, M. *Translation Studies: An Integrated Approach* [M]. Shanghai: Shanghai Foreign Language Education Press, 2001.

107. Song, Z. The Art of War in Retranslation Sun Tzu: Using Cultural Capital to Outmatch the Competition [J]. *Translation and Interpreting Studies*, 2012 (2).

108. Sperber, D. & Wilson, D. *Relevance: Communication and Cognition* [M]. Beijing: Foreign Language Teaching and Research Press, 2001.

109. Sperber, D. & Wilson, D. *Relevance: Communication and Cognition* [M]. Oxford: Blackwell, 1995.

110. Sturge, K. Translation Strategies in Ethnography [J]. *The Translator*, 1997 (1).

111. Tannen, D. & Wallet, C. Interactive Frames and Knowledge Schemas

in Interaction: Examples from a Medical Examination/Interview [A] //Tannen D. *Framing in Discourse*. New York: Oxford University Press, 1993.

112. The Translator's Charter [EB/OL]. [2010-08-18]. http://www.fit-ift.org/en/charter.php.

113. Ting-Toomey, S. *Communicating Across Cultures* [M]. Shanghai: Shanghai Foreign Language Education Press, 2007.

114. Toury, G. A Handful of Paragraphs on "Translation" and "Norms" [A] //Schäffner, C. *Translation and Norms*. Beijing: Foreign Language Teaching and Research Press, 2007.

115. Toury, G. *Descriptive Translation Studies and Beyond* [M]. Shanghai: Shanghai Foreign Language Education Press, 2001.

116. Tymoczko, M. *Enlarging Translation, Empowering Translators* [M]. Manchester: St. Jerome Publishing, 2007.

117. Venuti, L. *The Translator's Invisibility—A History of Translation* [M]. London: Routledge, 1995.

118. Venuti, L. *The Scandals of Translation: Towards an Ethics of Difference* [M]. London: Routledge, 1998.

119. Vermeer, H. J. Skopos and Commission in Translational Action [A] // Venuti, L. (ed.) *Understanding Pragmatics*. Beijing: Foreign Language Teaching and Research Press, 2000.

120. Verschueren, J. *Understanding Pragmatics* [M]. Beijing: Foreign Language Teaching and Research Press, 2000.

121. Wales, K. *A Dictionary of Stylistics* [M]. London: Longman, 2001.

122. Walter, E., Woodford, K., Good, M., et al. (eds.) *Cambridge Advanced Learner's Dictionary (Third Edition)* [M]. Cambridge: Cambridge University Press, 2008.

123. Wilson, D. Preface [M] //He, Z. & Ran, Y. (eds.) *Pragmatics and Cognition: Relevance Theory. Beijing*: Foreign Language Teaching and Research Press, 2001.

124. Xiao, J. & Li, J. *An Outline History of Chinese Philosophy* [M]. Beijing: Foreign Languages Press, 2008.

125. G. 隆多. 术语学概论 [M]. 刘刚, 刘健, 译. 北京: 科学出版社, 1985.

126. Hornby, A. S. & Cowie, A. P. 牛津现代高级英汉双解词典 [M]. 北京: 商务印书馆, 1992.

127. L. A. 查德. 模糊集 [J]. 任平, 译. 自然科学哲学问题丛刊, 1981 (1).

128. Shuttleworth, M. & Cowie, M. 翻译研究词典 [M]. 谭载喜, 主译. 北京: 外语教学与研究出版社, 2005.

129. 安乐哲讲演, 温海明编. 和而不同: 比较哲学与中西会通 [M]. 北京: 北京大学出版社, 2002.

130. 班固. 汉书艺文志序译注 [M]. 马晓斌, 译注. 郑州: 中州古籍出版社, 1990.

131. 边沁. 道德与立法原理导论 [M]. 时殷弘, 译. 北京: 商务印书馆, 2000.

132. 蔡平. "文化翻译"的困惑 [J]. 外语教学, 2005 (6).

133. 蔡平. 文化翻译研究 [D]. 长沙: 湖南师范大学, 2008.

134. 蔡英杰. 孙子兵法语法研究 [M]. 北京: 商务印书馆, 2006.

135. 曹操, 等. 十一家注孙子 [M]. 郭化若, 译. 香港: 中华书局香港分局, 1973.

136. 曾广开. 春秋时期诸子学说对《孙子兵法》的影响 [J]. 周口师范高等专科学校学报, 1999 (1).

137. 中国社会科学院语言研究所词典编辑室. 现代汉语词典: 第5版 [M]. 北京: 商务印书馆, 2005.

138. 陈建民. 中国语言与中国社会 [M]. 广州: 广东教育出版社, 1999.

139. 陈俊森, 樊葳葳. 外国文化与跨文化交际 [M]. 武汉: 华中科技大学出版社, 2000.

140. 陈学凯．论《孙子兵法》对古典军事学的贡献［J］．西安交通大学学报（社会科学版），1999（4）．

141. 陈长勇．哲学·种源：西方卷［M］．北京：金城出版社，2006.

142. 迟庆立．文化翻译策略的多样性与多译本互补研究［D］．上海：上海外国语大学，2007.

143. 褚良才．孙子兵法应用与研究［M］．杭州：浙江大学出版社，2002.

144. 辞海编辑委员会．辞海：彩图缩印本［M］．上海：上海辞书出版社，1999.

145. 段峰．文化视野下文学翻译主体性研究［M］．成都：四川大学出版社，2008.

146. 冯契，徐孝通．外国哲学大辞典［M］．上海：上海辞书出版社，2000.

147. 冯契．外国哲学大辞典［M］．上海：上海辞书出版社，2008.

148. 冯宋彻．当代社会思潮名家讲座［M］．北京：北京广播学院出版社，2006.

149. 傅朝．《孙子兵法》的文学价值［J］．辽宁师范大学学报（社会科学版），2001（3）．

150. 格里菲斯．孙子兵法——美国人的解读．育委，译．北京：学苑出版社，2002.

151. 宫留记．布迪厄的社会实践理论［M］．开封：河南大学出版社，2009.

152. 宫留记．资本：社会实践工具——布尔迪厄的资本理论［M］．开封：河南大学出版社，2010.

153. 龚光明．翻译思维学［M］．上海：上海社会科学院出版社，2005.

154. 顾嘉祖．语言与文化：第二版［M］．上海：上海外语教育出版社，2009.

155. 顾力行．跨文化间的交流［M］．上海：上海外语教育出版社，2007.

156. 郭贵春．后现代科学哲学［M］．长沙：湖南教育出版社，1998.

157. 郭贵春．论语境［J］．哲学研究，1997（4）．

158. 郭贵春．语境的边界及其意义［J］．哲学研究，2009（2）．

159. 郭贵春．语境视阈中克里普克指称理论的考察与反思［J］．山西大学学报（哲学社会科学版），2007（4）．

160. 郭贵春．指称理论的演变及其语境重建［J］．山西大学学报（哲学社会科学版），2003（3）．

161. 郭化若．孙子译注［M］．上海：上海古籍出版社，1984.

162. 哈贝马斯，哈勒．作为未来的过去：与著名哲学家哈贝马斯对话［M］．章国锋，译．杭州：浙江人民出版社，2001.

163. 哈贝马斯．后形而上学思想［M］．付德根，曹卫东，译．南京：译林出版社，2001.

164. 哈贝马斯．交往行动理论·第二卷——论功能主义理论批判．洪佩郁，译．重庆：重庆出版社，1996.

165. 哈贝马斯．交往行为理论：行为合理性与社会合理化．曹卫东，译．上海：上海人民出版社，2005.

166. 韩彩英．“语境”的本体论意义——从语境实在论与文化实在论的耦合界面看［J］．科学技术与辩证法，2007（2）．

167. 韩子满．文学翻译杂合研究［M］．上海：上海译文出版社，2005.

168. 何秋和．论空缺与翻译理论［J］．中国俄语教学，1997（2）．

169. 何卫平．通向解释学辩证法之途：伽达默尔哲学思想研究［M］．上海：上海三联书店，2001.

170. 何兆武，陈启能．西方近代社会思潮史［M］．济南：山东教育出版社，2001.

171. 何自然，冉永平．关联理论——认知语用学基础［J］．现代外语，1998（3）．

172. 胡军良．哈贝马斯对话伦理学研究［M］．北京：中国社会科学出版社，2010.

173. 胡霞. 认知语境研究［D］. 杭州：浙江大学，2005.

174. 黄海翔.《孙子兵法》复译中的文化误读与译者身份之辨——基于副文本描述的 Minford 译本个案研究［J］. 中州大学学报，2009（2）.

175. 黄海翔. 论典籍英译的历史忠实与阐释辩证观——基于《孙子兵法·计篇》两个英译本的描述性研究［J］. 天津外国语学院学报，2008a（3）.

176. 黄海翔. 从语内翻译到语际翻译：典籍翻译译者主体性之辨［J］. 洛阳师范学院学报，2008b（3）.

177. 黄海翔. 论文化翻译视角下典籍英译的人本主义价值观——以《孙子兵法》Minford 译本中"诡道"的文化误读为例［J］. 外语教学理论与实践，2009（1）.

178. 黄海翔. 规范伦理学视角下典籍英译异化策略的再审视——兼评《孙子兵法》Mair 英译本的杂合伦理观［J］. 湖北大学学报（哲学社会科学版），2011（2）.

179. 徐澍、张新旭译注. 易经［M］. 合肥：安徽人民出版社，1992.

180. 黄震. 黄氏日钞［M］. 台北：大化书局，1984.

181. 霍跃红. 典籍英译：意义、主体和策略［J］. 外语与外语教学，2005（9）.

182. 姜欣. 高低语境文化错层在典籍英译中的显现及对策［J］. 外语与外语教学，2009（5）.

183. 蒋骁华. 典籍英译中的"东方情调化翻译倾向"研究［J］. 中国翻译，2010（4）.

184. 蒋骁华. 东方学对翻译的影响［J］. 中国翻译，2008（5）.

185. 金乃逯. 中国文化释疑［M］. 北京：北京语言文化大学出版社，1999.

186. 兰凤利. 中医古典文献中"阴阳"的源流与翻译［J］. 中国翻译，2007（4）.

187. 老子著，苏南注评. 道德经［M］. 南京：江苏古籍出版社，2001.

188. 老子．道德经［M］．Arthur Waley，译．北京：外语教学与研究出版社，1997.

189. 李炳全．人性彰显和人文精神的回归与复兴［D］．南京：南京师范大学，2004.

190. 李耳．道德经［M］．北京：燕山出版社，1995.

191. 李和庆，张树玲．原型与翻译［J］．中国科技翻译，2003（3）．

192. 李和忠．形式逻辑［M］．济南：黄河出版社，2002.

193. 李河．从“翻译”看“训诂”与“诠释”——兼论“圣作贤述”的诠释原则［A］//洪汉鼎，傅永军．中国诠释学．济南：山东人民出版社，2006.

194. 李建国．汉语训诂学史［M］．上海：上海辞书出版社，2002.

195. 李建军．文化翻译论［M］．上海：复旦大学出版社，2010.

196. 李文革．西方翻译理论流派研究［M］．北京：中国社会科学出版社，2004.

197. 李运兴．翻译语境描写论纲［M］．北京：清华大学出版社，2010.

198. 李之群．思维与创新［M］．武汉：华中科技大学出版社，2007.

199. 连淑能．论中西思维方式［J］．外语与外语教学，2002（2）．

200. 梁启超．中国佛教研究史［M］．上海：上海三联书店，1988.

201. 林德金．凯氏现代英汉同义词近义词辞典［M］．延吉：延边大学出版社，1989.

202. 林克难．从对意义认识之嬗变看翻译研究之发展［J］．四川外语学院学报，2006（1）．

203. 林戊荪，钱多秀．典籍英译纵横谈——林戊荪先生访谈录［J］．当代外语研究，2010（8）．

204. 林戊荪．弱势文化条件下的对外传播［J］．对外大传播，2007（2）．

205. 刘禾. 帝国的话语政治［M］. 杨立华，等译. 北京：生活·读书·新知三联书店，2009.

206. 刘宓庆. 翻译与语言哲学［M］. 北京：中国对外翻译出版公司，2007.

207. 刘宓庆. 文化翻译论纲［M］. 武汉：湖北教育出版社，2005.

208. 刘宓庆. 新编汉英对比与翻译［M］. 北京：中国对外翻译出版公司，2006.

209. 刘勰著，徐正英、罗家湘注译. 文心雕龙［M］. 郑州：中州古籍出版社，2008.

210. 刘艳. 自我建构研究的现状与展望［J］. 心理科学进展，2011（3）.

211. 刘艳丽，杨自俭. 也谈"归化"与"异化"［J］. 中国翻译，2002（6）.

212. 刘越莲. 空缺理论在跨文化交际中的运用［J］. 外语学刊，2008（2）.

213. 陆谷孙. 英汉大词典［M］. 上海：上海译文出版社，2009.

214. 罗建平.《孙子兵法》Giles 译本译误分析［J］. 青海师专学报（人文社会科学版），1998（3）.

215. 吕俊，侯向群. 翻译学——一个建构主义的视角［M］. 上海：上海外语教育出版社，2006.

216. 马红军. 为赛珍珠的"误译"正名［J］. 四川外语学院学报，2003（3）.

217. 马克思. 马克思恩格斯全集：第三卷［M］. 北京：人民出版社，1960.

218. 马萧. 翻译适应变异论［M］. 武汉：武汉大学出版社，2012.

219. 明恩溥. 中国人的素质［M］. 秦悦，译. 上海：上海学林出版社，2002.

220. 潘文国. 译入与译出［J］. 中国翻译，2004（2）.

221. 彭漪涟. 逻辑学大辞典［M］. 上海：上海辞书出版社，2004.

222. 裘锡圭．读古书要注意字的古义［J］．中国典籍与文化，1992（1）．

223. 萨利姆·阿布．文化认同性的变形［M］．萧俊明，译//《第欧根尼》中文精选版编辑委员会．文化认同性的变形．北京：商务印书馆，2008.

224. 萨义德．东方学［M］．王宇根，译．北京：生活·读书·新知三联书店，1999.

225. 萨义德．文化与帝国主义［M］．李琨，译．北京：生活·读书·新知三联书店，2003.

226. 塞尔．心灵、语言和社会［M］．李步楼，译．上海：上海译文出版社，2001.

227. 沙特尔沃思，考伊．翻译研究词典［M］．谭载喜，译．北京：外语教学与研究出版社，2005.

228. 商务印书馆编辑部．辞源：修订本［M］．北京：商务印书馆，2010.

229. 上海市《历代法家著作选注》编辑组．历代法家著作选注：第一册［M］．上海：上海人民出版社，1975.

230. 申小龙．文化语言论纲——申小龙语言文化精论［M］．南宁：广西教育出版社，1996.

231. 斯铂佰、威尔逊著，何自然、冉永平导读．关联性：交际与认知．北京：外语教学与研究出版社，2001.

232. 宋淑萍．中国人的圣书——论语［M］．石家庄：河北人民出版社，1988.

233. 宋希仁．西方伦理思想史［M］．北京：中国人民大学出版社，2003.

234. 孙世民．浅析《孙子》“诡道”与“仁道”的辩证统一思想［J］．管子学刊，1997（1）．

235. 吴如嵩、吴显林校释．孙子兵法［M］．林戊荪，英译．北京：外文出版社，2007.

236. 孙星衍，吴人骥．孙子十家注［M］．北京：中华书局，1985.

237. 孙星衍，吴人骥．孙子十家注［M］．长沙：商务印书馆，1937.

238. 孙武撰，曹操等注，杨丙安校理．十一家注孙子校理［M］．北京：中华书局，1999.

239. 孙子．孙子兵法：汉英对照［M］．袁士槟，译．北京：外语教学与研究出版社，1997.

240. 谭载喜．西方翻译简史［M］．北京：商务印书馆，2004.

241. 汤君．翻译语境中的意识形态研究［J］．四川师范大学学报（社会科学版），2008（4）.

242. 汪榕培．古典名著汉译外是我国文学翻译领域的短线［J］．外语与外语教学，1995（1）.

243. 汪榕培．为中国典籍英译呐喊——在第三届全国典籍英译研讨会上的发言［J］．中国外语，2006（1）.

244. 王秉钦．文化翻译学［M］．天津：南开大学出版社，2007.

245. 王东风．文化缺省与翻译补偿［A］//郭建中．文化与翻译．北京：中国对外翻译出版公司，1999.

246. 王海龙．导读一：对阐释人类学的阐释［A］//吉尔兹．地方性知识：阐释人类学论文集．王海龙，张家瑄，译．北京：中央编译出版社，2000.

247. 王宏印．文学翻译批评论稿［M］．上海：上海外语教育出版社，2006.

248. 王宏志．重释“信达雅”——二十世纪中国翻译研究［M］．上海：东方出版中心，1999.

249. 王建国．关联理论与翻译研究［M］．北京：中国对外翻译出版公司，2009.

250. 王丽娜．安贝托·艾柯符号学美学探析［D］．南昌：江西师范大学，2009.

251. 王铭．20世纪《孙子兵法》英译本研究——以翟林奈与格里菲思为中心［D］．北京：清华大学，2005.

252. 王守元. 英语文体学要略［M］. 济南：山东大学出版社，2000.

253. 王晓元. 意识形态与文学翻译的互动关系［A］//张柏然，许钧. 面向21世纪的译学研究. 北京：商务印书馆，2002.

254. 王玉樑. 论主体性的基本内涵与特点［J］. 天府新论，1995（6）.

255. 韦努蒂. 译者的隐形——翻译史论［M］. 张景华，白立平，蒋骁华，主译. 北京：外语教学与研究出版社，2009.

256. 吴彩强. 意向性和背景［J］. 自然辩证法通讯，2009（1）.

257. 吴承帮. 孙子兵法的科学解读［M］. 上海：上海人民出版社，2009.

258. 吴进业，王超明. 跨文化交际与外语教学［M］. 开封：河南大学出版社，2005.

259. 吴九龙. 略说先秦战争观念的演进［J］. 济南大学学报，2001（1）.

260. 吴如嵩，吴显林. 前言［A］. //吴如嵩，吴显林，校释，林戊荪，英译. 孙子兵法. 北京：外文出版社，2007.

261. 夏基松. 现代西方哲学［M］. 上海：上海人民出版社，2006.

262. 夏廷德. 善译必由之路：论典籍翻译的补偿［J］. 外语学刊，2009（2）.

263. 夏征农. 辞海：语词分册［M］. 上海：上海辞书出版社，2003.

264. 谢建平. 文化翻译与文化“传真”［J］. 中国翻译，2001（5）.

265. 谢震宇. 当关——中国要塞探秘［M］. 郑州：中原农民出版社，2008.

266. 徐珺，霍跃红. 典籍英译：文化翻译观下的异化策略与中国英语［J］. 外语与外语教学，2008（7）.

267. 徐盛桓. 关联原则与优化思维——关联理论的阐释与献疑［J］. 外国语，2002（3）.

268. 许钧，袁筱一. 当代法国翻译理论［M］. 武汉：湖北教育出版社，2001.

269. 许钧．翻译论［M］．武汉：湖北教育出版社，2003

270. 杨丙安．十一家注孙子校理［M］．北京：中华书局，2004.

271. 杨牧之．总序［A］．//吴如嵩，吴显林，校释，林戊荪，英译．孙子兵法．北京：外文出版社，2007.

272. 杨仕章．文化翻译观：翻译诸悖论的统一［J］．外语学刊，2000（4）．

273. 杨志华．普遍规定主义与偏好规定主义［D］．长沙：湖南师范大学，2003.

274. 叶德辉．素女经［M］．济南：山东画报出版社，2004.

275. 于汝波．中国古代“统体”思维及其在古典战略研究中的运用［J］．南开学报（哲学社会科学版），1999（1）．

276. 俞吾金．意识形态论［M］．北京：人民出版社，2009.

277. 岳介先．世纪的交融与选择——现代西方人本主义价值观人生观与我国当代青年［M］．合肥：安徽大学出版社，1997.

278. 查明建，田雨．论译者主体性——从译者文化地位的边缘化谈起［J］．中国翻译，2003（1）．

279. 张传开，辛景亮．西方哲学通论：下卷［M］．合肥：安徽大学出版社，2003.

280. 张岱年．中国古典哲学中若干基本概念的起源与演变［J］．哲学研究，1957（2）．

281. 张欢华．管中豹、巴别塔或其他——格伦斯基《社会分层》及其中译本述评［J］．社会学研究，2008（3）．

282. 张景华．翻译伦理：韦努蒂翻译思想研究［M］．上海：上海交通大学出版社，1997.

283. 张立波．后现代语境中的马克思［M］．北京：民族出版社，2002.

284. 张南峰．中西译学批评［M］．北京：清华大学出版社，2004.

285. 张思洁．翻译的哲学过程论［J］．外语教学，2007（3）．

286. 张文儒．序言［A］//孙子．孙子兵法：汉英对照．袁士槟，译. 北京：外语教学与研究出版社，1997.

287. 张小雨. 文化空缺：跨文化交际失败剖析 [J]. 河南师范大学学报，2012（5）.

288. 赵守正. 管子通解：上 [M]. 北京：经济学院出版社，1989.

289. 赵彦春. 翻译学归结论 [M]. 上海：上海外语教育出版社，2009.

290. 中国社会科学院语言研究所词典编辑室. 现代汉语词典：第5版 [M]. 北京：商务印书馆，2008.

291. 周辅成. 西方伦理学名著选辑 [M]. 北京：商务印书馆，1964.

292. 周瀚光. 管子直解 [M]. 上海：复旦大学出版社，2000.

293. 周止礼，常秉义. 黄帝阴符经集注 [M]. 北京：中国戏剧出版社，1999.

294. 周志培，陈运香. 文化学与翻译 [M]. 上海：华东理工大学出版社，2013.

295. 祝朝伟. 构建与反思：庞德翻译理论研究 [M]. 上海：上海译文出版社，2005.

296. 祝军. 庄子集成 [M]. 南京：河海大学出版社，2007.

297. 庄柔玉. 用多元系统理论研究翻译的意识形态的局限 [J]. 翻译季刊，2000（15）.